全国高等职业教育医疗器械类专业
国家卫生健康委员会"十三五"规划教材

供医疗器械类专业用

医疗器械营销实务

第 2 版

主 编 金 兴

副主编 胡亚荣 吴 锦

编 者（以姓氏笔画为序）

万广圣 上海健康医学院　　　　　赵 雯 山西药科职业学院

吴 锦 浙江医药高等专科学校　　　胡亚荣 广东食品药品职业学院

金 兴 上海健康医学院

人民卫生出版社

图书在版编目（CIP）数据

医疗器械营销实务 / 金兴主编.—2版.—北京：
人民卫生出版社，2018

ISBN 978-7-117-25804-3

Ⅰ.①医…　Ⅱ.①金…　Ⅲ.①医疗器械－市场营销学
－高等学校－教材　Ⅳ.①F763

中国版本图书馆 CIP 数据核字（2018）第 098496 号

人卫智网　www.ipmph.com	医学教育、学术、考试、健康，购书智慧智能综合服务平台
人卫官网　www.pmph.com	人卫官方资讯发布平台

医疗器械营销实务
第 2 版

主　　编：金　兴
出版发行：人民卫生出版社（中继线 010-59780011）
地　　址：北京市朝阳区潘家园南里 19 号
邮　　编：100021
E - mail：pmph @ pmph.com
购书热线：010-59787592　010-59787584　010-65264830
印　　刷：北京铭成印刷有限公司
经　　销：新华书店
开　　本：850×1168　1/16　　印张：18
字　　数：423 千字
版　　次：2011 年 7 月第 1 版　　2018 年 12 月第 2 版
　　　　　2025 年 9 月第 2 版第 11 次印刷（总第 20 次印刷）
标准书号：ISBN 978-7-117-25804-3
定　　价：45.00 元
打击盗版举报电话：010-59787491　E-mail：WQ @ pmph.com
（凡属印装质量问题请与本社市场营销中心联系退换）

全国高等职业教育医疗器械类专业
国家卫生健康委员会"十三五"规划教材
出版说明

《国务院关于加快发展现代职业教育的决定》《高等职业教育创新发展行动计划（2015—2018年）》《教育部关于深化职业教育教学改革全面提高人才培养质量的若干意见》等一系列重要指导性文件相继出台，明确了职业教育的战略地位、发展方向。同时，在过去的几年，中国医疗器械行业以明显高于同期国民经济发展的增幅快速成长。特别是随着《关于深化审评审批制度改革鼓励药品医疗器械创新的意见》的印发、《医疗器械监督管理条例》的修订，以及一系列相关政策法规的出台，中国医疗器械行业已经踏上了迅速崛起的"高速路"。

为全面贯彻国家教育方针，跟上行业发展的步伐，将现代职教发展理念融入教材建设全过程，人民卫生出版社组建了全国食品药品职业教育教材建设指导委员会。在指导委员会的直接指导下，经过广泛调研论证，人民卫生出版社启动了全国高等职业教育医疗器械类专业第二轮规划教材的修订出版工作。

本套规划教材首版于2011年，是国内首套高职高专医疗器械相关专业的规划教材，其中部分教材入选了"十二五"职业教育国家规划教材。本轮规划教材是国家卫生健康委员会"十三五"规划教材，是"十三五"时期人卫社重点教材建设项目，适用于包括医疗设备应用技术、医疗器械维护与管理、精密医疗器械技术等医疗器类相关专业。本轮教材继续秉承"五个对接"的职教理念，结合国内医疗器械类专业领域教育教学发展趋势，紧跟行业发展的方向与需求，重点突出如下特点：

1. **适应发展需求，体现高职特色**　本套教材定位于高等职业教育医疗器械类专业，教材的顶层设计既考虑行业创新驱动发展对技术技能型人才的需要，又充分考虑职业人才的全面发展和技术技能型人才的成长规律；既集合了我国职业教育快速发展的实践经验，又充分体现了现代高等职业教育的发展理念，突出高等职业教育特色。

2. **完善课程标准，兼顾接续培养**　本套教材根据各专业对应从业岗位的任职标准优化课程标准，避免重要知识点的遗漏和不必要的交叉重复，以保证教学内容的设计与职业标准精准对接，学校的人才培养与企业的岗位需求精准对接。同时，本套教材顺应接续培养的需要，适当考虑建立各课程的衔接体系，以保证高等职业教育对口招收中职学生的需要和高职学生对口升学至应用型本科专业学习的衔接。

3. **推进产学结合，实现一体化教学**　本套教材的内容编排以技能培养为目标，以技术应用为主线，使学生在逐步了解岗位工作实践、掌握工作技能的过程中获取相应的知识。为此，在编写队伍组建上，特别邀请了一大批具有丰富实践经验的行业专家参加编写工作，与从全国高职院校中遴选出的优秀师资共同合作，确保教材内容贴近一线工作岗位实际，促使一体化教学成为现实。

4. **注重素养教育，打造工匠精神**　在全国"劳动光荣、技能宝贵"的氛围逐渐形成，"工匠精神"在各行各业广为倡导的形势下,医疗器械行业的从业人员更要有崇高的道德和职业素养。教材更加强调要充分体现对学生职业素养的培养,在适当的环节,特别是案例中要体现出医疗器械从业人员的行为准则和道德规范,以及精益求精的工作态度。

5. **培养创新意识,提高创业能力**　为有效地开展大学生创新创业教育,促进学生全面发展和全面成才,本套教材特别注意将创新创业教育融入专业课程中,帮助学生培养创新思维,提高创新能力、实践能力和解决复杂问题的能力,引导学生独立思考、客观判断,以积极的、锲而不舍的精神寻求解决问题的方案。

6. **对接岗位实际,确保课证融通**　按照课程标准与职业标准融通、课程评价方式与职业技能鉴定方式融通、学历教育管理与职业资格管理融通的现代职业教育发展趋势,本套教材中的专业课程,充分考虑学生考取相关职业资格证书的需要,其内容和实训项目的选取尽量涵盖相关的考试内容,使其成为一本既是学历教育的教科书,又是职业岗位证书的培训教材,实现"双证书"培养。

7. **营造真实场景,活化教学模式**　本套教材在继承保持人卫版职业教育教材栏目式编写模式的基础上,进行了进一步系统优化。例如,增加了"导学情景",借助真实工作情景开启知识内容的学习;"复习导图"以思维导图的模式,为学生梳理本章的知识脉络,帮助学生构建知识框架。进而提高教材的可读性,体现教材的职业教育属性,做到学以致用。

8. **全面"纸数"融合,促进多媒体共享**　为了适应新的教学模式的需要,本套教材同步建设以纸质教材内容为核心的多样化的数字教学资源,从广度、深度上拓展纸质教材内容。通过在纸质教材中增加二维码的方式"无缝隙"地链接视频、动画、图片、PPT、音频、文档等富媒体资源,丰富纸质教材的表现形式,补充拓展性的知识内容,为多元化的人才培养提供更多的信息知识支撑。

本套教材的编写过程中,全体编者以高度负责、严谨认真的态度为教材的编写工作付出了诸多心血,各参编院校为编写工作的顺利开展给予了大力支持,从而使本套教材得以高质量如期出版,在此对有关单位和各位专家表示诚挚的感谢！教材出版后,各位教师、学生在使用过程中,如发现问题请反馈给我们(renweiyaoxue@ 163.com),以便及时更正和修订完善。

人民卫生出版社

2018 年 3 月

全国高等职业教育医疗器械类专业
国家卫生健康委员会"十三五"规划教材
教材目录

序号	教材名称	主编	单位
1	医疗器械概论(第2版)	郑彦云	广东食品药品职业学院
2	临床信息管理系统(第2版)	王云光	上海健康医学院
3	医电产品生产工艺与管理(第2版)	李晓欧	上海健康医学院
4	医疗器械管理与法规(第2版)	蒋海洪	上海健康医学院
5	医疗器械营销实务(第2版)	金 兴	上海健康医学院
6	医疗器械专业英语(第2版)	陈秋兰	广东食品药品职业学院
7	医用X线机应用与维护(第2版)*	徐小萍	上海健康医学院
8	医用电子仪器分析与维护(第2版)	莫国民	上海健康医学院
9	医用物理(第2版)	梅 滨	上海健康医学院
10	医用治疗设备(第2版)	张 欣	上海健康医学院
11	医用超声诊断仪器应用与维护(第2版)*	金浩宇	广东食品药品职业学院
		李哲旭	上海健康医学院
12	医用超声诊断仪器应用与维护实训教程(第2版)*	王 锐	沈阳药科大学
13	医用电子线路设计与制作(第2版)	刘 红	上海健康医学院
14	医用检验仪器应用与维护(第2版)*	蒋长顺	安徽医学高等专科学校
15	医院医疗设备管理实务(第2版)	袁丹江	湖北中医药高等专科学校/荆州市中心医院
16	医用光学仪器应用与维护(第2版)*	冯 奇	浙江医药高等专科学校

说明:* 为"十二五"职业教育国家规划教材,全套教材均配有数字资源。

全国食品药品职业教育教材建设指导委员会
成员名单

主 任 委 员： 姚文兵　中国药科大学

副主任委员： 刘　斌　天津职业大学　　　　　　　　　　　马　波　安徽中医药高等专科学校

冯连贵　重庆医药高等专科学校　　　　　　袁　龙　江苏省徐州医药高等职业学校

张彦文　天津医学高等专科学校　　　　　　缪立德　长江职业学院

陶书中　江苏食品药品职业技术学院　　　　张伟群　安庆医药高等专科学校

许莉勇　浙江医药高等专科学校　　　　　　罗晓清　苏州卫生职业技术学院

昝雪峰　楚雄医药高等专科学校　　　　　　葛淑兰　山东医学高等专科学校

陈国忠　江苏医药职业学院　　　　　　　　孙勇民　天津现代职业技术学院

委　　　　员（以姓氏笔画为序）：

于文国　河北化工医药职业技术学院　　　　李群力　金华职业技术学院

王　宁　江苏医药职业学院　　　　　　　　杨元娟　重庆医药高等专科学校

王玮瑛　黑龙江护理高等专科学校　　　　　杨先振　楚雄医药高等专科学校

王明军　厦门医学高等专科学校　　　　　　邹浩军　无锡卫生高等职业技术学校

王峥业　江苏省徐州医药高等职业学校　　　张　庆　济南护理职业学院

王瑞兰　广东食品药品职业学院　　　　　　张　建　天津生物工程职业技术学院

牛红云　黑龙江农垦职业学院　　　　　　　张　铎　河北化工医药职业技术学院

毛小明　安庆医药高等专科学校　　　　　　张志琴　楚雄医药高等专科学校

边　江　中国医学装备协会康复医学装　　　张佳佳　浙江医药高等专科学校

　　　　备技术专业委员会　　　　　　　　张健泓　广东食品药品职业学院

师邱毅　浙江医药高等专科学校　　　　　　张海涛　辽宁农业职业技术学院

吕　平　天津职业大学　　　　　　　　　　陈芳梅　广西卫生职业技术学院

朱照静　重庆医药高等专科学校　　　　　　陈海洋　湖南环境生物职业技术学院

刘　燕　肇庆医学高等专科学校　　　　　　罗兴洪　先声药业集团

刘玉兵　黑龙江农业经济职业学院　　　　　罗跃娥　天津医学高等专科学校

刘德军　江苏省连云港中医药高等职业　　　邴枝花　安徽医学高等专科学校

　　　　技术学校　　　　　　　　　　　　金浩宇　广东食品药品职业学院

孙　莹　长春医学高等专科学校　　　　　　周双林　浙江医药高等专科学校

严　振　广东省药品监督管理局　　　　　　郝晶晶　北京卫生职业学院

李　霞　天津职业大学　　　　　　　　　　胡雪琴　重庆医药高等专科学校

段如春	楚雄医药高等专科学校	黄美娥	湖南食品药品职业学院
袁加程	江苏食品药品职业技术学院	晨　阳	江苏医药职业学院
莫国民	上海健康医学院	葛　虹	广东食品药品职业学院
顾立众	江苏食品药品职业技术学院	蒋长顺	安徽医学高等专科学校
倪　峰	福建卫生职业技术学院	景维斌	江苏省徐州医药高等职业学校
徐一新	上海健康医学院	潘志恒	天津现代职业技术学院
黄丽萍	安徽中医药高等专科学校		

前　言

《医疗器械营销实务》作为一本集理论与技能于一体的教材,首版自2011年出版以来,得到了教材使用者的广泛认同。

经过五年多的时间,医疗器械市场发生了非常大的变化,以2014年修订颁布《医疗器械监督管理条例》为契机,此后陆续制定了一系列规范、协调我国医疗器械行业发展的规范性文件和系列公告,为我国医疗器械行业企业的发展提供了指导性政策,也为本教材的修订提供了编写的政策依据和理论指导。

本次教材修订的目的是在上版基础上对已过期的、不适用的法律法规进行替换,使得教材内容与行业发展保持一致。同时增加了我国医疗器械市场概述的内容,为读者提供一个基本的行业发展认知。

本教材的修订保留了原有教材的基本风格,由情景描述开始逐渐导入知识内容,以任务实施为技能训练,确保专业理论知识与技能训练一体共进,融"做、学、教"为一体的体系模式。

本教材可供全国高等职业教育医疗器械类各专业学生学习,也可供医疗器械经营管理人员、医疗器械销售人员学习参考。

本书由上海健康医学院金兴负责起草课程标准、统稿和定稿。各章节具体编者如下:第一章我国医疗器械市场概述(金兴);第二章医疗器械市场调查实务(万广圣);第三章医疗器械市场开发实务(金兴);第四章医疗器械渠道管理实务(吴锦);第五章医疗器械市场沟通实务(金兴、胡亚荣);第六章医疗器械招投标与融资租赁(金兴、赵雯)。

本教材的编写得到了兄弟院校及各位编者单位领导的大力支持,在此表示感谢。同时,在编写过程中,我们参考了市场营销相关的论文和著作,也在此特别说明并向相关作者致谢。由于编者的学识水平和实际经验所限,加上对教材模式的改革、时间仓促,书中若有不妥之处,敬请各位专家、学者、同仁、读者批评指正。

编者

2018年9月

目　录

第一章

我国医疗器械市场概述

学习目标 V

学习目的

通过本章的学习了解我国医疗器械行业特点、医疗器械行业发展现状；了解医疗器械企业和熟悉医疗器械的主要构成；了解我国医院体系和主要医疗机构的设备配置。

知识要求

1. 掌握医疗器械的分类方法和规则；掌握医疗器械的定义和内涵；

2. 熟悉我国医疗器械行业的特点和存在的问题以及我国医疗器械未来发展的方向和趋势；

3. 了解医疗器械行业的发展现状，了解医疗器械在医院中的主要设备配置状况及其要求。

能力要求

能分析医疗器械市场，发现医疗器械市场机会；能对医疗器械产品做出分类判别；能掌握医疗机构的特性，熟悉各类医疗机构诊断、治疗、检验、分析、康复、理疗、缓解等医疗设备的基本配置。

第一节 医疗器械的定义和分类

一、医疗器械的定义

《医疗器械监督管理条例》（国务院令第 680 号）第七十六条规定："医疗器械,是指直接或者间接用于人体的仪器、设备、器具、体外诊断试剂及校准物、材料以及其他类似或者相关的物品,包括所需要的计算机软件;其效用主要通过物理等方式获得,不是通过药理学、免疫学或者代谢的方式获得,或者虽然有这些方式参与但是只起辅助作用;其目的是：

（一）疾病的诊断、预防、监护、治疗或者缓解；

（二）损伤的诊断、监护、治疗、缓解或者功能补偿；

（三）生理结构或者生理过程的检验、替代、调节或者支持；

（四）生命的支持或者维持；

（五）妊娠控制；

（六）通过对来自人体的样本进行检查,为医疗或者诊断目的提供信息。

与医疗器械名称相近的概念还有:医疗设备、医疗仪器、医疗装备、医疗器材、医疗用品、医院设备。

二、医疗器械的分类

医疗器械可以从不同角度进行分类。

（一）根据《医疗器械分类规则》指导下的分类

根据《医疗器械监督管理条例》第四条规定:"国家对医疗器械按照风险程度实行分类管理。"根据《医疗器械监督管理条例》的要求,原国家食品药品监督管理总局于2015年6月3日召开总局局务会议,审议通过并公布《医疗器械分类规则》,并于2016年1月1日起施行(局令第15号)。

《医疗器械分类规则》第一、二条分别指出:根据《医疗器械监督管理条例》,制定《医疗器械分类规则》,其用于指导制定医疗器械分类目录和确定新的医疗器械的管理类别。

医疗器械分类的依据是按照风险程度。医疗器械的分类应当根据医疗器械分类判定表(表1-1)进行判定。

《医疗器械分类规则》第四条规定:"医疗器械按照风险程度由低到高,管理类别依次分为第一类、第二类和第三类。医疗器械风险程度,应当根据医疗器械的预期目的,通过结构特征、使用形式、使用状态、是否接触人体等因素综合判定。"

第一类是风险程度低,实行常规管理可以保证其安全、有效的医疗器械。

第二类是具有中度风险,需要严格控制管理以保证其安全、有效的医疗器械。

第三类是具有较高风险,需要采取特别措施严格控制管理以保证其安全、有效的医疗器械。

国家药品监督管理局(原国家食品药品监督管理总局)负责制定医疗器械的分类规则和分类目录,并根据医疗器械生产、经营、使用情况,及时对医疗器械的风险变化进行分析、评价,对分类目录进行调整。制定、调整分类目录,应当充分听取医疗器械生产经营企业以及使用单位、行业组织的意见,并参考国际医疗器械分类实践。医疗器械分类目录应当向社会公布。

我国的医疗器械分类方法实行分类规则指导下的目录分类制。分类规则和分类目录并存。医疗器械分类规则用于指导医疗器械分类目录的制定和确定新的产品注册类别。

（二）根据临床应用范围分类

医疗器械根据临床应用范围可以分为(表1-2):

1. 手术器械 包括基础外科手术器械、显微外科手术器械、神经外科手术器械、眼科手术器械、耳鼻喉科手术器械、口腔科手术器械、胸腔心血管外科手术器械、腹部外科手术器械、泌尿肛肠外科手术器械、矫形外科(骨科)手术器械、妇产科用手术器械、计划生育手术器械、注射穿刺器械、烧伤(整形)科手术器械、普通诊察器械、中医器械。

2. 医用电子仪器设备 主要包括医用光学器具、仪器及内镜设备、医用超声仪器及有关设备、医用激光仪器设备、医用高频仪器设备、物理治疗及康复设备。

3. 医用放射设备 主要包括医用磁共振设备、医用X射线设备、医用X射线附属设备及部件、医用高能射线设备、医用核素设备、医用射线防护用品、装置。

表 1-1　医疗器械分类判定表

接触人体器械									
		暂时使用			短期使用			长期使用		
使用状态 / 使用形式		皮肤/腔道（口）	创伤/组织	血循环/中枢	皮肤/腔道（口）	创伤/组织	血循环/中枢	皮肤/腔道（口）	创伤/组织	血循环/中枢
无源医疗器械	1 液体输送器械	II	II	III	II	II	III	II	III	III
	2 改变血液体液器械	—	—	III	—	—	III	—	—	III
	3 医用敷料	I	II	II	I	II	II	—	III	III
	4 侵入器械	I	II	III	II	II	III	—	—	—
	5 重复使用手术器械	I	I	II	—	—	—	—	—	—
	6 植入器械	—	—	—	—	—	—	III	III	III
	7 避孕和计划生育器械（不包括重复使用手术器械）	II	II	III	II	II	III	II	III	III
	8 其他无源器械	I	II	III	II	II	III	II	III	III

有源医疗器械	使用形式 \ 使用状态	轻微损伤	中度损伤	严重损伤
	1 能量治疗器械	II	II	III
	2 诊断监护器械	II	II	III
	3 液体输送器械	II	II	III
	4 电离辐射器械	II	II	III
	5 植入器械	III	III	III
	6 其他有源器械	II	II	III

非接触人体器械				
无源医疗器械	使用形式 \ 使用状态	基本不影响	轻微影响	重要影响
	1 护理器械	I	II	—
	2 医疗器械清洗消毒器械	—	II	III
	3 其他无源器械	I	II	III
有源医疗器械	使用形式 \ 使用状态	基本不影响	轻微影响	重要影响
	1 临床检验仪器设备	I	II	III
	2 独立软件	—	II	III
	3 医疗器械消毒灭菌设备	—	II	III
	4 其他有源器械	I	II	III

注：1. 本表中"I""II""III"分别代表第一类、第二类、第三类医疗器械；
　　2. 本表中"—"代表不存在这种情形。

表 1-2 医疗器械分类目录

《医疗器械分类目录》的说明	
6801 基础外科手术器械	6802 显微外科手术器械
6803 神经外科手术器械	6804 眼科手术器械
6805 耳鼻喉科手术器械	6806 口腔科手术器械
6807 胸腔心血管外科手术器械	6808 腹部外科手术器械
6809 泌尿肛肠外科手术器械	6810 矫形外科(骨科)手术器械
6812 妇产科用手术器械	6813 计划生育手术器械
6815 注射穿刺器械	6816 烧伤(整形)科手术器械
6820 普通诊察器械	6821 医用电子仪器设备
6822 医用光学器具、仪器及内镜设备	6823 医用超声仪器及有关设备
6824 医用激光仪器设备	6825 医用高频仪器设备
6826 物理治疗及康复设备	6827 中医器械
6828 医用磁共振设备	6830 医用 X 射线设备
6831 医用 X 射线附属设备及部件	6832 医用高能射线设备
6833 医用核素设备	6834 医用射线防护用品、装置
6840 临床检验分析仪器	6841 医用化验和基础设备器具
6845 体外循环及血液处理设备	6846 植入材料和人工器官
6854 手术室、急救室、诊疗室设备及器具	6855 口腔科设备及器具
6856 病房护理设备及器具	6857 消毒和灭菌设备及器具
6858 医用冷疗、低温、冷藏设备及器具	6863 口腔科材料
6864 医用卫生材料及敷料	6865 医用缝合材料及黏合剂
6866 医用高分子材料及制品	6870 软件
6877 介入器材	

4. 医用分析仪器设备 主要包括临床检验分析仪器、医用化验和基础设备器具、体外循环及血液处理设备。

5. 植入材料和人工器官。

6. 手术室、急救室、诊疗室设备及器具、口腔科设备及器具。

7. 病房护理设备及器具。

8. 消毒和灭菌设备及器具。

9. 医用冷疗、低温、冷藏设备及器具。

10. 口腔科材料。

11. 医用卫生材料及敷料、医用缝合材料及黏合剂、医用高分子材料及制品。

12. 软件。

13. 介入器材。

（三）根据产品价值分类

根据价值大小可将医疗器械分为:大型高价值设备、中等价值设备、低价值设备。大型高价值设备的价值一般在上百万元,单件医疗器械设备的价值非常高;中等价值设备的价值一般在几万~几十万元之间;低价值设备的价值一般在几十~几万元之间。

（四）根据产地分类

根据产地可将医疗器械分为:国产医疗器械和进口医疗器械。

（五）根据使用次数分类

根据使用的次数可将医疗器械分为:一次性使用的医疗器械、循环反复使用的医疗器械。显然,一次性使用的医疗器械只能使用一次,不得重复使用;重复使用外科器械是指器械用于外科手术中进行切、割、钻、锯、抓、刮、钳、抽、夹或类似的手术过程,不连接任何有源器械,通过一定的处理可以重新使用的器械。

（六）根据使用场合分类

根据使用场合可将医疗器械分为:医疗机构使用的医疗器械、家庭使用的医疗器械。但是在实际的应用上有些医疗器械既可以在医疗机构使用也可以在家庭中使用,如水银体温计等。

（七）根据使用目的分类

根据使用目的可将医疗器械分为:监护仪器、治疗仪器、诊断仪器、分析仪器、康复仪器。

（八）根据医疗器械的结构特征分类

根据医疗器械的结构特征,可将其分为:有源医疗器械和无源医疗器械。

1. 无源器械的使用形式有:药液输送保存器械;改变血液、体液器械;医用敷料;外科器械;重复使用外科器械;一次性无菌器械;植入器械;避孕和计划生育器械;消毒清洁器械;护理器械、体外诊断试剂、其他无源接触或无源辅助器械等。

2. 有源器械是指任何依靠电能或其他能源而不是直接由人体或重力产生的能源来发挥其功能的医疗器械。有源器械的使用形式有:能量治疗器械;诊断监护器械;输送体液器械;电离辐射器械;实验室仪器设备、医疗消毒设备;其他有源器械或有源辅助设备等。

（九）根据医疗器械的使用状态分类

根据使用中对人体产生损伤的可能性、对医疗效果的影响,以及医疗器械使用状况,可将其分为接触或进入人体器械和非接触人体器械,具体可分为:

1. 接触或进入人体器械

（1）使用时限分为:暂时使用;短期使用;长期使用。

（2）接触人体的部位分为:皮肤或腔道;创伤或体内组织;血液循环系统或中枢神经系统。

（3）有源器械失控后造成的损伤程度分为:轻微损伤;损伤;严重损伤。

2. 非接触人体器械　对医疗效果的影响,其程度分为:基本不影响;有间接影响;有重要影响。

（十）根据医疗器械的使用部位分类

1. 非接触器械　不直接或间接接触患者的器械;

2. 表面接触器械　包括与以下部位接触的器械;

（1）皮肤:仅接触未受损皮肤表面的器械;

（2）黏膜:与黏膜接触的器械;

（3）损伤表面：与伤口或其他损伤体表接触的器械。

3. 外科侵入器械　借助外科手术,器械全部或部分通过体表侵入体内,接触包括下列部位的器械：

（1）血管：侵入血管与血路上某一点接触,作为管路向血管系统输入的器械等；

（2）组织/骨/牙髓、牙质：侵入组织、骨和牙髓/牙质系统的器械和材料等；

（3）血液循环：接触血液循环系统的器械等。

4. 植入器械　任何借助外科手术,器械全部或者部分进入人体或自然腔道中；在手术过程结束后长期留在体内,或者这些器械部分留在体内至少30天以上,这些器械被认为是植入器械。

在医疗机构使用中,还将根据资产管理特点,分为仪器设备类、器具类和卫生材料类,其中器具和材料类是消耗性医疗用品,而仪器设备类是纳入医疗机构固定资产管理。

三、医疗器械的特点

医疗器械行业是一个多学科交叉、知识密集、资金密集的高新技术产业,涉及医药、机械、电子、塑料等多个行业,生产工艺相对复杂,进入门槛较高,是一个国家制造业和高科技尖端水平的标志之一,在我国属于国家重点鼓励发展的朝阳产业。医疗器械不同于一般的工业产品,具有自身的特点。

（一）医疗器械的专用性

医疗器械主要在医疗保健活动和各级各类医疗卫生机构使用,主要是在医生或护士的操作下直接或间接地作用于患者。其主要用于诊断、治疗、康复、保健、预防、监护和分析。医疗器械的专用性主要体现在三个方面：①各种医疗器械都有特定的用途,例如,手术器械主要用于各种临床手术中使用,各类监护仪器主要用于临床监护等；②各类医疗器械除少数产品由患者直接使用外,绝大多数医疗器械产品在医生和护士的操作下使用。这是因为,各类医疗器械的使用具有很强的专业性；③医疗器械产品在使用过程中具有非常强的针对性。例如,骨折患者的支架固定、冠心病患者的心脏瓣膜置换等具有极强的专业针对性。又如骨科材料,仅人工关节部分就有头、臼、杯、柄之分。

（二）医疗器械的广泛性

医疗器械具有门类多、分类细、范围广阔的特点,有医院设备、诊断设备、康复设备、检验设备、分析设备、软件和试剂等多类型,包括多品种、多型号的各种产品,大到大型诊断治疗设备,小至体温计等产品。

（三）医疗器械使用的局限性

除少数简单易用的医疗器械被家庭使用外,医疗器械的使用对象主要为各级各类医疗机构。医疗器械使用的局限性表现为医疗器械使用者的局限性和使用场合的局限性。此局限性要求操作使用医疗器械的人员能熟练掌握医疗器械的特性、功能、使用方法和简单的保养与维护。

（四）医疗器械的高风险性

所谓风险是指某种事件发生的不确定性。所谓"风险的不确定性"指无法确定风险是否发生、何时发生、结果如何。风险具有不确定性、客观性、普遍性、可测性、发展性。如投资的风险,是指盈利、保本、亏损三种情况的不确定性,这属于广义的风险。

医疗器械风险是由于医疗器械的原材料、设计、不符合标准要求的生产及应用而造成对患者及使用人员伤害的可能性。

在医疗器械的使用过程中也会产生某种不确定性,例如在患者的诊断治疗过程中,因仪器的原因或操作者的因素都有可能产生某种意料之外的伤害。这种损失或伤害或死亡的不确定性,属于狭义的风险。

(五) 医疗器械的科技含量高

医疗器械行业是多学科融合的高新技术密集产业。医疗器械的产业支撑技术来源于生物医学工程。生物医学工程是一门由理、工、医相结合的边缘学科,是多种工程学科向生物医学渗透的产物。它是运用现代自然科学和工程技术的原理和方法,从工程学的角度,在多层次上研究人体的结构、功能及其相互关系,揭示其生命现象,为防病、治病提供新的技术手段的一门综合性、高技术的学科。

点滴积累

1. 医疗器械是指直接或者间接用于人体的仪器、设备、器具、体外诊断试剂及校准物、材料以及其他类似或者相关的物品,包括所需要的计算机软件。
2. 医疗器械按照风险程度由低到高,管理类别依次分为第一类、第二类和第三类。
3. 根据医疗器械的结构特征可将其分为有源医疗器械和无源医疗器械。
4. 医疗器械产品的特点有医疗器械的专用性、医疗器械的广泛性、医疗器械使用者的局限性、医疗器械的高风险性、医疗器械的科技含量高。

第二节 我国医疗器械市场的构成和发展

一、我国医疗器械市场的构成

(一) 医疗卫生体系

医疗卫生体系主要包括医院、基层医疗卫生机构和专业公共卫生机构等。医院分为公立医院和社会办医院。其中,公立医院分为政府办医院(根据功能定位主要划分为县办医院、市办医院、省办医院、部门办医院)和其他公立医院(主要包括军队医院、国有和集体企事业单位等创办的医院)。县级以下为基层医疗卫生机构,分为公立和社会办两类。专业公共卫生机构分为政府办专业公共卫生机构和其他专业公共卫生机构(主要包括国有和集体企事业单位等创办的卫生机构)。根据属地层级的不同,政府办专业公共卫生机构划分为县办、市办、省办及部门办四类(图1-1)。

截至2017年11月底,全国医疗卫生机构数达99.3万个。与2016年11月底比较,全国医疗卫生机构增加1632个,其中:医院增加1543个,基层医疗卫生机构增加7601个,专业公共卫生机构减少7190个。

截至2017年11月底,医院3.0万个,其中:公立医院12181个,民营医院18113个。与2016年11月底比较,公立医院减少566个,民营医院增加2109个。

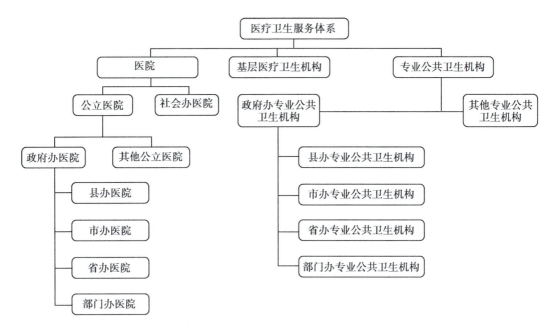

图 1-1　医疗卫生服务体系框架图

　　基层医疗卫生机构 93.8 万个,其中:社区卫生服务中心(站)3.4 万个,乡镇卫生院 3.7 万个,村卫生室 63.8 万个,诊所(医务室)21.2 万个。与 2016 年 11 月底比较,诊所增加,社区卫生服务中心(站)、乡镇卫生院和村卫生室均减少。

　　专业公共卫生机构 2.2 万个,其中:疾病预防控制中心 3481 个,卫生监督所(中心)3132 个。与 2016 年 11 月底比较,疾病预防控制中心数量较少 6 个,卫生监督所(中心)减少 3 个。计划生育技术服务机构 1.0 万个,比去年同期减少 7197 个。

　　其他机构 0.3 万个。

　　各级各类医疗机构的增长,推动了医疗器械市场的发展,同时也为医疗器械企业的发展提供了市场机会。

　　(二)医疗机构的类别

　　1. 综合医院、中医医院、中西医结合医院、民族医医院、专科医院、康复医院;

　　2. 妇幼保健院;

　　3. 中心卫生院、乡(镇)卫生院、街道卫生院;

　　4. 疗养院;

　　5. 综合门诊部、专科门诊部、中医门诊部、中西医结合门诊部、民族医门诊部;

　　6. 诊所、中医诊所、民族医诊所、卫生所、医务室、卫生保健所、卫生站;

　　7. 村卫生室(所);

　　8. 急救中心、急救站;

　　9. 临床检验中心;

　　10. 专科疾病防治院、专科疾病防治所、专科疾病防治站;

　　11. 护理院、护理站;

12. 其他诊疗机构。

(三) 医疗机构的等级

1. **医疗机构等级**　医院等级划分标准,是我国依据医院功能、设施、技术力量等对医院资质评定指标。全国统一,不分医院背景、所有制性质等。医院经过评审,确定为三级,每级再划分为甲、乙、丙三等,其中三级医院增设特等,因此医院共分三级十等。

一级医院是直接为社区提供医疗、预防、康复、保健综合服务的基层医院,是初级卫生保健机构;二级医院是跨几个社区提供医疗卫生服务的地区性医院,是地区性医疗预防的技术中心;三级医院是跨地区、省、市以及向全国范围提供医疗卫生服务的医院,是具有全面医疗、教学、科研能力的医疗预防技术中心。其主要功能是提供专科(包括特殊专科)的医疗服务,解决危重疑难病症,接受二级转诊,对下级医院进行业务技术指导和培训人才;完成培养各种高级医疗专业人才的教学和承担省以上科研项目的任务;参与和指导一、二级预防工作。

2. **医疗机构等级划分的标准和主要指标**

(1)医院的规模,包括床位设置、建筑、人员配备、科室设置等四个方面的要求和指标;

(2)医院的技术水平,即与医院级别相应的技术水平,在标准中按科室提出要求与指标;

(3)医疗器械;

(4)医院的管理水平,包括院长的素质、人事管理、信息管理、现代管理技术、医院感染控制、资源利用、经济效益等七个方面的要求与指标;

(5)医院质量,包括诊断质量、治疗质量、护理质量、工作质量、综合质量等几方面的要求与指标。

(四) 主要医疗机构的医疗器械基本配置标准

不同的医疗机构,因其等级和功能不同,对医疗机构的设备配置要求在数量、品种等方面差异也较大,因此需要分别了解科室设置和科室设备的配置情况。

下面以三级甲等(以下简称"三甲")医院的医疗设备基本配置表(表1-3)为例,说明医疗机构的医疗设备配置要求。

表1-3 三甲医院医疗设备基本配置表

科室名称	医疗器械
病房基本设备	吸引设备、供氧设备、监护设备、呼叫系统、心脏除颤仪、呼吸机、简易呼吸器、心电图机、多功能抢救床、抢救车、换药车、转运床(选配)、快速血糖仪微量泵、输液泵营养、输注泵(选配)、气管插管设备、防褥疮气垫、医用冰箱、血压计、体温计、体重计、空气消毒机(含床边消毒机)、移动紫外线灯、负压病房设施(选配)、层流病房设施(选配)
重症监护室(ICU)	中心负压吸引设备、中心供氧设备、多参数监护设备、心脏起搏/除颤器、体内心脏起搏器(选配)、心电图机、有创呼吸机、便携式呼吸机、简易呼吸器、雾化器、床边支气管镜、微量泵、输液泵、营养输注泵、多功能抢救床、快速血糖仪、血液动力学监测仪、亚低温治疗仪、电冰毯、电子冰帽、颅内压监测仪、脑水肿监测仪、脑电图监测仪、脑功能监测仪、床边肺功能仪、空气波压力治疗仪、振动排痰器、床单元臭氧消毒机、空气消毒机、层流净化系统

科室名称	医疗器械
心脏重症监护室	中心负压吸引设备、中心供氧设备、多参数监护设备、心脏起搏/除颤器、体内心脏起搏器(选配)、心电图机动态心电监测系统(holter)、有创呼吸机、便携式呼吸机、简易呼吸器、雾化器、床边支气管镜(选配)、微量泵输液泵、营养输注泵、抢救车、多功能抢救床、快速血糖仪、主动脉球囊反搏泵、便携式超声诊断仪、食道电生理仪床、单元臭氧消毒机、空气消毒机、层流净化系统
肛肠科	诊察床、肛管直肠、压力测定设备、肛门镜、肛门坐浴熏洗设备、结肠灌洗设备、肛肠综合治疗仪、痔科套扎器(选配)、肛肠内腔治疗仪(选配)、肛门肌电图(选配)
周围血管科	空气波压力治疗仪、糖尿病足病诊断箱(选配)
皮肤科	多功能电离子手术治疗机(选配)、CO_2激光治疗仪、半导体激光治疗仪、准分子激光治疗仪(选配)、微波治疗仪、生物共振检测治疗仪(选配)、过敏原检测仪(有生物共振检测治疗仪时可以不配)、紫外线治疗仪、蓝红光痤疮治疗仪(选配)、多功能手术仪(选配)、显微镜、手术器材(选配)、高频电针、电刀、电灼器(选配)、病理切片机(选配)、红宝石激光美容仪(选配)、光子嫩肤仪(选配)、半导体激光脱毛机(选配)、中药熏洗机
妇科	母婴监护仪、妇科检查台、计划生育手术床(包括手术器械)、冲洗车、阴道镜、人流吸引器、超声诊断仪、超高频电波刀、超声聚焦治疗仪(选配)、盆腔炎治疗设备(选配)、产后康复综合治疗仪(选配)
产科	母婴监护仪、胎心监护仪、妇科检查床、综合产床、新生儿抢救台、婴儿辐射保暖台、婴儿培养箱、冲洗车、电动羊水吸引器、人流吸引器、经皮给药治疗仪、胆红素测定仪(可与新生儿科共用)、产妇电脑综合治疗仪(选配)、消毒隔离器械柜
儿科	小儿多参数心电监护仪(选配,病房必备)、小儿呼吸机(选配,病房必备)、小儿吸痰器(选配,病房必备)、胆红素测定仪(选配)、小儿脉氧仪(选配,可与新生儿科共用)、小儿雾化治疗仪、复合脉冲磁性治疗仪(选配)、经皮给药治疗仪、儿童智能测量仪
眼科	眼科治疗床、裂隙灯眼压计、检眼镜角膜曲率计、视力灯箱客观视力仪、电脑验光仪、全自动电脑视野仪、手术显微镜、眼科AB超声仪、超声乳化治疗仪、眼底荧光造影仪、自动焦度仪、沙眼治疗仪、睫毛电解器(选配)、激光治疗仪、视觉诱发电位仪(选配)
耳鼻喉科	耳鼻喉综合治疗台、耳科旋转椅、鼓气电窥耳镜、耳钻、动态喉镜、纤维喉镜、间接喉镜、直接喉镜(支撑喉镜)、电子喉镜、鼻咽喉镜、间接鼻咽喉镜、前鼻镜鼻、内镜及手术系统(选配)、电测听器前庭检查仪、眼震电图仪、声阻抗仪、多导睡眠呼吸监测仪(选配)、五官科多用显微镜
口腔科	牙科综合治疗台、石膏模拟切边机、抛光机、氦氖激光器(选配)、光敏固化灯、种植机(选配)、喷砂机、铸造机、石膏振荡器、干燥箱、全瓷/铸造烤瓷设备(选配)、超声波洁牙机、手术器械及器械车、牙科技工装置(选配)、包装机、纸塑包装封口机、清洗机
放射科	普通X光机(选配)、洗片机(选配)、透视机、移动式X光机、数字X射线摄影(CR/DR)、干式激光相机、X射线电子计算机、断层扫描装置(CT)、数字减影血管造影X光机(DSA)、800mA以上数字化胃肠X光机

科室名称	医疗器械
检验科	数据传输系统(LIS)、全自动血细胞分析仪(五分类)、全自动血细胞分析仪(三分类)、尿液分析仪、尿沉渣工作站、冰点渗透压计(选配)、凝血检测仪、血糖测定仪、微量血糖测定仪、血气分析仪、干式生化分析仪(选配)、生化分析仪(生化室配置)、发光免疫分析仪、全自动酶免分析系统(选配)、酶标仪(免疫室配置)、电泳分析仪(生化室配置)、血小板聚集仪(细胞室配置)、全自动细菌培养系统生物培养箱(全自动细菌培养系统包含此功能时可以选配)、微生物鉴定药敏分析仪(细菌室配置)、血培养仪(细菌室配置)、菌落计数器(细菌室配置)、厌氧菌培养箱、幽门螺杆菌检测仪、流式细胞分析仪、氨基酸分析系统、荧光定量 PCR 检测系统、TCT 液基细胞学检测仪、HPV-DNA 检测系统、心梗三项检测仪、脑钠肽检测仪、二氧化碳培养箱、高温灭菌器、生物安全柜、血液流变仪、普通显微镜、生物显微镜、荧光显微镜、相差显微镜、倒置显微镜、血沉仪蛋白电泳仪、特种蛋白仪、电解质分析仪、精子分析系统、血栓弹力分析仪(选配)、血型鉴定及配血设备、纯水系统、自动洗板机、分析天平、超声清洗器(选配)、振荡器、电热培养箱、恒温水浴箱、干燥箱、医用冰箱、医用冷库或冷藏柜、超低温冰柜(选配)、普通离心机、低速冷冻离心机、高速冷冻离心机
急诊科	中心负压吸引设备、中心供氧设备、多参数监护设备、心脏起搏/除颤器、心脏复苏机(选配)、呼吸机、儿童用呼吸机、简易呼吸器、自动洗胃机、心电图机、多功能抢救床、气管插管设备、转运车、快速血糖仪、亚低温治疗仪、冰帽(选配)、电子冰毯(选配)、微量泵、输液泵、营养输注泵(选配)、医用冰箱、血压计、体温计、体重计、空气消毒机
心内科	多参数监护设备、动态心电监测系统、有创呼吸机、动态血压监护仪、便携式血氧饱和度监护仪
肺病科	有创呼吸机、多导睡眠呼吸监测仪、床边肺功能仪、便携式血气分析仪、多参数心肺功能监测仪
脾胃病科	胃动力检测仪、胃电治疗仪(选配)
肝病科	腹腔积液超滤仪(选配)、腹腔积液浓缩机(选配)、人工肝(选配)、肝病治疗仪(选配)、床单位臭氧消毒机
肾病科	结肠灌洗治疗仪 经皮肾镜(选配)
内分泌科	动态血糖监测仪(选配)、胰岛素泵、糖尿病足诊断箱、检眼镜、空气波压力治疗仪(选配)
脑病科	动态脑电监护仪、检眼镜、颅内压监测仪(选配)、脑水肿监测仪(选配)
风湿免疫科	半导体激光治疗仪(选配)
肿瘤科	钴60放射治疗机(选配)、超声聚焦刀(选配)、氩氦刀(选配)、射频肿瘤治疗仪(选配)、微波热疗仪(选配)
血液科	双筒显微镜、相差显微镜、荧光显微镜、倒置显微镜(选配)、骨髓活检装置、流式细胞分析仪(选配)、细胞分离机
老年病科	脑细胞介质分析仪(选配)、双光能骨密度仪(选配)、脑电超慢涨落分析仪(选配)、动脉硬化测试仪(选配)
普外科	移动式负压吸引器、换药床、乳腺微创真空旋切系统(选配)、外碎石设备(选配)
骨科	骨科牵引床、脊柱牵引床、推拿手法床、石膏床、石膏剪、石膏锯、水温箱(选配)、足底静脉泵(选配)、激光治疗仪(选配)、骨科康复设备(套)

(五) 医疗机构的支持性医疗设备

医疗器械是保证医疗工作正常进行的支持性设备,门类众多。一般包括供应室设备、消毒灭菌设备、集中供氧系统、水处理设备、医用冷冻设备、药房与器具、医用卫生空调系统、医疗废物处理器、医用输送工具等。

1. 供应室设备 供应室负责清洗、消毒、灭菌、包装、向医院各部门供应无菌器械和材料,尤其要满足急症处理和特殊的临床需求。同时,还要负责回收、处理或废弃各部门使用过的医疗用品。所以,医院中央供应室(CSSD)与手术室、急诊室建设水平的高低直接影响医院医疗行为的整体水平。

供应室主要设备有清洗设备、消毒设备、烘干设备、存储架和通过式发物箱(车)。

(1)清洗设备要求配备低噪声的超声洗净机,以便于清洗深槽形或形状复杂的医疗器具。

(2)消毒设备要求配备灭菌锅、自动灭菌炉以及高效消毒器。采用真空高压灭菌、环氧乙烷灭菌或干热空气灭菌。

(3)烘干设备要求经过超效过滤器(HEPA)净化处理过的清洁循环热风进行快速烘干。

(4)存储架用于供应室零时摆放药品、器械、耗材的储物柜架,一般采用不锈钢材质制成。

(5)通过式发物箱(手推小车)为密闭型,发放的清洁物品与回收物污染物品要严格隔离,箱体要便于清洗消毒,保证无菌。

2. 消毒灭菌设备

(1)一般的消毒灭菌方法:医院的消毒灭菌设备是对使用过的器械、用具、餐具、衣物以及病床用品等进行消毒灭菌的。一般常用的消毒灭菌方法有日晒、烘干、煮沸、酒精擦拭、药物浸泡以及压力蒸汽和紫外线气体消毒灭菌,在某些特殊场合下也采用超声、微波、臭氧、辐照等方法。

(2)小型消毒设备

1)热煮沸消毒器:电热煮沸消毒器由壳体、电热元件和控制器三个部分组成,可用于小型医疗器械的消毒灭菌。

2)紫外管消毒器:紫外管消毒器采用253.7nm的短波紫外线,杀菌力强。

(3)压力蒸汽消毒器:压力蒸汽消毒器都必须有一定的密闭性,能承受一定的压力,维持一定时间的高温。一般结构为压力容器,橡胶密封垫圈坚固封闭器口,并配有蒸汽压力表、安全阀和放气阀。

压力蒸汽消毒器主要有:①手提式压力蒸汽消毒器;②卧式圆形压力蒸汽消毒器;③立式高压蒸汽消毒器。

(4)干热、真空、高温灭菌器

1)干热灭菌消毒器系列:干热消毒器系列的容量为30~750L,工作温度180~300℃,定时、定温、自动控温。

2)快速冷却消毒器:卧式矩形快速冷却消毒器具有高真空、高温、快速灭菌、快速冷却(空冷、水冷)的性能,其工作过程为真空→升温→灭菌→冷却→结束。

(5)等离子体消毒装置:等离子体是物质的第四态,由强电场或磁场产生的活性电子云、电子和中性的原子和分子组成。等离子体消毒是一个在低温下杀灭微生物的过程,1992 年首先引入欧洲。等离子体消毒装置用于医疗器械和手术供应器的消毒灭菌。

（6）消毒液

1）过氧乙酸:过氧乙酸是过氧化物,又名过氧醋酸,是无色透明的液体,有刺激性酸味,性质不稳定,易挥发,可溶于水和乙醇等有机溶剂,沸点为 110℃,溶液呈弱酸性,是一种氧化剂,具有强氧化作用,可氧化菌体酶系统,使其失去活性。因此,过氧乙酸有广谱、高效、快速的杀菌作用,能杀灭细菌繁殖体、真菌、病毒和芽孢,对肉毒杆菌毒素也有较强的破坏作用。

2）"过乙酸"和"酞酸":对于内镜、麻醉呼吸头、呼吸治疗装置等医疗器械的高度消毒,迄今为止使用的是戊二醛。此消毒溶液具有广谱高效杀菌作用,但作用缓慢（灭菌时应浸泡 6 小时）,且效力不足,杀灭孢子活性的能力差,有一部分抗酸菌则对其显示了耐药性;另外,还存在安全性的问题,对人的皮肤和黏膜有一定的刺激作用,使用时需注意个人防护,消毒后的医疗器械要用无菌水彻底冲洗干净后才能再投入使用。

3. 集中供氧系统

（1）液氧的特点:氧气是医院应用得最多的气体,供氧设施是医院的重要基础设备。

（2）液氧法集中供养系统:液氧法集中供养系统有三种类型。

1）经济型:采用一个液氧缸为主、钢瓶为备用的系统,用手动控制。

2）常用型,与经济型相同,但自动控制。

3）双缸型,两个液氧贮缸,自动切换。

4. 水处理设备　水处理设备是为医院提供蒸馏水、注射用水、纯水等医疗用水的设备。其制备方法有蒸馏法、离子交换法和反渗透法等。

（1）蒸馏法:蒸馏法有电热蒸馏水器和蒸汽蒸馏水器。

1）小型电热蒸馏水器:小型电热蒸馏水器由蒸发锅、冷凝冷却器和电器装置组成。

2）蒸汽蒸馏水器:蒸汽蒸馏水器以蒸汽为热源,由蒸汽过滤器、蒸发锅、蒸汽加热管、冷凝冷却器和副冷器组成。

（2）离子交换纯水器:离子交换纯水器是采用苯乙烯型强酸性阳离子和苯乙烯型强碱性阴离子作为水处理材料。由外桶、滤器、六个交换柱、水质纯度仪和储水器等五个部分组成,由耐酸碱的胶管联结,可生产注射用水。

（3）反渗透纯水器:反渗透纯水器是将被处理的原水,用水泵以一定的压力,使它流过密集的滤膜（反渗透膜）,这种滤膜只允许水通过而截流下大多数不能溶解的固体颗粒,从而达到生产纯水的目的。

（4）复式纯水器:复式纯水器由涤棉滤器、活性炭滤器、蜂房过滤器,先将杂质和有机物去除,再进入反渗透器脱盐。然后进入两只混合床离子交换器作精致处理而得到纯水。

（5）水质纯度仪:水质纯度仪即电导率表,用来测定饮用水、蒸馏水、注射用水和纯水的质量。以比电阻值来表示。

5. 医用冷冻设备　医用冷冻设备是在冷冻条件下贮存血液、药品、生物制品及其他医疗用品的重要设备。但是,一般的民用电冰箱并不能适应医用的特殊需要,例如,血液必须在4~6℃下保存,否则就会变质,因此不能用普通电冰箱来保存。

(1)医用低温箱:医用低温箱的温度范围为-30~-85℃,控温精度±0.5℃,容量80L;电子控温,以数字显示。具有自动除霜和辅助冷却设备;箱门采用三箱吸热线透明玻璃;噪声低于55dB;有超温、门未紧闭和停电报警装置。

(2)血液冷藏箱和药品冷藏箱:血液冷藏箱和药品冷藏箱的控温范围为(5±1)℃,采用强制冷风循环,有高低温报警装置。

(3)其他冷冻设备:其他冷冻设备有超低温保存箱,控温范围为-135~-152℃,尸体冷藏箱专用于尸体保存。

6. 药房设备与器具 药房设备与器具主要包括药品贮藏设备和计量、检测仪器以及清洗器具等。

(1)架盘药物天平:架盘药物天平为称量药物之用,称量范围100~500g,精度1/1000,附有配套砝码。

(2)检测仪器

1)片剂释放仪:片剂释放仪是测定片剂、胶囊、颗粒状等药物在体内的释放度,由电动机、水浴槽、打泡机和搅拌轴组成。

2)水分测定仪:水分测定仪用于测定药物内所含的水分,最大载荷10g。有加热法和滴定法两种。加热法是用红外线加热器(25W的灯泡)使水分迅速挥发,再用天平释量测定;滴定法是用卡尔·费歇尔试剂.费希尔溶液与水分发生反应,然后根据滴定反应的结果来测定。由电磁搅拌器和滴定管组成。

(3)洗瓶机:洗瓶机由瓶托盘和洗刷槽组成。

(4)崩解仪:崩解剂可测定各种片剂和胶囊剂的崩解时限、栓剂的溶变时限及滴丸的溶解时限,具有自动控温、自动终止崩解等性能。

7. 医用卫生空调系统 医用卫生空调系统用于净化室内空气,调节温度,抑制细菌繁殖,防止交叉感染。一般的空调系统只起降温或取暖作用,不能防止菌尘污染,因此,需要装置新型的医用卫生空调系统。

(1)基本要求:根据医疗工作的实际,医院手术室的洁净度的要求为:Ⅰ级为特别洁净手术室(百级手术室):关节置换手术、器官移植手术及脑外科、心脏外科和眼科等手术中的无菌手术;Ⅱ级为标准洁净手术室(千级手术室):胸外科、整形外科、泌尿外科、肝胆胰外科、骨外科及取卵移植手术和普通外科中的一类无菌手术;Ⅲ级为一般洁净手术室(万级手术室):普通外科(除一类手术)、妇产外科等手术;Ⅳ级为准洁净手术室(三十万级手术室):肛肠外科及污染类等手术。百级、千级、万级、三十万级是指空气中的尘埃粒子数,即每立方米空气中含有的灰尘有多少,百级手术室级别最好,灰尘最少,细菌最少。医用卫生空调系统必须达到这些要求(表1-4)。

(2)基本结构:医用卫生空调系统包括空调机组、热回收部分、高效过滤器、排气口、空气量调节器、消音器、防昆虫网、灰尘隔离器、防火隔板等。

表 1-4　医院手术室洁净度的要求

洁净度	含尘粒数（个/m³）	含浮游菌浓度（个/m³）
100 级	≤2500	≤5
1000 级	≤35 000	≤20
1 万级	≤350 000	≤100
30 万级	≤3 500 000	≤500

（3）过滤器：空气过滤器分除效过滤器（预过滤器）、中效过滤器、亚高效过滤器、高效过滤器（通风系统末端过滤器）。

8. 医疗废物处理器　医院中的大量废弃物，必须及时妥善处理，特别是一次性使用器具，含菌率高，难以销毁处置，一般的焚烧炉会污染大气，影响环境，为此需要采用无烟、无臭、能自动控制的处理设备。

二、我国医疗器械市场发展概述

1. 我国医疗器械市场的发展历程　我国医疗器械的发展经历了从无到有、从小到大的过程。1840 年后，外商相继来沪开设西药房，销售药品兼医疗器械。1914 年，上海裕震兴齿科材料行开业，经营进口齿科材料。随后有德兴、耀昌等 49 家工厂（工场）、商号陆续开业。至解放时，上海有医疗器械工厂（工场）98 家，从业人员近 1600 人。

医疗器械行业的主要发展是在 1949 年后。起初，我国医疗器械工业总产值很低，仅约 192 万元。我国医疗器械经历了 1949—1978 年、1978—1988 年、1988 年至今的三个发展阶段。经过近 70 年的发展，我国医疗器械工业布局和产业结构正在日益趋向合理，国有企业、民营企业和中外合资合作企业等多种所有制成分共同发展。从地域分布来看，我国医疗器械行业集中在东南部沿海地区，特别是南方沿海一带医疗器械发展迅速。

近年来，随着经济发展和医疗技术的进步，大量先进的医疗器械产品被广泛应用于临床实践，医疗器械市场规模迅速扩大。目前，我国能生产 47 大类、5000 个品种、30 000 余个规格的医疗器械产品，生产能力基本能满足全国各级各类医院的装备要求。截止 2017 年 11 月全国实有医疗器械生产企业 1.6 万家，其中可生产一类产品的企业 6096 家，可生产二类产品的企业 9340 家，可生产三类产品的企业 2189 家。医疗器械经营企业数量 41.0 万家，其中，仅经营二类医疗器械产品的企业 22.5 万家，仅经营三类医疗器械产品 6.1 万家。同时，从事二、三类医疗器械经营的企业 12.4 万家。

《2017 年中国医疗器械行业发展蓝皮书》显示，2017 年我国医疗器械市场规模达到 4484.4 亿元，年复合增速将超 25%。

2. 我国医疗器械市场前景　医疗器械工业为人类生命健康服务的工业，被誉为"朝阳产业"，是用高新技术为医学领域提供新产品、新仪器、新设备、新材料的工业，国际上有很多跨国企业已把发展方向投向此领域。

尤其是近 20 年来，全球医疗器械工业发展迅速，随着 B 超、CT 装置、核磁共振装置、直线加速器等一批"高精尖"医疗器械的广泛应用,行业容量增幅十分惊人。

早在"九五"计划期间,我国就制订了从1996年到2050年医疗器械工业分三步走的发展战略。第一步从1996年到2000年,医疗器械工业总产值翻一番,达到300亿元,从数量上、质量上满足常规医疗装备的需求。从发展实践看,这个目标基本实现。第二步从2000年到2010年,医疗器械总产值再翻一番,达到600亿元,中国医疗器械在世界医疗器械市场的份额达到5%,医疗器械整体水平达到中等发达国家水平。第三步从2010年到2050年,随着我国将步入中等发达国家的行列,中国医疗器械在世界医疗器械市场的份额将达到25%,中国将成为世界一流医疗器械制造大国,建立起发达的医疗器械工业体系。从国内外市场行情来分析,近期及相当长一段时期内,我国的医疗器械生产、销售等都具有巨大的市场潜力,发展前景十分诱人。

我国医疗器械行业经过多年的努力,已经建立了集科研开发、工业生产和质量管理于一体的初步规模。医疗器械工业正在成为我国高科技领域颇具发展前景的生力军。

总体上看,目前,我国医疗器械行业区域结构、产品结构和贸易结构已经基本形成。在产品结构上,形成了中高端治疗、诊断、分析检验、手术、监护及急救仪器设备群。在区域结构上形成了珠江三角洲、长江三角洲及环渤海湾三大医疗器械产业聚集区。

3. 我国医疗器械存在的主要问题 医疗器械是综合医学、电子学、信息科学和材料科技等技术的典型高科技产业,不但发展迅速,且国际竞争较为激烈。大型医疗器械产品体现了高、精、尖技术的集成,与国家基础工业水平息息相关,是一个国家科技水平的重要体现。其学科的交叉性和融合性,决定它必须具备创新性。

虽然我国医疗器械工业已具备了相当的基础,并利用后发优势与发达国家的差距正在逐步缩小。但由于医疗器械产品的高回报率、医疗器械市场需求旺盛、部分低值医疗器械设备和耗材进入门槛低等因素导致整个医疗器械行业存在着重复建设、规模小、发展水平低、产业组织分散、生产集中度较低、产品质量不高、缺乏名牌产品、产品结构不合理(主要表现为大型高精尖设备大量进口,而常规性设备又供过于求)、效益不高、市场竞争力较弱等弱点。

综上所述,我国医疗器械市场存在的主要问题有:自主创新能力薄弱;研发投入不足;高技术产品竞争能力不足;行业标准体系不够健全等。

(1)整体规模偏小:多数为中、小企业,抗击抵御风险能力差。

(2)产品技术含量低,品种单一:我国大部分医疗器械企业仍保持着传统的生产模式,以劳动密集型产品为主,技术水平仅处于中、低档,只能凭低廉的价格参与市场竞争;且品种单一,部件制作工艺陈旧,竞争力差。

(3)基础工业不发达,产、学、研结合不够紧密,优势技术产业化通道不畅通:医疗器械是多学科交叉、融合的学科,是高新技术应用最集中、最活跃的行业,尤其是基础工业,更是影响其发展的重要因素。

(4)诚信制度不健全,诚信机制不完备:我国医疗器械行业诚信制度还不健全,诚信观念不强,企业缺乏长远的发展规划,只顾眼前利益,短期行为多,造成企业怕罚款、轻公告的现象,对创立企业品牌、树立品牌忠诚度极其不利,同样也制约了医疗器械产业的进一步发展。

（5）知名品牌少：国内企业生产的医疗器械产品在国内的知名度普遍偏低，高价值的品牌更少，在国际医疗行业中的知名度几乎为零。缺乏行业领头羊的知名企业就很难有国际知名的品牌。

（6）缺乏自主创新能力：我国医疗器械与国际医疗器械在技术上还存在较大的差距，特别是高端产品的一些关键技术和关键工艺尚不完全掌握，一些高性能传感器及信息采集或处理部件还需进口。表现在：大多数产品开发模式主要是仿制；大多数高端产品的关键技术、部件依赖国外；大多数产品的发展趋势跟着国外走；多数产品缺乏专利技术；大部分企业在国际产品技术标准上缺乏发言权。

我国医疗器械产业要实现跨越式发展，要跻身世界先进水平之列，必须加强产业自主创新的能力，把解决关键技术和关键零部件的技术突破作为最主要和最重要的工作，以关键技术和关键部件来带动产品尤其是大型设备的更新换代，并拉动产业真正快速、持续发展。近年来，国务院办公厅发布了《全国医疗卫生服务体系规划纲要（2015—2020年）》《"十三五"深化医药卫生体制改革规划的通知》《创新医疗器械特别审批程序（试行）》等，这为医疗设备制造业自主创新提供了非常优厚的政策环境。在此大形势下，医疗器械产业必须走上自主创新之路，特别是各行各业的自主创新，必将为医疗器械应用新技术成果再创新提供更多契机，中国医疗器械产业特别是医疗设备制造分产业应抓紧时机，通过自主创新彻底改变中国医疗器械产业面貌。我国医疗器械行业在面临着内外部因素的制约时，也遇到了前所未有的大好发展机遇。

4. 我国医疗器械发展面临的机遇和挑战

（1）我国医疗器械发展的机遇

首先，我国政府重视卫生健康事业。医疗器械产业的发展首次写入科技部中长期规划，国务院办公厅2016年3月4日《国务院办公厅关于促进医药产业健康发展的指导意见》指出"加快医疗器械产品数字化、智能化，重点开发可穿戴、便携式等移动医疗和辅助器具产品，推动生物三维（3D）打印技术、数据芯片等新技术在植介入产品中的应用。推进医药生产装备智能化升级，加快工控系统、智能感知元器件等核心技术装备研发和产业化，支撑医药产业智能工厂建设。"

随着我国医疗器械产业发生的变化和发展，使得进行自主研制新的医疗器械已有了较好的基础：①产业组织结构调整及区域结构调整逐步推进。生产企业组织结构已演变为开放的多种经济所有制聚合结构。区域结构上，珠江三角洲、长江三角洲及京津环渤海湾三大区域成为医疗器械产业的三大产业聚集区；②培养了一定数量的医疗器械研发、设计、制造、服务和监管的专业人才；③产品技术结构调整加快，技术结构发生较大变化，研发和生产了一些技术含量较高的产品，产品质量和售后服务也得到重视；④基础研究水平提高，部分领域已具有源头创新的基础；基础工业水平提高，现代制造业的优势已逐步显现；⑤改革开放和加入世界贸易组织，使得技术资源、人才资源、管理资源、工业资源逐步国际化，产业发展的整体环境在逐步改善，有了在全球范围内进行技术整合、发展自己的可能性；⑥国家及相关政府部门的重视程度加大，国家和开发者对医疗器械的研发投入加大。

同时，我国广大农村医疗设备配置相对落后，远远不能满足农村医疗需求。农村卫生体制的改革和深化为农村医疗器械提供了广阔的市场。

其次，改革开放和国际化贸易合作的加深，为我国医疗器械行业开启了与国际医疗器械市场的通道。

国际医疗器械厂商通过直接投资和技术合作等方式进入中国市场。在中国通过投资建厂、建立研发机构、协作生产的途径输入资本、技术和管理的经验,有利于调整国内医疗器械产业结构和进出口结构,有利于降低医疗器械原材料、配套件进口成本,提高中国医疗器械工业的竞争能力和整体水平;有利于开拓国际视野;有利于和国际医疗器械行业接轨;有利于国产医疗器械进入国际市场。

再次,经过近70年的发展,我国已经基本上形成了医疗器械产业体系和产品体系;制定了一批医疗器械标准和法规;基本形成了以珠江三角洲、长江三角洲和环渤海湾地区的医疗器械产业布局;出现了一批少量具有国际竞争力的医疗器械企业和具有国际竞争力的产品。

(2)我国医疗器械行业面临的挑战

我国医疗器械产业得到了长足的发展,而且,发展速度也相当迅速,但是,从整体看,我国医疗器械产业与发达国家相比,在质量、数量、技术水平上还有差距,目前,国内市场上高端医疗器械产品被国外或跨国公司占领的局面并没有改变。

我国的医疗器械产业还不能满足我国卫生健康事业的需求,需要进一步加大对医疗器械产品的研发、设计、制造的资源投入;进一步加强医疗器械人才的培养,构建医疗器械人才培养体系;进一步加强投入于医疗器械技术创新,构建医疗器械产业技术创新体系;进一步医疗器械市场监管,规范我国医疗器械市场,构建医疗器械产业监管体系。

点滴积累

1. 医疗卫生服务体系包括医疗机构的类别、医疗机构的等级、医疗机构的产品配置基本标准。
2. 医疗机构的医院设备主要包括供应室设备、消毒灭菌设备、集中供氧系统、水处理设备、医用冷冻设备、药房与器具、医用卫生空调系统、医疗废物处理器、医用输送工具等。

学习小结

一、学习内容

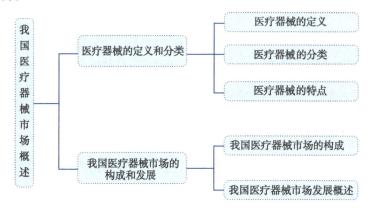

二、学习方法

通过本章的学习,从理论上了解医疗器械的定义和医疗器械主要产品的构成、掌握医疗器械的分类规则和分类体系、了解医疗器械的特点;了解医院的主要设备及其作用;了解我国医疗器械市场发展的历史及其现状;了解我国医疗卫生服务系统的构成;熟悉我国医疗器械行业存在的问题、发展机遇和面临的挑战。

目标检测

问答题

1. 医疗器械的特点有哪些?

2. 医疗器械根据结构特征可以分为哪几类?

3. 医疗器械根据临床应用范围可以分为哪几类?

4. 医院设备主要包括哪些设备?

5. 我国医疗器械存在的主要问题有哪些?

6. 医疗器械的专用性主要体现在哪三个方面?

第二章

ER-02章PPT

▲

医疗器械市场调查实务

学习目标 ▽

学习目的

通过本章的学习，了解医疗器械市场调查的类型及其在企业经营中的重要性，熟悉市场调查的操作流程，掌握各种调查方法或技巧，能够根据企业实际经营需要，设计、组织、参与实施具体项目的市场调查活动。熟悉基本的市场调查数据处理与分析技术，掌握简单市场调查报告的撰写，能够最终为企业提供完整的医疗器械市场调查报告供经营决策参考。

知识要求

1. 掌握各种常用调查方法的基本知识；问卷设计的基本知识；调查资料处理的过程及简单的统计分析方法；市场调查报告的内容及调查报告的撰写。

2. 熟悉医疗器械市场调查活动的整个流程与各阶段工作的重点；市场调查的不同类型及其各自的适用场合；基本的抽样知识与方法。

3. 了解调查实施前的准备工作内容；招聘与培训调查人员的基本工作内容。

能力要求

1. 熟练掌握围绕确定主题的市场调查方案书的设计与撰写；调查问卷的设计；能用各种调查方法并能够独立完成相应调查活动；调查资料数据整理与分析的工作步骤与要点；调查报告的撰写，并能够根据不同对象进行调查结果汇报工作。

2. 学会根据医疗器械企业面临的问题确定市场调查主题；根据调查项目来完成调查实施前的准备工作，如调查人员招聘、培训，调查准备等；基本的数据处理、分析方法。

第一节　撰写医疗器械市场调查方案书

一、确定调查的目的、主题与调查类型

企业营销活动的核心是发现和有效满足市场需求，经理们在做出某项营销决策但同时又没有充分信息时，就必须借助市场调查获取必要的市场信息。市场调查就是系统地识别、收集、分析、分配和使用信息，目的是发现营销问题并提出有效对策。

市场调查活动开始于调查方案的设计，市场调查方案是对整个调查工作中各个方面和全部过程的总体设计与计划，是后续市场调查活动实施的依据。在市场调查方案书中，应对调查目的、主题、

内容、对象、时间、地点、方法等众多方面的工作进行详细周到的谋划。

（一）确定调查目的

确定市场调查目的就是要明确通过调查活动要解决哪些问题,获取什么样的资料,取得的这些资料有什么用途等。例如,某医疗器械企业在经营过程中发现,近期的销售业绩呈现下降的情形,此时开展市场调查的目的可能就是"发现引起企业销售业绩下降的原因"。市场调查的目的决定了调查的主题、内容和方式等,所以在市场调查方案设计中,应首先明确调查的目的,然后才能进行调查方案设计的其他内容。

（二）确定调查主题与内容

调查主题是根据调查目的确定的开展调查活动的中心,围绕调查主题就可以确定具体的调查内容与项目。有了主题,调查活动就可以明确向调查对象了解什么问题。调查主题与内容的界定,除了考虑调查目的和调查对象的特点,还需要注意下述问题:

1. 确定调查主题与内容是调查任务所需,是能够获得答案的。符合调查目的需要且可以取得的内容,应列入调查内容中,否则不要列入。但也要注意,调查的内容或项目不宜过多。

2. 调查内容必须表达明确,要使答案具有确定的表达形式,否则被调查者会产生不同理解而给出不同的答案,造成汇总的困难。

3. 调查内容之间尽可能相互关联,使取得的材料相互对照,以便了解现象发生变化的原因、条件和后果,从而检查答案的准确性。

4. 调查内容要明确、肯定,必要时还可以附以调查内容的解释。

（三）确定调查类型

根据不同的调查目的、主题和内容,可以把市场调查分为探索性调查、描述性调查、因果关系调查和预测性调查四种类型。不同的调查类型具有各自的特点与目的,满足不同的调查需要,如表 2-1所示。

表 2-1　市场调查的类型

类型	特点	目的	资料来源
探索性调查	初始阶段;情况不明;灵活;省时、省费用;非正式调研	问题的表现与问题的根源;明确进一步调查的重点	二手资料;观察;访问专家
描述性调查	对情况或事件进行描述;事物发展过程及可能的原因;正式调查	事情是怎样发生的? 历史与现状;可能的原因	一手与二手资料;定性研究
因果关系调查	两个或多个变量之间量化因果关系;正式调查	一个变量会以怎样的方式影响另一个变量,以及影响程度	一手与二手资料;逻辑推理;统计分析
预测性调查	应用理论模型,根据一个或几个变量的变化预测另一个变量的变化;正式调查	如果一个变量改变到一定程度,另一个变量变化的程度	一手与二手资料;理论模型

资料来源:庄贵军,市场调查与预测,北京大学出版社,2007 年 12 月

1. **探索性调查**　探索性调查是通过对某个问题或情况的探索,发现新动态,提出新看法与见

解。一般来说,当调查人员对所研究的问题不够熟悉或面临一个新问题时,需要开展探索性调查。它常用于大规模的正式调查前,帮助将问题定义得更准确,将解决方案制订得更准确,为问卷设计等后续工作服务。

2. 描述性调查　描述性调查的主要目的是对某些现象、行为、过程、变化或者不同变量之间的关系进行描述。在开展描述性调查时,一定要明确 6W——对象(who)、内容(what)、时间(when)、地点(where)、为什么(why)、方法(way)。

3. 因果关系调查　因果关系调查的目的在于确定因果关系,解释某些现象、行为或变化所产生的原因。例如,在医学杂志上刊登某企业的血液透析机,是否能够提升该品牌产品在业内的知名度?因果关系调查通常会利用各种统计技术去了解与说明变量之间的关系,需要相对专业的研究人员来完成,一般不常用。

4. 预测性调查　预测性调查的主要目的是为预测未来一定时期内,某一环境因素的变动趋势及其对企业市场营销活动的影响。例如,在国家大力开展医疗改革的近三年内,整个市场对某种医疗器械产品需求的预测。一般而言,预测性调查以因果关系调查为基础,建立起事物之间的因果关系或数学模型来展开预测工作。

在一般的商业性市场调查中,探索性调查和描述性调查使用的比较多,而因果关系调查相对较少。

二、确定调查对象与范围

调查对象是根据市场调查目的而选择的市场参与者,是根据调查任务和目的,确定本次调查的范围及需要调查的那些现象的总体,就是解决向谁调查的问题。调查对象可能是某些性质相同的单位所组成,也可能是单个的消费者或家庭。例如,一家生产血液透析机的医疗器械制造商,它在开展市场调查时的调查对象可能是医院等医疗机构;而一家生产血糖仪的厂家,它开展市场调查活动时,调查对象可能是单个消费者或家庭。

在明确调查对象的基础上,还要确定在何种范围内对调查对象展开调查活动。调查范围的确定,主要根据调查主题性质、企业市场范围等多方面因素来综合权衡。例如,面向全国市场的医疗器械生产企业,可能要在全国范围内开展调查活动;而只对华东地区开展产品销售的企业,可能只需要在局部区域市场进行调查。此外,调查范围确定还涉及被调查对象数目的确定,是对市场中所有调查对象进行调查,还是从其中抽取部分开展调查,这就涉及调查样本的确定。

通常情况下,企业很少会采用对所有调查对象个体进行全部调查的普查,更多情况下,企业是在调查对象与范围确定的基础上,从总体中抽取部分个体展开调查活动,这就是抽样调查。

抽样调查是指从调查总体中抽选出一部分个体作为样本进行调查,并根据抽样样本的结果来推论总体的一种专门的市场调查技术。抽样调查是一种被广泛使用的调查技术,包括随机抽样调查和非随机抽样调查两大类方式。

1. 随机抽样技术　随机抽样,又称概率抽样,是对总体中每一个个体都给予平等的抽取机会的抽样技术。在随机抽样中,每个个体抽中或抽不中完全凭机遇,排除了人为主观因素的干扰。随机抽样方式主要包括如下类型:简单随机抽样、分层随机抽样、分群随机抽样、等距抽样等。

(1)简单随机抽样:又称单纯随机抽样,是按随机原则对总体单位进行无目的的选择,是以纯粹偶然的方式抽取样本。常用的方法有抽签法、乱数表法。

(2)分层随机抽样:又称分类随机抽样,是把调查总体按照某种属性的不同分为若干层次或类型,然后在各层或类型中按照简单随机抽样方式,根据计算出的每一层或类型的样本数抽取样本的一种抽样技术。

(3)分群随机抽样:又称整群抽样技术,是把调查总体区分为若干群体,然后用单纯随机抽样方式,从中抽取某些群体进行全面调查。

(4)等距抽样:又称为系统抽样、机械随机抽样技术,是将总体中的个体先按一定标志顺序排列,并根据总体单位数和样本单位数计算出抽样距离(即相同的间隔),然后按相同的距离或间隔抽选样本单位。

2. 非随机抽样技术　非随机抽样,也称为非概率抽样,是对总体中每一个个体不具有被平等抽取的机会,而是根据一定主观标准来抽选样本的抽样技术。在非随机抽样中,一般按主观设立的判断标准或仅按方便的原则来进行抽样,主要有:方便抽样、判断抽样、配额抽样、固定样本连续调查和滚雪球抽样。

(1)方便抽样:一般由调查人员从工作方便出发,在调查对象范围内随意抽选一定数量的样本进行调查。一般只用于预调查和探索性调查,正式调查比较少用。

(2)判断抽样:是指由调查人员或专家根据自己的主观分析和判断,来选择那些适合的样本个体作为调查对象。

(3)配额抽样:将总体按一定标志(即控制特征)分层,然后按一定的特征规定进行各层样本分配(配额),各层样本再由调查人员按配额内的数量和要求,用方便或判断抽样方式自由选取具体的个体作为样本。

(4)固定样本连续调查:是把选定的样本单位固定下来,长期进行调查的一种方式。这种调查方式的调查对象稳定,可以及时全面取得各种可靠的资料,具有费用低、效果好的优点。

(5)滚雪球抽样:以少量样本单位为基础,通过对这些少量样本的逐步延伸以获取更多样本单位,直至达到调查要求的样本数量。

知识链接

抽样调查的程序

抽样调查一般包括6个步骤(图2-1):

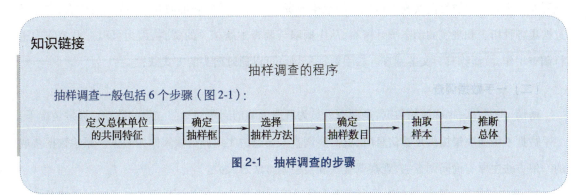

图2-1　抽样调查的步骤

1. 定义总体单位的共同特征　定义总体单位的共同特征就是定义同质总体。 首先要根据调查目的，确定调查范围及总体单位，即要明确调查的总体单位应有什么样的共同特征（有时可能是多个共同特征，此时就要明确同质总体）。 总体单位的共同特征可以从以下几个方面进行描述：地域因素、人口统计因素、产品或服务的使用情况及认知度等。 确定了总体单位的共同特征之后，就要对抽样单位进行过滤，凡不符合共同特征的样本都应予以剔除。

2. 确定抽样框　简单地说，抽样框就是全部总体单位名单，从中可以抽出样本单位。 在理想情况下，会有一个完整和准确的总体单位名单，但大多数情况下这种名单是不存在的。 对抽样框最重要的要求是它应包括全部总体单位。 例如，调查公司最容易得到的抽样框是电话簿，但是当调查对象是不拥有电话或不愿公布电话号码的人时，它就不适用了。

3. 选择抽样方法　抽样方法的选择取决于研究目的、研究对象的特点、调研经费及时间。 抽样可以分为两大类：随机抽样与非随机抽样，每一类中又有许多可供选择的具体抽样方法。

4. 确定抽样数目　一旦选定了抽样方法，下一步就要确定合适的抽样数目。 对于非随机抽样，通常根据经费、抽选规则、样本的大致构成来主观确定抽样数目。 对于随机抽样，则需要在允许误差的目标水平、置信水平和研究对象数量特征波动水平下确定样本数目。 这样，才有可能用样本来推断总体。

5. 抽取样本　在这一阶段，必须有一个明确的操作程序，以规范资料的搜集行为。 对于随机抽样，这一程序显得尤为重要。 否则，随机抽样的随机性将得不到保障，调查结果将变得不可信。

6. 推断总体　用样本调查的结果推断总体是抽样调查的最后一个步骤，也是抽样调查的目的所在。以样本来推断总体，既可按百分比推算法进行推断，也可按平均数推算法进行推断。

三、选择调查方法

市场调查是获取市场或营销数据的行为和过程,市场调查的方法根据获取数据的来源可以分为二手数据调查方法和一手数据调查方法。

(一)二手数据调查

所谓二手数据,也称现成数据,它不是因为要解决目前调查问题而收集的,而是为了其他目的已被开发出来并可以被目前调查项目使用的数据或资料。对二手资料的收集,也称文案调查,主要通过搜集各种历史和现实的动态统计资料,从中摘取与调查主题相关的资料,因为可以在办公室内进行调查工作,故而称其为文案调查。二手数据资料也可以通过购买的方式获得。

(二)一手数据调查

所谓一手数据,也称原始数据,是调查人员为解决面临的问题而专门收集的数据。通常情况下,二手数据不能为决策提供足够信息时,就需要调查人员通过实地调查收集原始数据。原始数据获取的一般方法主要有询问调查法、观察调查法和实验调查法三大类。

1. **询问调查法**　询问调查法是指调查人员采用访谈询问的方式向被调查者了解市场情况的一种方法,它是市场调查中最常用、最基本的调查方法。根据调查者与被调查者接触的方式,询问调查法可以分为：人员访问调查、邮寄调查、电话调查和网上调查。

(1)人员访问调查：是调查者在面对面的情况下，向被调查者提出问题，然后根据被调查者的回答，当场记录获得数据的方法。人员访问调查通常按照一套事先设计好的问卷询问，但也有采取自由交谈的形式询问的。

(2)邮寄调查：邮寄调查可以通过几种途径将问卷送到应答者手中，一般最常用的是邮寄。调查者将设计好的问卷连同一个回寄信封邮寄给应答者，待应答者填完后寄回。

(3)电话调查：是调查者通过电话向应答者提出问题、汇集答案的数据收集方法。随着电话和移动电话的普及，这种方法可以用来做一些内容简单的调查。

(4)网上调查：网上调查是借助互联网来与被调查者接触收集数据或资料的一种调查方法，可以再分为网上问卷调查、网上焦点座谈和 BBS 调查等几种方法。

2. 观察调查法 观察调查法是指调查人员在现场对有关情况直接观察记录的一种调查方法。采用观察法调查获得数据的手段，不是直接向被调查者发问请求回答，而是在被调查者未注意的情况下由调查人员使用自己的眼睛或照相机、录音机、录像机等辅助仪器进行观察，并记录观察结果。观察调查法一般分为两种：直接观察法和间接观察法。

(1)直接观察法：是指调查者置身于被调查者中间，亲临其间，开展调查，记录事件发生的事情真相及前景，取得数据信息。在采用这种方法的调查过程中要注意，一般不能让被调查者了解自己的身份。另外，调查者要始终保持客观的态度，避免调查者主观意志影响调查结果。常见的直接观察法的应用有顾客观察法和环境观察法等。

(2)间接观察法：就是通过现场遗留下来的实物或痕迹进行观察以了解或推断过去的市场行为。由于种种原因，很多场合并不适于或不需要调查人员亲临现场，则可以采用机器观察的方法，即根据调查的要求和目的，在调查现场设置摄像机、红外线探测器或 IC 卡智能机等设备自动采集有关信息。

知识链接

观察法的步骤

1. 制订观察计划。 计划确定后，就要围绕计划，设计观察提纲，一般包括：谁、什么、何时、何地、怎么样、为什么等内容。 另外，为便于记录，观察提纲可制成观察表、卡片等形式。

2. 确定观察目标。 明确观察目的，确定观察对象，包括观察范围、数量、内容、对象、时间、次数、方式、手段以及采用的工具等。

3. 进入观察环境。 保持被观察者的自然状态，避免干扰。 接触观察对象，与其建立适当关系，但应以不改变观察对象的正常活动为原则。

4. 认真做好观察记录。 记录方式可以多样，尽可能利用设备进行观察，如摄影、录音等。 记录方法有利用音像设备、填写预测登记卡以及笔记等。

5. 分类整理、登记、存放观察记录。 观察后所得的资料一般是凌乱、分散的。 在观察后，及时进行整理，按预定计划对资料进行分类、归档，对缺漏、错误记录进行及时修正与追补，使之条理化。

6. 进行分析，撰写调查报告。

---

3. 实验调查法　实验调查法是把调查对象置于一定条件下,进行小规模实验,通过观察分析获取数据信息的方法,常用于因果关系研究中。在市场调查中,调查者经常通过改变某些因素来测试对其他因素的影响,例如通过改变产品的品质、价格、包装、广告数量和商品陈列等,了解其对企业产品销售量以及市场份额的影响,都可以通过实验法来进行调查。常见的实验调查法有实验室实验和现场实验。

四、确定调查时间与地点

(一)确定调查时间

调查时间是指调查在什么时候进行,需要多长时间来完成。市场信息数据通常有一定的时效性,根据企业具体工作的要求,来确定展开调查的时间以及整个调查过程的期限,以便提供即时的市场信息数据。此外,调查时间受到众多因素的影响,例如,调查方法,邮寄调查持续的周期较长而电话调查的持续时间较短;调查规模,样本数量越多,持续的调查时间会加长;调查主题与调查对象情况,不同的主题要求调查在调查对象适当的时候开展,有的调查可能要求在被调查者工作时间进行,而有的调查可能要求被调查者在非工作时间来完成。

知识链接

调查时间期限的确定

根据暨南大学李小勤教授的研究成果,一个调查项目所需的时间安排比例大致分配如下:

(1)计划起草、磋商阶段　　　　　(2)抽样方案设计实施

(3)问卷设计、预调查　　　　　　(4)问卷修正印制

(5)调查员的挑选与培训工作　　　(6)实地调查

(7)数据的计算机录入和统计分析　(8)撰写报告

(9)与客户的说明会　　　　　　　(10)建议与修正、定稿

其中,时间安排比例(1)为4%~5%;(2)~(3)为10%~15%;(4)~(6)为30%~40%;(7)~(8)为30%~40%;(9)~(10)为5%~10%。

(二)确定调查地点

调查地点是指在何处展开调查,通常和调查实施者与被调查者地点相关。例如,某医疗器械公司在其公司内的产品实验室中开展实验调查,可能邀请被试者到本单位开展调查工作;公司对同类医疗器械产品的性能及使用情况调查,可能调查人员要深入到使用场地如医院各科室去完成调查工作。

五、编制调查计划进度表

市场调查进度表是对市场调查的总体进程的规划与安排,也就是在规定的时间和资源约束的条件下,完成任务的计划安排,参见样例(表2-2)。

表 2-2　市场调查进度表（样例）

序号	调查活动过程名称	实施时间（天）
1	调查项目洽谈	1
2	确定调查项目主题	0.5
3	招聘调查人员	1
4	访问员培训	1
5	确定调查时间、范围、对象	0.5
6	确定调查方法	0.5
7	设计调查问卷	1
8	问卷修正	1
9	审核批准	0.5
10	问卷印刷	1
11	实施调查	5
12	问卷回收、审核	2
13	问卷编码、数据录入	2
14	数据统计分析	2
15	撰写调查报告	2
16	印刷报告、装订成册	1
合计		22

六、编制调查费用预算

调查项目的实施需要一定的经费支持,调查费用会因调查主题、调查样本数量及调查区域范围的不同而有所差异。在市场调查过程中,应对调查费用进行预算,合理安排与控制整个调查过程及调查各阶段的费用开支,确保调查工作顺利开展。

调查费用发生在调查过程中的各个阶段,参见样例表(表2-3)。

表 2-3　调查费用预算表（样例）

项目序号	项目名称	项目费用（元）
1	总体设计方案策划费或设计费	2000
2	抽样方案设计费	1000
3	调查问卷设计费、印刷费	2000
4	调查实施费(选拔培训调查员、试调查、交通费、劳务费、管理监督费、礼品谢金费、复查费等)	6500
5	数据录入费(编码、录入、查错)	3500

续表

项目序号	项目名称	项目费用（元）
6	数据统计分析费(上机、统计、制表、制图)	6000
7	调研报告撰写费	3000
8	资料费、复印费、通讯联络等办公费用	4000
9	劳务费(工作、协作人员劳务费)	3000
10	专家咨询费	2000
11	鉴定费、成果提交等相关工作费用	2500
12	报告打印与装订	2000
13	项目利润	5000
合计		42 500

七、编制市场调查方案书

市场调查方案书是对整个市场调查活动的全盘安排,通过编制调查计划形成调查方案书,为调查者实施调查活动提供依据,确保整个调查活动按部就班,有序开展。作为一个完整的市场调查方案,一般包括如下几个主要内容:

1. **前言部分**　简明扼要地介绍整个调查项目出台的背景原因。

2. **调查的目的和意义**　较前言部分稍微详细点,应指出项目背景、研究主题等,指明该项目的调查结果能给企业带来决策价值、经济效益或社会效益等内容。

3. **调查的内容和范围的界定**　指明调查的主要内容,规定必需的信息资料,开列出主要的调查问题,明确界定此次调查的对象以及范围。

4. **调查将采用的方法**　指明所采用的研究方法及其特征、抽样方案的步骤和主要内容、所取样本大小要达到的精度指标、最终数据采集的方法和调查方式、调查问卷设计方面的考虑和问卷的形式、数据处理和分析方法等。

5. **调查进度和有关经费开支预算**　切记,计划应该设计得具有一定的弹性和余地,以应付可能的意外事件的影响。

6. **附件部分**　列出调查项目的负责人及主要参与人名单,并可简要介绍团队的专长和分工情况。指明抽样方案的技术说明和细节说明、调查问卷设计中有关的技术参数、数据处理方法和所采用的软件,以及其他补充性内容等。参见如下样例。

某医疗器械产品市场调查方案书(样例)

一、调查背景

某医疗器械公司是国内专注于集研发、生产和销售神经电生理系列产品于一体的高新技术名优企业。公司拥有脑电图仪系列、肌电图仪系列、插件式监护仪系列和康复仪系列等多种神经电生理类产品。在D地区,该企业的脑电产品销售情况一直不理想,近期准备在该地区加大营销力度,提升企业品牌与市场占有率。

（略）

二、调查目的

要求详细了解 D 地区脑电图仪产品市场各方面情况，为该产品在 D 地区的扩展制订科学合理的营销方案提供依据，特撰写此市场调研计划书。

1. 全面摸清各企业品牌在用户中的知名度、渗透率、美誉度和忠诚度。

2. 全面了解本品牌及主要竞争品牌在 D 地区的销售现状。

3. ……

三、调查内容

根据以上研究目的，建议本次调查内容包括如下各项：

（一）地区行业市场环境调查

主要的调研内容有：

1. D 地区脑电图仪产品的市场容量及发展潜力。

2. D 地区行业的营销特点及行业竞争状况。

3. ……

（二）用户调查

主要的调研内容有：

1. 用户对脑电图仪的购买形态（购买过什么品牌、向哪些经销商购买、选购标准等）。

2. 用户对脑电图仪详细的采购标准及采购流程。

3. ……

（三）竞争者调查

主要的调研内容：

1. 主要竞争者的产品与品牌优、劣势、营销方式与营销策略。

2. 主要竞争者市场概况。

3. ……

四、调研对象及抽样方式

本次调查的调查对象主要为 D 地区各级医院等机构，具体来说就是医院中使用脑电图仪的科室中的工作人员。此外，还需要对该地区主要医疗器械经销商进行简单走访调查。根据该地区的机构数量及等级，拟采用判断抽样法对其中的 15 家医院进行调查，其中，三级医院 5 家，二级医院 10家，详细名单及联系方式见附录。此外，对部分规模较大的医疗器械经销商进行走访调查，调查数量为 5 家。

五、调查员的规定、培训

略。

六、人员安排

略。

七、市场调查方法及具体实施

1. 对用户以问卷调查为主,具体实施方法如下:

略。

2. 对经销商以深度访谈为主:

略。

八、调查程序及时间安排

市场调研大致来说可分为准备、实施和结果处理三个阶段。

1. 准备阶段:它一般分为界定调研问题、设计调研方案、设计调研问卷或调研提纲三个部分。

2. 实施阶段:根据调研要求,采用多种形式,由调研人员广泛地收集与调查活动有关的信息。

3. 结果处理阶段:将收集的信息进行汇总、归纳、整理和分析,并将调研结果以书面的形式——调研报告表述出来。

在客户确认项目后,有计划地安排调研工作的各项日程,用以规范和保证调研工作的顺利实施。按调研的实施程序,可分七个小项来对时间进行具体安排:

调研方案、问卷的设计	3 个工作日
调研方案、问卷的修改、确认	1 个工作日
项目准备阶段(人员培训、安排)	1 个工作日
实地访问阶段	4 个工作日
数据预处理阶段	2 个工作日
数据统计分析阶段	3 个工作日
调研报告撰写阶段	2 个工作日
论证阶段	2 个工作日

九、调查报告提交

由某调查公司向某企业提交调查报告一份及所有原始问卷,并提供包括调查报告、原始数据、分析数据、演示文稿在内的光盘一份。如有需要,将组织向某公司作口头汇报。

十、经费预算

略

十一、附录

附录 1:调查问卷

附录 2:调查人员名单

附录 3:问卷设计人员名单

附录 4:数据统计分析人员名单

附录 5:委托调查协议书

点滴积累 \

1. 调查类型分为探索性调查、描述性调查、因果关系调查和预测性调查四种类型。

2. 根据获取数据的来源可以分为二手数据调查方法和一手数据调查方法。

3. 原始数据获取的一般方法主要有询问调查法、观察调查法和实验调查法三大类。

4. 抽样调查是一种被广泛使用的调查技术，包括随机抽样调查和非随机抽样调查两大类。

5. 抽样调查一般包括定义总体单位的共同特征、确定抽样框、选择抽样方法、确定抽样数目、抽取样本和推断总体 6 个步骤。

6. 调查策划方案书通常由调查背景、调查目的、调查内容、调研对象及抽样方法、调查员的规定与培训、调研人员安排、市场调查方法及具体实施、调查程序及时间安排、调查报告提交、经费预算和附录构成。

▶▶ 课堂活动

某公司是一家坐落于珠三角的生产超声设备的企业，成立于 1985 年。 目前由于公司业务发展的需要，需要业务人员进一步拓展市场，了解市场需求，掌握市场竞争动态，提高产品知名度、美誉度，了解产品使用状况、分销渠道效率等方面的信息，为此，公司决定安排一定的资金用于市场调查，对多普勒彩色超声和便携式超声设备的市场前景进行调研。

医疗器械生产经营企业开展市场活动，需要及时、准确地了解市场需求等诸多信息。 市场调研是获取信息的重要途径。

请同学们根据本节所学知识，以便携式超声设备作为市场调查项目实施的依据，在讨论的基础上策划市场调查活动，完成相应医疗器械市场调查方案设计，并提交调查方案书。

1. 确定调查项目的目的和主题；

2. 界定该调查的时间地点范围、调查对象、调查方法、抽样技术；

3. 编制调查计划与调查费用预算清单；

4. 编写市场调查策划方案书。

【任务实施】

1. 请同学们进行分组，要求每组 3~4 人，选派组长并根据上述课堂活动内容，选择一种产品作为本项目实施的依据。

（1）小组组建

组长：＿＿＿＿＿＿，任务分工：＿＿＿＿＿＿＿＿＿＿＿＿＿＿＿＿＿＿＿＿＿＿

组员：＿＿＿＿＿＿，任务分工：＿＿＿＿＿＿＿＿＿＿＿＿＿＿＿＿＿＿＿＿＿＿

＿＿＿＿＿＿，任务分工：＿＿＿＿＿＿＿＿＿＿＿＿＿＿＿＿＿＿＿＿＿＿

＿＿＿＿＿＿，任务分工：＿＿＿＿＿＿＿＿＿＿＿＿＿＿＿＿＿＿＿＿＿＿

（2）小组项目产品选择

本小组选择的项目产品为：＿＿＿＿＿＿＿＿＿＿＿＿＿＿＿＿＿＿＿＿＿＿＿＿＿＿

（3）项目产品的背景了解与产品认识

请通过互联网、图书馆或其他手段,了解有关项目产品的基本信息。

你们的产品是:＿＿＿＿＿＿＿＿＿＿＿＿＿＿＿＿＿＿＿＿＿＿＿＿＿＿＿

产品的功能是:＿＿＿＿＿＿＿＿＿＿＿＿＿＿＿＿＿＿＿＿＿＿＿＿＿＿＿

产品的使用场合:＿＿＿＿＿＿＿＿＿＿＿＿＿＿＿＿＿＿＿＿＿＿＿＿＿

产品有什么样的特点:＿＿＿＿＿＿＿＿＿＿＿＿＿＿＿＿＿＿＿＿＿＿＿

＿＿＿＿＿＿＿＿＿＿＿＿＿＿＿＿＿＿＿＿＿＿＿＿＿＿＿＿＿＿＿＿＿

其他信息:＿＿＿＿＿＿＿＿＿＿＿＿＿＿＿＿＿＿＿＿＿＿＿＿＿＿＿＿＿

＿＿＿＿＿＿＿＿＿＿＿＿＿＿＿＿＿＿＿＿＿＿＿＿＿＿＿＿＿＿＿＿＿

2.根据课堂活动内容及小组选择的产品,通过小组讨论,明确下述内容:

第一步:确定调查目的及调查主题

(1)你们小组的调查目的是:＿＿＿＿＿＿＿＿＿＿＿＿＿＿＿＿＿＿＿

＿＿＿＿＿＿＿＿＿＿＿＿＿＿＿＿＿＿＿＿＿＿＿＿＿＿＿＿＿＿＿＿＿

(2)确定的调查主题为:＿＿＿＿＿＿＿＿＿＿＿＿＿＿＿＿＿＿＿＿＿＿

＿＿＿＿＿＿＿＿＿＿＿＿＿＿＿＿＿＿＿＿＿＿＿＿＿＿＿＿＿＿＿＿＿

(3)围绕调查目的和调查主题,需要调查了解哪几方面的内容(概括性内容)?

1)＿＿＿＿＿＿＿＿＿＿＿＿＿＿＿＿＿＿＿＿＿＿＿＿＿＿＿＿＿＿＿＿

2)＿＿＿＿＿＿＿＿＿＿＿＿＿＿＿＿＿＿＿＿＿＿＿＿＿＿＿＿＿＿＿＿

3)＿＿＿＿＿＿＿＿＿＿＿＿＿＿＿＿＿＿＿＿＿＿＿＿＿＿＿＿＿＿＿＿

第二步:确定具体调查内容

根据调查主题确定具体调查内容

(1)主要调查内容一:＿＿＿＿＿＿＿＿＿＿＿＿＿＿＿＿＿＿＿＿＿＿＿

可能涉及的具体内容项目为:

＿＿＿＿＿＿＿＿＿＿＿＿＿＿＿＿＿＿＿＿＿＿＿＿＿＿＿＿＿＿＿＿＿

(2)主要调查内容二:＿＿＿＿＿＿＿＿＿＿＿＿＿＿＿＿＿＿＿＿＿＿＿

可能涉及的具体内容项目为:

＿＿＿＿＿＿＿＿＿＿＿＿＿＿＿＿＿＿＿＿＿＿＿＿＿＿＿＿＿＿＿＿＿

(3)主要调查内容三:＿＿＿＿＿＿＿＿＿＿＿＿＿＿＿＿＿＿＿＿＿＿＿

可能涉及的具体内容项目为:

＿＿＿＿＿＿＿＿＿＿＿＿＿＿＿＿＿＿＿＿＿＿＿＿＿＿＿＿＿＿＿＿＿

(4)主要调查内容四:＿＿＿＿＿＿＿＿＿＿＿＿＿＿＿＿＿＿＿＿＿＿＿

可能涉及的具体内容项目为:

＿＿＿＿＿＿＿＿＿＿＿＿＿＿＿＿＿＿＿＿＿＿＿＿＿＿＿＿＿＿＿＿＿

第三步:确定调查的方法

(1)通过图书馆资料查找、搜索引擎查找等手段,确认上述列出的调查内容对应的信息是否已经存在,通过资料收集发现:

1)拟定调查内容中,已经有现成资料的内容项目有:

_____

其中,这些信息能够被本项目直接使用的有:

_____

2)拟定调查内容中,需要组织调查获取一手资料的内容项目有:

_____

(2)通过学习,我们已经掌握的一手数据收集的主要方法有:

方法一:_____

特点:_____

方法二:_____

特点:_____

方法三:_____

特点:_____

方法四:_____

特点:_____

方法五:_____

特点:_____

其他方法:_____

(3)对于本小组项目需要获取的一手数据资料,上述数据收集的方法中,哪些方法比较适用?

_____

本小组拟准备使用的一手数据收集方法为:

_____

选择这种数据收集方法的原因是:

_____

第四步:确定调查对象和调查范围

(1)根据本小组的调查主题,我们的调查对象为:

_____

调查对象分布在何处?_____

(2)若开展抽样调查,请制订抽样框,并描述你们的抽样框:

_____

(3)通过学习,我们已经掌握的抽样调查方法有:

随机抽样调查方法

1)_____

特点:_____

2)_____

特点：_____

3）_____

特点：_____

4）_____

特点：_____

非随机抽样调查方法：

1）_____

特点：_____

2）_____

特点：_____

3）_____

特点：_____

4）_____

特点：_____

5）_____

特点：_____

（4）我们拟采用的抽样方法为：_____

我们拟采用这种抽样方法的原因为：_____

_____

（5）预计调查样本数量应达到多少？_____

确定的依据是：_____

第五步：确定调查时间、地点

（1）根据项目的具体情况，本项目的预计调查时间跨度为：

_____

整个调查涉及各环节的预计时间分配：

调查环节	时间分配比例	时间起止计划
1.		
2.		
3.		
4.		
5.		
……		

（2）拟定调查活动开展的地点选择为：

_____

选择这些地点的原因是：_____

_____

第六步：编制调查费用预算

根据调查项目的设计安排，费用预算总额约为_____元，具体确定依据及用途如下：

序号	支出项目	金额	制订依据	备注
1				
2				
3				
4				
5				
6				
7				
8				
……				

第七步：编制调查计划表

根据调查项目的设计安排，拟定如下调查计划表：

	工作与活动内容	参与人员	负责人	时间持续	备注
第一阶段 调查策划					
第二阶段 问卷阶段					
第三阶段 实施阶段					
第四阶段 分析阶段					
第五阶段 报告阶段					
……					

注：可以根据本小组具体内容自行设计上述调查计划表

第八步：提交调查报告

最终提交的调查报告内容包括：_____

_____

提交报告的形式为：_____

3. 请以小组为单位，根据选择的产品，设计并撰写、提交一份完整的市场调查方案书。

调查方案书一律采用 A4 纸打印,格式要求:

(1)页边距:上 2.5cm、下 2.1cm、左 2.5cm、右 2.1cm。

(2)正文字体为五号宋体字,行间距为 20 磅;标题为小四号宋体,加粗。

此外,在调查方案书中标明小组成员及完成本子项目的任务分工和完成情况。

4. 以小组为单位,认真讨论本小组市场调查方案的可行性,对调查方案进行改进,确保方案能够在后续学习任务中实施(本章的后续学习任务,将基于本调查方案)。

第二节　市场调查前期准备

一、设计调查问卷

问卷是指调查者从应答者或被试者那里收集数据或资料的问题表。它是市场调查中应用最广泛的一种测量工具。

邮寄调查问卷示例

尊敬的调查学会成员:

感谢您在百忙之中填写这份调查问卷。请用十字交叉符号作为回答标记,并根据规定要求进行填写。

问题 1:您的性别是

单一选项:

男　□　　　　　　　　　　　　女　□

问题 2:您大致的年龄范围是

单一选项:

18~25 岁 □	26~29 岁 □	30~34 岁 □
35~39 岁 □	40~44 岁 □	45~49 岁 □
50~54 岁 □	55~59 岁 □	60~64 岁 □
65 岁以上 □		

问题 3:如果您有刷牙的习惯,请问您一周刷多少次牙? □

请在空格里面填写,如果是个位数值,请在第一个空格上填写 0。

问题 4:您经常使用哪一种牌子的牙膏? (您目前使用最频繁的牙膏品牌)□

请在空格里填写,并参照背页备注。

问题 5:如果我们赠送您一支牙膏,请您尝试,然后邀请您做产品随访,您是否愿意?

单一选项:

愿意　□　　　　　　　　　　　不愿意　□

问题 6:如果您不是调查学会成员,请在下面填上您的名字。

姓名 _____

衷心感谢您的合作,请您最后将这份答案放入我们提供的信封里,投入邮箱。我们已经预付了邮资。

(资料来源:[美]伊恩·布雷,市场调查宝典——问卷设计,上海交通大学出版社,2005)

以上提供了一则简单的调查问卷。问卷的形式可能由于调查主题和调查方法的不同而有所差异,但问卷的主要构成部分都相差无几。问卷的设计工作,既是一门科学又是一门艺术,不是简单地把几个问题放在一起就可以组成一份调查问卷。

(一)问卷的构成

问卷一般由五部分构成:身份数据、请求、说明、调查内容和分类数据。

1. 身份数据　身份数据即有关应答者姓名、单位、住址和电话号码的数据。有时还包括调查时间或编号等数据,一般放在问卷的开头部分。

2. 请求　请求即要求应答者合作的请求。调查的组织者,关于调查目的的解释和完成调查所需要的时间一般在这个部分给出。

3. 说明　这个部分告诉询问者或应答者怎样使用问卷。如果进行的是邮寄调查,则这个部分直接出现在问卷上;如果进行的是人员询问或电话调查,则这个部分出现在另外一张纸上。

4. 调查内容　这是调查表中最基本、最主要的部分。本学习任务将重点讨论这个内容。

5. 分类数据　分类数据是关于应答者特性方面的数据,包括应答者年龄、性别、收入、文化程度等。如果进行的是邮寄调查,这些数据直接由应答者提供;如果进行的是人员访问或电话调查,这些数据则可以通过观察或询问得出。一般分类数据都在调查的末尾收集。

问卷的这五个构成部分,不一定非要按照上面的顺序排列,各个部分之间也不一定非要有个明确的界限,有时个别部分还可以省略。问卷的内容如何安排,要视调查的具体情况而定。

(二)问卷设计步骤

问卷设计一般有如下七个步骤,如图 2-2 所示。

1. 初始决定　初始决定是问卷设计的第一步,应该确定需要收集的信息,这要根据调查的主题、目的来确定。通常情况下,有三个问题需要考虑:第一,要得到什么样的信息? 第二,应答者是谁? 第三,采用什么方式与应答者接触?

2. 题项内容的决定　在初始决定的基础上,根据需要调查了解的信息决定问卷中应该出现哪些题项。题项内容的决定是要考虑题项所能产生信息的情况,不是题项的类型和用语。在题项内容确定中需要考虑以下五个问题:第一,问卷中的每一个题目都是必要的吗? 第二,通过所有题项收集的信息能满足需要吗? 第三,应答者能够正确地回答每一个题项吗? 第四,应答者愿意给出准确的答案吗? 第五,其他因素会影响应答者的回答吗?

3. 题项类型的决定　在确定题项的内容以后,下一步就是要确定使

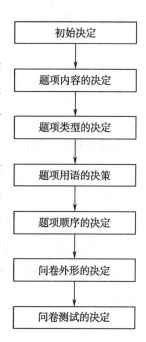

初始决定

↓

题项内容的决定

↓

题项类型的决定

↓

题项用语的决策

↓

题项顺序的决定

↓

问卷外形的决定

↓

问卷测试的决定

图2-2　问卷设计步骤

用什么类型的题项,也就是问卷中具体问题的形式。依据问题的结构和答案的形式,可将问题的基本形式分为开放式问题、封闭式问题和量表式问题。

(1)开放式问题:开放式问题不提供事先设计好的答案供调查对象选择,而让被调查者用自己的语言自由回答。被调查者可以充分发挥自己的意见,不受任何限制。开放式问题的常用形式有:

1)自由格式:一个被调查者可以用几乎不受任何限制的方法回答问题。例如,"您对企业的产品销售有什么意见?"

2)词汇联想法:列出一些词汇,每次一个,由被调查者提出他/她头脑中涌现的每一个词。例如,"当您听到下列文字时,您脑海中涌现的一个词是什么?"

如家庭保健器械:_____

3)语句完成法:提出一些不完整的语句,每次一个,由被调查者完成。例如,"当您购买血糖仪时,影响您选择的最重要的因素是:_____"。

4)故事完成法:提出一个未完成的故事,由被调查者完成。

例如,"前几天我购买了一部颈部按摩器送给父亲,我发现产品的科技含量高、工艺精细,这使我产生了下列联想和感慨。"现在完成这一故事。

5)图画完成法:提出一幅有两个人的图画,一个人正在发表意见,要求被调查者也发表意见,并写入图中的空框中。

(2)封闭式问题:封闭式问题有一组设计好的答案供被调查者选择,由被调查者从中选出一个或多个答案作为自己的回答。常见的形式如下:

1)单选题:要求被调查者从一组答案中只选择一个答案。

例如:请问您使用过手持式按摩器吗?　　A. 使用过　　B. 未使用过

2)复选题:指对于提出的问题可以接受一个或多于一个的答案,一般会在题目的最后标注"复选"或"多选"等类似提示。

例如:您在购买手持式按摩器所考虑的因素中,最重要的因素是什么?(可多选)

A. 质量　　　　　B. 品牌　　　　　C. 型号　　　　　D. 样式　　　　　E. 价格

F. 售后服务　　　G. 其他_____

3)顺位题:要求被调查者从备选答案中按要求选择一部分,或对答案按一定的顺序进行排序,或从答案中选出一部分并按一定要求进行排序。

例如:您在购买手持式按摩器所考虑的因素中,最重要的因素是什么?(最多选三项,并按重要程度排序)_____

A. 质量　　　　　B. 品牌　　　　　C. 型号　　　　　D. 样式　　　　　E. 价格

F. 售后服务　　　G. 其他_____

您购买手持式按摩器主要考虑的因素(请将所给答案按重要顺序排序,将顺序号填写在左边的方框中):

□质量　　　　　□品牌　　　　　□型号　　　　　□样式　　　　　□价格

□售后服务　　　□其他_____

（3）量表式问题：量表是用来对主观的、有时是抽象的态度和概念进行定量化测量的工具。量表式问题旨在测量被调查者对于问题或陈述的主观判断或态度认同情况，种类也比较多，例如项目评比量表、等级量表、配对比较量表、语义差别量表、利克特量表等。

1）项目评比量表：常使用在评比事物的某一方面特性上，要求被调查者在依次排列的几个水平或项目中选择一个最能代表其态度的选项。在问题设计中，常倾向于使用一些简短的文字来描述一个事物某种特性的水平或类型，如"非常"、"比较"、"一般"、"差"、"好"等。

例如：您对这款电子血压计的使用满意程度如何？

A. 非常满意　　　　B. 满意　　　　C. 一般　　　　D. 不满意　　　　E. 非常不满意

2）等级量表：要求应答者根据某个标准或某种特性为问题中的事物排列顺序。例如，应答者可能被要求根据他们对一个广告的认知程度、喜欢程度或购买广告产品的欲望为五个印刷广告排序。

3）配对比较量表：要求被调查者在给定的一对事物中进行简单的两两比较。例如，"请比较两种饮料哪一种更好喝，并在觉得好喝的品牌前打'＋'标记。A. 健力宝——百事可乐；B. 百事可乐——可口可乐；C. 健力宝——可口可乐；D. 三种一样。"

4）语义差别量表：常由多个两头为两个极端答案、共分成几个程度类别的项目评比量表组成。例如，对某个商场服务的评价的语义差别量表（表2-4）。

表2-4　语义差别量表

质量可靠	7	6	5	4	3	2	1	质量不可靠
友好	7	6	5	4	3	2	1	不友好
时髦	7	6	5	4	3	2	1	过时
便宜	7	6	5	4	3	2	1	贵
环境优雅	7	6	5	4	3	2	1	环境差
高档	7	6	5	4	3	2	1	低档

5）利克特量表：要求被调查者通过指出同意或不同意一系列陈述语句及其程度，表达他们对某种事物特性的态度。例如，请用打分的形式指出你同意与不同意下列陈述（1＝极不同意，2＝不同意，3＝不同意也不反对，4＝同意，5＝极其同意）"购买血液透析机时，机器性能稳定性是我们考虑的重要因素之一。"当然，利克特量表通常是由一组对事物不同特性的陈述组成，而不是只有一个陈述。

4. 题项用语的决定　题项用语是指题项的表述、措辞，即用语句和词汇把题项的内容表现为应答者易于理解的形式。看起来差不多的表述，往往会因为措辞的不同，而使应答者产生不同的理解，做出不同的反应，给出不同的答案。要避免这类问题的发生，就必须慎用题项的用语。在问题的措辞上有几个原则可以遵循，如下：

（1）使用简单的词汇：在问卷中所使用的词汇，应该尽量简单，在应答者所拥有的词汇量之内。这样做，可以减少那些因为不理解词汇含义而错答或拒答的现象。

（2）使用含义清楚的词汇：含义清楚的词汇，是指那些只有一种含义且为所有应答者知晓的词汇。在调查中,应使用意义明确的措辞,避免容易引起歧义的词汇。

(3)避免引导性的题项:引导性题项是指含有暗示应答者如何回答问题线索的题项。引导性问题通常反映调查者或决策者的观点或态度,会导致测量的系统性误差。例如,"您认为我们应当尽量购买自主品牌的医疗器械设备,支持民族工业吗?"这样的问题具有很强的诱导性。

(4)避免含义不清的题项:题项应该让被调查者明确具体的问题,而不应含糊不清。例如,"您最近头痛过或生过病吗?"该题项含糊不清,是问头痛还是生病? 头痛和生病并不相等,在问卷中应该明确每一个题项目的,避免出现这种问题。

(5)避免让应答者凭估计回答:问卷中的题项应尽量不让应答者凭大致的估计来回答。例如,"你一年用多少管牙膏?",对于这个问题大多数应答者都要凭估计做出回答。如果把问题改为"你一个月用多少管牙膏?",那么调查结果会更加准确。

(6)考虑题项中问题提出的角度:提出问题的最佳角度取决于调查与研究的目的,但在问卷设计时不能忽视提出问题的角度对调查结果的影响。例如,如下所示的提问方法就表现出不同的提问角度。

"某品牌的洗衣粉提供的洗涤效果让人满意吗?"

"你认为某品牌洗衣服提供的洗涤效果让人满意吗?"

"你满意某品牌洗衣粉的洗涤效果吗?"

第一个问题要求应答者根据人们对某品牌洗衣粉的一般反应,客观地回答问题。第三个问题要求应答者根据自己的主观感受回答问题。第二个问题的角度则介于第一个和第三个问题之间。

5. 题项顺序的决定　问卷中题项的顺序也会影响应答者的回答,因而不恰当的顺序可能会导致一些测量误差的出现。问卷中题项的顺序如何安排主要凭设计者的经验决定。但是,以下参考原则可供参考:

(1)在问卷的开头应尽量使用简单且有趣的题项,以提高应答者回答问题的兴趣。

(2)先用一般性的题项,再用特殊性的题项。

(3)把那些无趣且较难回答的问题放在问卷的后面。

(4)题项的安排应符合一定的逻辑顺序。

(5)封闭式问题、半封闭式问题放在问卷的前面,开放式自由回答的问题放在问卷的后面,且开放式问题不宜过多。

6. 问卷外形的决定　问卷的外形主要是指问卷版面设计,视觉效果优美且易于使用的问卷能够获得高质量的填答效果。对于需要应答者自己填写的问卷,尤其是邮寄调查所使用的问卷,问卷的外形是应答者愿意合作与否的一个重要变量。即使是由调查者填写的问卷,良好的外形设计也会起到减少测量误差的作用。

7. 问卷测试的决定　一般而言,问卷在正式使用之前都要先进行测试。通常选择一些应答者对问卷的个别题项或者整个问卷进行填答,通过问卷测试可以了解问卷设计中存在的缺陷,以便改进问卷。

知识链接

网络调查问卷的注意事项

网络调查是在互联网上开展的，调查者与应答者不见面而且大多是情况下应答者情况较复杂。 在这里列出了与创建网络调研紧密相关的几个原则：

1. 条目越少越好。 调查参与者都很忙，他们不会花太长的时间来完成你的调查。

2. 确保每一个问题都能直接涉及一个有重要意义的问题。

3. 条目尽量保持简短。

4. 创建简单直接的问题。

5. 确保每一条目只讨论一个问题。

6. 确保每一条目都不会产生偏见。

7. 使用平实的语言。

8. 选用恰当的词汇和正确的语法。

9. 在度量中使用有意义的、相互排除的描述。

（资料来源：［美］特里·安德森等，网络调研：方法、策略与问题，中国劳动社会保障出版社，2007年10月）

二、招聘和培训调查人员

市场调查人员的素质和能力对能够保证市场调查质量，能否按计划完成市场调查项目至关重要。因此，市场调查人员的选拔、培训与监督工作也是整个市场调查活动的重要工作之一。

（一）调查人员的招聘 调查人员的招聘需要把握招聘调查人员的人数、素质要求、招聘途径及招聘方法。

1. 确定调查人员的数量 根据调查方案的要求，确认需要动用调查人员的数量以及调查人员应具备的条件。

2. 调查人员的招聘标准 招聘调查人员，主要看应聘人员是否善于与人沟通，性格是否开朗。在招聘过程中，对调查人员具备的基本素质应该包括以下几点：①敬业，有责任心；②稳重，有耐心且能循循善诱使被调查者合作；③善于与陌生人沟通，能使用被访问者熟悉的语言，应变能力强；④心态积极，能认真完成预定的调查工作；⑤能仔细记录调查相关信息，减少粗心造成的调查误差；⑥有一定的心理承受能力。

3. 选择招聘途径 招聘调查人员的途径有很多，现在有些调查服务机构已经开始尝试通过劳务派遣的方式招聘调查人员。在实际调查中，很多机构场招聘在校大学生完成实地调查工作。

4. 选择招聘的方法 可以采用书面测试的形式，也可以采用面试的形式来招聘调查人员。

知识链接

调查人员的素质要求

1. 道德品德　优秀的个人品质,吃苦耐劳的精神。 不做假问卷。 品德问题是任何企业在挑选员工时都必须予以重视的一个关键问题。 在调查人员的挑选过程中,坚持品德第一的标准仍是需要的。 在实际操作过程中,以下做法还是相当有效的。

(1)在正式录取前向调查人员收取一定的道德风险保证金,并在合同中明示违约处罚条款。

(2)事先申明每个人交回的问卷都将按照一定的比例进行抽查。

(3)在招聘调查人员的广告中,尽量客观描述调查员工作内容、报酬及其艰辛,通过较低的工作期望与价高的舞弊成本尽可能减少好逸恶劳、品德不佳者加入应聘队伍。

2. 语言能力　口齿清晰、语言流利,简明扼要的口头表达能力。 一个有些的调查人员必须具有清晰的口齿、流利的语言,以及简明扼要的口头表达能力。 此外,在一些特殊项目或地区的调查中,可能由于被调查者的语言情况还需要考虑调查人员的其他语言能力(如方言、外语水平等)。

3. 外在仪表　衣着整洁大方,有充满自信心的精神状态,具有亲和力的微笑。 由于调查人员通常必须走家串户或者在一些公共场所开展调查工作,因此,调查人员的外表会影响到被调查者的合作态度,尤其是在一些入户调查中可能会影响到调查人能否成功入户。 因此,调查人员的招聘过程中对外在仪表应予以重视。 调查人员队伍一般由在校大学生和下岗女工构成,在校大学生文化水平高,理解能力强,反应快;下岗女工社会经验丰富,工作责任感强,能吃苦。 所有调查员均经过面试、基础培训,考核合格者方能录用。

4. 应变能力　解决随时可能遇到的各种意外问题。 一般要求调查人员能在复杂多变的社会环境中,独自一人解决随时可能遇到的各种意外问题,这样才能保证整个项目高效率地按计划完成。 为此,在招聘面试过程中,可增加一些有关应变能力方面的测试题,对他们的应变能力进行认真考查。

5. 严守时间　一个市场调查项目涉及各个环节,时间要求相当严格,因此,调查人员必须养成严守时间的习惯。

6. 保密　由于市场调查的特殊性,调查人员会接触到顾客很多机密性的资料,调查人员必须保证所有的资料不会丢失或通过自己的谈话等方式泄露。 包括对参与项目所涉及的客户品牌等任何工作内容、方法及项目内容都不得向外透露;调查记录及附带资料不得私下抄录、复印或向他人透露;为了更好保证项目的保密性,所有该公司的访问员都不可以同时在其他市场研究公司任兼职访问员。

(二)调查人员的培训　在调查员进行实地调查之前,应该对其进行必要的培训。对调查人员的培训,目的在于提高访问的技能、处理问题的能力以及端正调查的态度。

1. 培训的内容　对调查人员进行培训的内容主要包括基本培训和项目培训。

(1)基础培训:主要是对调查人员进行常规的训练。其内容包括:①访问态度的训练。态度训练是让调查人员明确调查访问工作队市场调查客观性、科学性的重要作用。通过训练,促使调查员在实际工作中做到认真、细致、一丝不苟地按要求完成调查工作。②访问的技能训练。即如何能够得到被调查者愉快的合作,如何与陌生人打交道,有效地完成调查任务。③处理问题的训练。在调查访问的过程中,调查人员经常会碰到各种各样的特殊情况,如受访者不愿意配合等。通过训练提高调查员处理这类事件的能力,使他们知道在遇到类似的情况时应该如何处理,否则就会因为处理不当而产生不理想的调查结果。

(2)项目培训:就是针对某个特定的调查项目进行的训练,不同的市场调查项目,其访问的方式和内容也不相同。所以即使是经验丰富的调查员,在实施调查之前也需要对他们进行项目操作指导和训练。其内容包括:①该项目的调查内容和目的。②该项目的问卷结构、问卷内容。③该项目的调查时间、调查步骤和注意事项。

在对调查员进行培训时,还有一项重要的内容就是调查员责任的培训。一般来说,调查员的责任有:接触受访者、保密、提问、记录、审查、发送礼品或礼金、礼貌待人等。培训目的在于让新招聘的调查员明确一个合格的调查员具有哪些责任,使他们在今后的访问实践中认真、细致、一丝不苟地完成他们的调查工作。

2. 调查员的培训方法 对调查员的训练方式主要有:集中授课、单独指导、模拟训练与实际操作训练。

(1)集中授课:采用授课的形式,对新参加的调查员进行系统训练,训练内容包括市场调查的基本原理和知识,市场调查的经验和方法以及介绍相关的背景资料。

(2)单独指导:对新招聘的调查员,一般在实际工作中要由有丰富经验的工作人员进行单独指导。担任指导任务的工作人员要结合实际的调查任务,从市场调查、收集资料等方面对调查员进行指导,同时还要对调查技巧和艺术给予指导。

(3)模拟训练:模拟训练法是一种由受训人员参加并具有一定真实感受的训练方法。"角色扮演"是一种模拟训练的方法,是由受训人员和有经验的调查人员分别担任不同的角色,模拟各种难以处理的市场调查问题,从而训练调查员。"案例"也是一种模拟训练的方法,案例分析可以就某个企业的实例论证,也可以某个假设案例进行分析,用以培训受训者处理各种情况的能力。

(4)实际操作训练:既可以让新聘的调查人员充当有经验的老资格调查员的助手,也可以让新聘调查员担当访问主角,有经验的调查员在旁指导。采用这种训练方式,目的是使调查员从实践中提高技能,掌握技巧。这种训练方法能够激发调查员的学习兴趣。

(三)调查人员的监督 在市场调查活动中,为了能够更好地实施调查工作,必须要对调查员进行有效的监督管理,避免因为调查员工作的失误使调查工作出现不理想的结果。对调查员的监督主要有以下几种形式:

1. 追查访问 追查访问是指另派调查员实施复查,以确定访问人员是否曾前去访问。此种方法虽是检查调查认真与否的有效方法,但费用甚高。

2. 电话检查 电话检查即通过打电话对被调查者实施复查。此种检查方法迅速而准确,但仅限于有电话者,同时接电话者是否与被调查者同属一人事先无法预测。

3. 通信检查 通信检查即以信函的方式复查,询问被调查者是否被访问过,以及对整个访问工作者有无补充意见或批评。

4. 路线检查 路线检查是指派员依照访问人员预定的路线查看,核对是否按照预定时间抵达访问地点、每次访问的时间以及询问的态度与方法等。访问员有疑难时也应随时为其解决。

点滴积累

1. 调查问卷一般由五部分构成:身份数据、请求、说明、调查内容和分类数据。
2. 问卷设计一般有七个步骤,分别是初始决定、题项内容的决定、题项类型的决定、题项用语的决定、题项顺序的决定、问卷外形的决定、问卷测试的决定。
3. 量表式问题有:项目评比量表、等级量表、配对比较量表、语义差别量表、利克特量表。
4. 调查人员培训的内容有基础培训、项目培训、调查员责任的培训。
5. 调查人员的培训方法有集中授课、单独指导、模拟训练、实际操作训练。

【任务实施】

1. 为你们小组选择的调查项目初步设计市场调查问卷

(1)你们小组调查问卷的主题是:

_____

(2)问卷的填答者是:_____

填答者的能力水平情况预计:_____

问卷设计过程中对填答者情况应注意:

_____

(3)请为你们的问卷设计一个简短的卷首语。

提示:卷首语包括本次调查的目的、意义、内容,调查主办单位或个人身份,填答要求和注意事项,对调查结果的保密承诺,对被调查者的真诚感谢等内容。

_____

(4)问卷主体内容的初步设计:

1)问卷的主体结构包括哪几部分内容?

第一部分:_____

第二部分:_____

第三部分:_____

2)初步设计结果:

A. 第一部分内容:_____

涉及的具体内容为:_____

问题数量:_____

具体问题设计:

问题 1:问题表述为: _____

　　　　问题的类型为: _____

问题 1 设计结果表述:

```
┌─────────────────────────────────────────────────────────┐
│                                                           │
│                                                           │
│                                                           │
└─────────────────────────────────────────────────────────┘
```

问题 2:问题表述为: _____

　　　　问题的类型为: _____

问题 2 设计结果表述:

```
┌─────────────────────────────────────────────────────────┐
│                                                           │
│                                                           │
│                                                           │
└─────────────────────────────────────────────────────────┘
```

问题 3:问题表述为: _____

　　　　问题的类型为: _____

问题 3 设计结果表述:

```
┌─────────────────────────────────────────────────────────┐
│                                                           │
│                                                           │
│                                                           │
└─────────────────────────────────────────────────────────┘
```

......

问题 n:问题表述为: _____

　　　　问题的类型为: _____

```
┌─────────────────────────────────────────────────────────┐
│                                                           │
│                                                           │
│                                                           │
└─────────────────────────────────────────────────────────┘
```

B. 第二部分内容: _____

涉及的具体内容为: _____

问题数量: _____

具体问题设计:

问题 1:问题表述为: _____

　　　　问题的类型为: _____

问题 1 设计结果表述:

```
┌─────────────────────────────────────────────────────────┐
│                                                           │
│                                                           │
│                                                           │
└─────────────────────────────────────────────────────────┘
```

问题 2:问题表述为: _____

　　　　问题的类型为: _____

问题 2 设计结果表述:

问题3:问题表述为:＿＿＿＿＿＿＿＿＿＿＿＿＿＿＿＿＿＿＿＿＿＿

　　　　问题的类型为:＿＿＿＿＿＿＿＿＿＿＿＿＿＿＿＿＿＿＿＿

问题3设计结果表述:

……

问题 n:问题表述为:＿＿＿＿＿＿＿＿＿＿＿＿＿＿＿＿＿＿＿＿＿

　　　　问题的类型为:＿＿＿＿＿＿＿＿＿＿＿＿＿＿＿＿＿＿＿＿

问题 n 设计结果表述:

C. 第三部分内容:＿＿＿＿＿＿＿＿＿＿＿＿＿＿＿＿＿＿＿＿＿＿＿

涉及的具体内容为:＿＿＿＿＿＿＿＿＿＿＿＿＿＿＿＿＿＿＿＿＿＿

问题数量:＿＿＿＿＿＿＿＿＿＿＿＿＿＿＿＿＿＿＿＿＿＿＿＿＿＿

具体问题设计:

问题1:问题表述为:＿＿＿＿＿＿＿＿＿＿＿＿＿＿＿＿＿＿＿＿＿

　　　　问题的类型为:＿＿＿＿＿＿＿＿＿＿＿＿＿＿＿＿＿＿＿＿

问题1设计结果表述:

问题2:问题表述为:＿＿＿＿＿＿＿＿＿＿＿＿＿＿＿＿＿＿＿＿＿

　　　　问题的类型为:＿＿＿＿＿＿＿＿＿＿＿＿＿＿＿＿＿＿＿＿

问题2设计结果表述:

问题3:问题表述为:＿＿＿＿＿＿＿＿＿＿＿＿＿＿＿＿＿＿＿＿＿

　　　　问题的类型为:＿＿＿＿＿＿＿＿＿＿＿＿＿＿＿＿＿＿＿＿

问题3设计结果表述:

问题 n:问题表述为：_____

问题的类型为：_____

问题 n 设计结果表述：

>

（5）问卷的结束语。结束语的任务是告诉被调查者和访问员问卷完毕，在结尾有感谢词和提示语。为你们的问卷设计结束语。

>

2. 对你们设计的调查问卷进行修改与完善

（1）问卷题项内容全面性审核与修正

需要调查的内容项目	对应问卷中的题项	能否满足调查要求	需要增加/删减题项
1.			
2.			
3.			
4.			
……			

增加的题项设计为：_____

_____

（2）问卷措辞审核与修正

对照初步设计的问卷，对每一题项逐个进行阅读、审查，参照下列问题进行简单审查：

1）题项语言表述是否明确？

2）从回答者的角度去判断，回答者是否能够理解这样的提问？

3）这个问题回答者愿意回答吗？如果不愿意该如何改进？

（3）问卷内容结构审核与修正

你们准备如何安排问卷的各部分内容：_____

_____

目前问卷的结构是否按照事先安排进行组织？

_____

（4）问卷版面设计审核与修正

请将设计完毕的问卷打印一份，并在小组内进行讨论，你们设计的问卷版面设计是否美观？有没有必要改进？如何改进？

_____

3. 问卷的试调查　请你们完善问卷,然后打印几份问卷,拿着这些问卷让其他同学试填写一下。在条件允许的情况下,最好挑选几名预定被调查对象填写问卷。并作如下分析:

被调查者对问卷是否有填答异议或问题?

_____

为何会出现这些问题?

_____

_____

如何改进你们的小组问卷?

_____

_____

4. 熟悉调查人员的基本素质要求,并与自身进行对比完成下列工作:

调查人员的基本素质要有主要有哪些方面?

_____

相比与上述基本素质要求,你的表现如何?

具备的素质要求有:_____

不具备的素质要求有:_____

改进的措施?

_____

_____

_____

_____

第三节　实施调查

一、实地调查准备

实地调查的准备工作,从调查人员的培训就已经开始了,因为调查人员培训中涉及具体项目内容的培训。在此,主要介绍调查员培训结束后,实地调查开始前需要做的一些准备工作。在此,介绍几种常用调查方法的实地调查前准备工作。

1. 街头拦截访问实地调查准备　街头拦截访问是一种十分流行的调查访问方法,通常被用于定量问卷调查的环节中。这种调查方法相对简单,超市、写字楼、街面、车站、停车场等公共场所均可以进行这样的访问。

(1)选择合适的地点:在开展街头拦截访问调查之前,首先要确定在什么地点开展调查工作,所以在准备工作阶段,应事先确定调查地点。调查地点的选择,可以参考如下依据:①人流量较大;②该地点活动的人员相对较均衡,能覆盖来自各个地区及各个社会层次的人;③合适的测试环境;

④同一测试地点要尽量避免有另一家市场调研公司在同时进行测试。

(2)设计调查配额:为了避免街头拦截所造成的样本偏差,以保证样本的代表性及均衡性,通常在调查工作开始实施前,应设计好调查的配额。通常情况下,可以作为限定的配额条件,如年龄、性别、职业、特殊条件、要求、区属、针对项目的特别条件等。在确定配额条件后,还要根据具体调查要求确定配额的分布,确定每一个调查地点所需要完成的调查样本数量。

(3)安排调查时间:根据调查项目涉及被调查者的行为习惯特征,安排能够接触到被调查者的恰当时间。通常情况下安排在星期六、星期日或节假日,以保证时间的充裕及街头的人流量,但也不绝对,应根据调查项目、调查地点等情况而定。

(4)掌握拦截被访者注意事项:在开展拦截访问时,为确保拦截调查工作的顺利开展,应该了解一些注意事项:①不要拦截一些有特殊障碍的人,如盲、聋、哑、痴呆、残疾者等;②不要拦截携带婴儿的被访者(除非有特殊需要);③不要拦截那些看起来很匆忙(赶时间)的人;④不要在人们进入商店之前或他们在商店前的橱窗前观看时进行甄别访问;⑤不要站在商店的通道或阻碍人群通过的购物中心的通道;⑥注意不要擅闯私人地方,记住在访问前要先打招呼,征求同意;⑦拦截时不应感到歉意、不好意思,要有积极的态度。

2. 入户访问实地调查准备 入户访问也是调查过程中常使用的调查方法,在入户访问调查开始实施前,除了对访问员进行必要的培训外,还需要就其他方面进行准备。

(1)实地访问前需要确认的问题:①样本量;②问卷;③抽样方法;④访问员数量;⑤追加方法;⑥复核问卷及复核比例。

(2)前期准备工作

1)熟悉并理解问卷。

2)开始着手准备项目开展需要的物品:已抽样并复核过的地址表;问卷试访并印刷问卷;必要的调查卡片准备(根据调查内容确定是否需要);问卷流程指南、访问指南、审卷指南;访问介绍信;访问员登记表;问卷收发登记表;访问时间安排表等。

3)访问员选择及培训工作。

4)必要的小礼品、纪念物等,有必要的话带上公司的标识。

3. 电话调查准备 电话调查主要是调查员通过电话对被调查对象进行调查。电话调查的成功率比较低,特别需要安排尽量宽裕的时间来对调查对象进行调查。

(1)确认并熟悉调查访问的内容:电话调查过程中是通过调查员的语言提问来进行调查工作的,因此,调查员应该对调查设计的内容十分熟悉,所以在调查工作开始前调查人员应对提问的问题有所准备,最好能熟记。

(2)确认调查访问的时间:在电话调查过程中,被调查者有一定的作息时间,调查工作应该安排在被调查者时间相对比较宽裕的情况下才能取得较好的回应率。所以,调查工作开始前,应仔细分析被调查者的作息时间,确定好恰当的调查访问时间。

(3)核实开展工作的条件:在电话调查开始前,还需要:确认被调查者的条件;确认调查的配额;确认是否有足够的电话号码和电话的数量;确认调查人员的数量和组次等。

4. 邮寄问卷调查准备　邮寄问卷法常通过普通的邮寄问卷访问,在项目实施前需要确认的问题包括:样本量、问卷、抽样的方法、邮寄的地址、回邮的地址或投放点、追加方法等。

(1)需要着手准备的资料:印刷好的问卷、问卷的数量、地区划分的确认、邮政编码的确认、抽取的居委会的确认、抽取的地址的确认、信封、邮资的确认、礼品的确认、回邮的地址或者投放点的确认等。

(2)邮寄调查使用的包裹的基本要求

1)邮出信封:①邮出信封的大小、颜色、回邮地;②邮寄的邮资;③寄出地址的明确表示;④收信人的姓名、地址。

2)信函内容:①包括恳请帮助(合作)的方式、出资委托人(单位)等的签名;②问卷:被调查者所填写的内容、长度、格式、被调查者的匿名及问卷是否复制等;③回邮信封:采用的信封类型、回邮的邮资。

(3)抽样准备:根据项目的要求,按照公司标准抽样方法抽样,要求做到以下几点:①按项目要求将制订的抽样按比例均匀分配到各个行政区内;②抽样户数应当满足项目的需要;③按一定的比例和抽样原则进行;④抽样工作必须在项目开始前完成;⑤抽样地址的整理方法(按具体项目要求顺序抄录在地址表上并画出抽样路线图);⑥在复核中,每个区域、每个复核员都要按一定的比例复核;⑦要求复核抽样的人员互不认识。

二、实施调查活动

实施调查的过程可能由于采用的不同调查方法而有所差异,在此主要介绍常用的问卷调查涉及的调查过程。

(一)调查实施过程

1. 接触被调查者　与调查对象的最初接触,决定着调查能否顺利进行。一般而言,调查员应该向被调查者说明他们的参与是非常重要的,但是不必特意征求其允许再提问,避免使用"我能占用您一点时间吗?"或"您能回答几个问题吗"这样的话。另外,在接触被调查者过程中,可能会遇到被拒绝的情况,调查者应掌握处理拒绝的一些技巧。例如,如果被调查者说"我现在不方便",调查员就应该问"那您什么时候有空,我可以再来?"

2. 提问　如果问卷是事先设计好让被调查者填写的,那么提问的环节不重要。调查员只要指导被调查者填写问卷就可以了。但是,如果问题需要调查员提出来,并由调查员记录答案,那么提问时的措辞、顺序和态度就很重要,这些方面的微小变化都可能导致被调查者对问题有不同的理解,从而给出不同的回答。因此,对如何提问调查员应该引起重视,这在先前的调查员培训中会有所涉及。恰当的提问方式,能减少误导现象的发生。以下是提问时应遵循的一些指导原则:

(1)对问卷做到完全熟悉。

(2)按照问卷设计的顺序提问。

(3)使用问卷中的措辞。

(4)提问题时慢一些。

（5）如果被调查者没有听明白,要重复问题,有时要进行必要的解释。

（6）不要遗漏问卷中的问题。

（7）按照问卷说明和要求的跳跃模式提问,并且适时追问。

3. 追问　当问题需要调查员提出来时,调查员还需要根据情况,适时追问。追问的目的是鼓励被调查者进一步说明、澄清或解释他们的答案。另外,追问还有助于调查员帮助被调查者将注意力集中到访谈的特定内容上,以免跑题,浪费时间。不过,要特别注意,追问时不应误导。以下列出了常用的几点追问技巧:

（1）重复问题。用同样的措辞重复问题能够有效地引出回答。

（2）重复被调查者的回答。通过逐字地重复被调查者的回答,可以刺激被调查者给出更确切的回答和给出更多的细节。

（3）使用短暂停顿或沉默式追问。沉默式追问、期待性的停顿或眼光,都可以暗示调查员希望得到更完整的回答。不过,要掌握好度,不要让沉默变成尴尬。

（4）鼓励或打消被调查者的疑虑。如果被调查者表现出犹豫,调查员就应该打消他们的疑虑,比如说"答案不分对错,我们只是想了解您的真实想法"。

（5）引导被调查者说明细节,比如说"我不是很理解您的意思,您能不能说得详细一点"。

（6）采用中性的问题或评论。常用于追问的问题有:还有其他原因吗? 还有吗? 你指的是什么意思? 你为什么有这样的感觉?

4. 记录答案　当问题需要调查员提出并记录时,记录答案并非像看起来那么简单。调查的组织者要力求使所有的调查员使用同样的格式和语言,记录访谈的结果并进行编辑整理。记录答案有以下一些基本要求:

（1）在访谈过程中记录答案。

（2）使用被调查者的语言记录。

（3）不要自己概括或解释被调查者的回答。

（4）记录所有与提问目的有关的内容。

（5）记录所有的追问和评论。

（6）在允许的情况下,使用录音设备。

5. 结束访谈　在结束访谈时,如果被调查者希望了解调查的目的,调查员应该回答。调查员需要感谢被调查者的配合,要给被调查者留下一个好印象。在没有得到所有信息之前,不要轻易结束访谈。另外,被调查者在正式问题回答完毕以后对调查本身作出的评论,最好也记录在案。

（二）监控调查员

管理调查员是负责整个调查过程中调查访问人员的有意识或无意识的作假行为而设置的调查监控人员,其目的是确保调查人员严格按照培训中的指示进行调查,内容包括质量控制、抽样控制、作弊行为控制等。

1. 质量控制　对调查员进行质量控制,就是要检查调查实施工作的过程是否按照计划执行。发现问题,调查的组织者应该及时与调查员沟通,需要时还要进行额外的培训。为了更好地了解调查员的困难,组织者应亲自进行一些访谈工作。组织者要仔细检查回收的问卷,看是否有未答现象,字迹是否清晰等;详细了解和记录调查员的工作时间和费用,以及调查实施中的困难。

2. 抽样控制 为了保证调查员严格按照抽样计划进行调查,组织者应进行严格的抽样控制。调查员有时会自作主张,避免与那些他们认为不合适或难以接触的抽样单位打交道。当抽到的样本本人不在家时,调查员很可能访问下一个抽样单位作为替代,而不是回访。另外,调查员有时会扩大定额抽样的范围,为了避免出现这些问题,组织者要每天记录调查员访谈的数量、未找到调查对象的数量、被拒的数量以及每个调查员完成的访问数量等。

3. 作弊行为控制 调查中的作弊行为,主要涉及篡改或杜撰部分甚至整个问卷中的答案。在调查实施过程中,迫于某种压力,调查员可能会篡改部分答案使之合格或者伪造答案。通过适当的培训、督导和对调查现场工作的核查,尽可能减少作弊行为。

(三)现场核实

现场核实工作的目的在于证实调查员提交的调查结果是真实的。为了进行验证,调查的组织者通常需要对调查对象的部分单位进行核查,询问是否确实接受过调查员的调查。另外,还要了解调查实际进行的时间长度、访谈的质量、调查对象对调查员的反应以及被访者的人口统计特征(如年龄、性别和家庭住址等)。其中,后者经常被用于核实调查员在问卷中记录的信息是否准确。

(四)评估调查员

及时对调查员进行评估,一方面有助于调查员了解自己的工作状况,找到差距,进行改进,另一方面有助于研究机构寻找并建立素质更高的调查队伍。评估的标准包括成本、时间、回答率、访谈质量和数据质量。

1. 成本 用每次调查的平均成本(工资和费用)来对调查员工作进行横向或纵向的比较。当其他条件相同时,每次调查的平均成本越低越好。不过,如果比较是在不同城市的调查员之间进行,那么就需要考虑不同城市在调查成本上的差异。

2. 时间 用完成相同调查任务所用的时间来对调查员的工作进行横向或纵向的比较。当其他条件相同时,完成一项调查任务所用的时间越少越好。调查时间一般分为实际调查时间、旅行时间和准备时间。

3. 回答率 组织者应该注意观察回答率,以便在回答率过低时及时采取措施。如果某个调查员的拒访率过高,组织者可以检查他在接触被调查者时所使用的介绍词,并进行指导。当调查工作全部结束以后,通过比较不同调查员的拒答率判断其工作的好坏。

4. 访谈质量 对调查员的访谈质量进行评估,组织者需要直接观察访谈过程。访谈质量的评估标准,包括介绍是否恰当、提问是否准确、追问能力和沟通技巧如何,以及结束访谈时的表现是否合适等。

5. 数据质量 相关指标包括:记录的数据是否清晰易读;是否严格按照问卷说明进行调查;是否详细记录开放性问题的答案;开放性问题的答案是否有意义及完整,能否进行编码;未答项目的多少。

点滴积累　∨

> 1. 对调查评估的内容包括成本、时间、回答率、访谈质量和数据质量。
>
> 2. 调查实施过程包括接触被调查者、提问、追问、记录答案、结束访谈。
>
> 3. 对调查员监控的内容有质量控制、抽样控制、作弊行为控制。

▶ 课堂活动

　　根据第一节调查方案书设定的内容和第二节调查前期准备的资料，开展实施调查，完成数据信息的收集工作。数据信息收集要求全面、完整、准确。

　　具体要求完成：

　　1. 实地调查准备；

　　2. 实地调查；

　　3. 调查过程监控。

【任务实施】

1. 实施调查的准备工作

（1）问卷的印制

需要印制的问卷份数：＿＿＿＿＿＿＿＿，预计费用：＿＿＿＿＿＿＿＿＿＿＿＿＿＿＿＿＿＿＿＿＿＿＿＿。

（2）调查样本的确定

1）本项目调查样本数量确定为：＿＿＿＿＿＿＿＿＿＿＿＿＿＿＿＿＿＿＿＿＿＿＿＿＿＿＿＿＿＿

确定的依据：＿＿＿＿＿＿＿＿＿＿＿＿＿＿＿＿＿＿＿＿＿＿＿＿＿＿＿＿＿＿＿＿＿＿＿＿＿＿

2）选用的抽样方法：＿＿＿＿＿＿＿＿＿＿＿＿＿＿＿＿＿＿＿＿＿＿＿＿＿＿＿＿＿＿＿＿＿＿

抽样结果：＿＿＿＿＿＿＿＿＿＿＿＿＿＿＿＿＿＿＿＿＿＿＿＿＿＿＿＿＿＿＿＿＿＿＿＿＿＿

情况一：若为邮寄调查，需要确认下列信息

a）邮寄对象信息获取的地方；

b）邮寄的地址与邮编确认、收件人的姓名；

c）邮寄信封、回寄信封（包括邮票、邮资、回寄地址等）的准备；

d）邮资的确认、礼品的确认；

e）其他。

情况二：若为电话调查，需要确认下列信息

a）确认被访问者的联系方式；

b）确认甄别被访者的条件与配额；

c）确认具体的访问时间；

d）确认电话访问人员的数量、电话的数量；

e）准备好电话访问现场的其他工具，如笔、纸等；

f）其他。

情况三：街头拦截访问调查

调查开展的具体地点为：_____

调查开展的时间为：_____

不同地点的调查配额为：_____

被调查的条件限制：_____

（3）实地调查的任务分工

序号	调查员	任务分工	负责区域	任务配额	备注

2. 调查活动的实施

时间：各小组自行安排，在老师规定的截止时间前完成；

活动的目的：通过让学生自己完成问卷实地调查工作，锻炼学生的数据收集能力；

地点：根据学生具体项目自行确定；

活动过程要求：

（1）各小组必须完成一定数量的调查任务；

（2）要求明确调查任务分工；

（3）各小组详细记录调查活动，能够采用摄像、摄影、录音等器材记录调查过程，提供调查佐证；

（4）注意并记录调查过程中被访者的反应，总结自己参与实地调查活动的收获；

（5）回收并保存好调查问卷与相关调查材料；

（6）准备必要的材料以便开展调查活动的心得交流。

3. 调查问卷的发放与回收记录

序号	调查员	发放问卷数量	调查员签名	问卷回收数量	备注
合计					

4. 调查监督记录

巡查员：＿＿＿＿＿＿＿＿＿

序号	调查员	已完成问卷数	未完成问卷数	总体评价	存在的问题	改进建议	巡查时间	巡查地点

第四节　调查资料的整理与分析

一、调查问卷的回笼与审核

在调查过程中,应按照规定的时间对调查问卷进行回收,以便对问卷进行及时的审核。问卷的回收,应该规定时间期限,以免影响整个调查的过程。问卷回笼后,下一步工作就是对问卷进行审核。

问卷审核是检查问卷填写的完整性和质量,发现和纠正问卷填写中的错误。这项工作应该在现场调查实施过程中尽早开始,以便及时发现和纠正错误。如果现场调查是委托第三方进行的,研究人员应该在现场工作结束后再进行独立的抽查,以便确保问卷的质量。

进行问卷审核时,要注意以下常见的错误:

1. 问卷填写不完整或缺失;

2. 调查对象没有认真回答问题,例如有些不必回答的问题却回答了,出现许多不合理或有明显逻辑错误的答案;

3. 调查对象没有如实回答问题,例如报告的收入普遍偏低,分布不合理等;

4. 受访对象不符合调查要求,例如某类人员的比例过高,样本构成不符合配额的要求,不具备受访条件的人员出现在回收的问卷中。

除了桌面审核外,专业性的公司通常还要抽取一定比例的问卷进行复核(实地或电话复核),以便确认:调查对象是否真的接受了调查;调查对象是否符合条件;调查是否按照要求的方式进行;其他,如调查员是否按要求佩戴标志和发放礼品,调查员的态度等。

问卷编辑是对问卷中存在的错误进行必要的纠正,便于后面的编码、录入和分析。如果发现不正确的答案,通常可以给出一个估计值、设为缺失值、放弃整个问卷,必要时可以将问卷退回给调查员返工。

二、问卷编码

数据编码是根据问卷中所含信息及预先设计好的编码规则,将每一个观察变量赋予相应的数值或符号的过程。

1. 数据编码规则 进行编码时,必须遵循以下规则:

(1)不重叠:即每个答案对应的编码应当是唯一的,不能有重叠的情况。例如,如果将购买频次的编码设为:1=少于每月1次,2=每月1~4次,3=每周1次或更多,则编码2和3之间有部分的重叠。

(2)不遗漏:即编码方案应该涵盖所有可能的情况,不应当有任何遗漏。无法列出所有可能情况时,可以设"其他",但该组在样本中的比例不应过高(原则上不超过10%)。

(3)一致性:即每个编码的含义对所有的问卷都是一致的。例如,不能在一部分问卷中用1代表男性,而在另一部分问卷中用1代表女性。

(4)符合常识:即编码应符合一般常识,这样不容易导致误解。例如,对于受教育水平、购买频次、品牌忠诚度等,应当用大的数字表示受教育水平高、购买频次多和忠诚度高的组别,而不是倒过来。

(5)粗细适宜:应当根据研究的需要确定编码的详细程度。过细将不便于汇总和分析,而过粗又导致大量信息丢失,无法满足分析的需要。没有把握的情况下,宜细不宜粗,因为如果分组偏细,可以进行合并;如果分组过粗,不能满足分析的需要,就很难补救了。

封闭式问题的编码实际上在设计问卷的时候就已经完成,而开放式问题的编码则经常要在问卷回收之后根据回答的情况决定。

2. 开放式问题的编码 开放式问题的编码比较复杂,通常采用事后编码,可以遵循以下步骤进行:

(1)列出所有答案;

(2)将所有有意义的答案列成频数分布表;

(3)从调研的目的出发,确定可以接受的分组数;

(4)根据拟定的分组数,对整理出来的答案进行挑选归并,原则是:保留频数较多的答案,归并频数较少的答案,以"其他"来概括那些难以归并的答案。这一工作最好先由多个人分别来做,然后凑到一起进行核对、讨论,最终形成统一的意见;

(5)为所确定的分组选择正式的描绘词汇;

(6)根据分组结果制订编码规则,进行编码。

例如,对于开放性问题"你选购洗发水时考虑的最主要因素有哪些?(单选)",可能得到如下的回答(括号中是出现的频次,假设总样本量为100):

(1)使用效果好(31) (2)不损伤头发(19)

(3)价格合理(16) (4)不含有害化学成分(10)

(5)经常打广告(9) (6)购买方便(8)

(7)有促销活动(3) (8)品牌知名度高(2)

(9)朋友推荐(1) (10)其他(1)

根据上述分布,可以将编码方案合并为(括号中为原序号):

（1）使用效果（1）；　　　　　　　（2）健康因素（2、4）；

（3）价格因素（3、7）　　　　　　（4）品牌因素（5、8、9）

（5）渠道因素（6）　　　　　　　　（6）其他

3. 封闭式问题的编码　在封闭式问题中，以单选和多选题居多，编码相对比较简单，因为在问题设计的时候，已经给出了相应的答案，可以直接使用这些答案来编码。如果问题是多选式的，则每个备选答案都应该单独记录。这类问题可能涉及品牌认知、品牌购买与使用、媒体接触情况、信息来源等。

例如：你用过哪些品牌的牙膏？（在适当的方格上画"×"，可多选）

（1）佳洁士　　□　　　（2）高露洁　　□　　　（3）中华　　　□

（4）两面针　　□　　　（5）黑妹　　　□　　　（6）田七　　　□

（7）云南白药　□　　　（8）其他　　　□

在这种情况下，无法用1~8作为这个问题答案的编码，因为当受访者用过一个以上品牌时，无法确定应该选哪个数字。常规的解决办法是为每个备选答案设一个变量，例如B1~B8，每个变量代表所对应品牌的使用情况，有两个可能的取值，1＝用过，0＝未用过。假如某个受访者用过佳洁士和美加净，则B1和B7等于1，其余6个变量均为0。

4. 编码字典　编码字典，也叫做编码明细表，是一份说明问卷中各个问题的答案与电脑数据文件中的字段、数码位数及数码之间一一对应关系的文件。编码字典的作用是指导编码和录入人员按正确的规则进行数据编码和录入工作；帮助分析人员了解数据的结构、每个变量在数据集中的位置、含义和取值范围，从而正确使用和分析数据。

例如：血糖仪购买调查的编码明细表。

Q1：有无血糖仪

1＝有；2＝无

Q2：血糖仪购买时间

1＝半年内；2＝半年至一年内；3＝一年至两年内；4＝两年以上

Q3：血糖仪采购提议人

1＝丈夫；2＝妻子；3＝孩子；4＝朋友；5＝其他人

Q4：血糖仪品牌

0＝无；1＝A品牌；2＝B品牌；3＝C品牌；4＝D品牌；5＝其他品牌

Q5：购买品牌的原因

1＝质量好；2＝外形美观；3＝懂行人的推荐；4＝体积小；5＝知名企业和品牌；6＝价格适中；7＝其他

三、数据录入和缺失数据处理

1. 数据录入　数据录入是将编码数据从问卷通过键盘或者其他设备录入计算机内，形成电子数据集。除了通过键盘录入，数据录入还可以通过机读卡、光学扫描等手段完成。

如果想提高数据输入速度和减少输入误差，需要做好以下几方面的工作：

（1）选择正确的数据输入软件：少量的数据可以用常规的统计分析软件（例如SPSS）或电子表

格(例如 Excel)进行录入,大量的数据应该用专门的数据录入软件录入,要尽量避免用文字编辑程序录入数据,那样不仅速度慢且容易出错。

(2)人员培训:在正式录入前,要对数据录入人员进行必要的培训,并试录入一些问卷,使他们熟悉问卷和编码,达到要求后再分配正式的录入任务。

(3)作业管理:问卷的分配和回收要有准确的记录,采取适当的进度控制措施,对数据录入的质量定期进行抽查,奖罚分明。

(4)质量监控:为了保证数据录入的质量,有必要对录入的数据进行复核。数据复核通常通过二次录入进行,即由第二个输入员在此输入已编码的问题,然后通过两个输入员输入数据的对比进行检查,出现差异时再纠正输入错误。

2. 缺省数据的处理　由于调查、编码和录入的误差,数据中可能存在一些无效值和缺失值,需要给予适当的处理。常用的处理方法有:估算,整例删除,变量删除和成对删除。

(1)估算:最简单的方法就是用某个变量的样本均值、中位数或众数代替无效值和缺失值。这种方法简单,但没有充分考虑数据中已有的信息,误差可能较大。另一种办法就是根据调查对象对其他问题的答案,通过变量之间的相关分析或逻辑推论进行估计。

(2)整例删除:是剔除含有缺失值的样本。由于很多问卷都可能存在缺失值,这种做法的结果可能导致有效样本量大大减少,无法充分利用已经收集到的数据。因此,只适合关键变量缺失,或者含有无效值或缺失值的样本比例很小的情况。

(3)变量删除:如果某一变量的无效值和缺失值很多,而且该变量对于所研究的问题不是特别重要,则可以考虑将该变量删除。这种做法减少了供分析用的变量数目,但没有改变样本量。

(4)成对删除:成对删除时用一个特殊码(通常是 9、99、999 等)代表无效值和缺失值,同时保留数据集中的全部变量和样本。但是,在具体计算时只采用有完整答案的样本,因而不同的分析因涉及的变量不同,其有效样本量也会有所不同。这是一种保守的处理方法,最大限度地保留了数据集中的可用信息。

采用不同的处理方法可能对分析结果产生影响,尤其是当缺失值的出现并非随机且变量之间明显相关时。因此,在调查中应当尽量避免出现无效值和缺失值,保证数据的完整性。

四、调查资料统计分析

调查获得的原始资料通过系统的处理以后,需要利用科学方法进行分析,从而得出有指导意义的结论。市场调查资料分析,就是利用各种方法对已处理好的资料进行分析,揭示出其中有价值的信息并加以反映。在对调查资料的简单分析中,常使用的方法有调查数据的图表化和数据的描述性统计分析。其中,调查数据的图表化,是在对分类处理后的数据资料进行统计,并把统计结果用表格或图形的方式表示出来,是调查资料统计分析中最为基础的处理方法,它能够把杂乱的大量信息数据通过图形、表格的形式一目了然地反映出其中的基本信息。调查资料的统计分析则是对调查数据进行量化分析基础上,以揭示事物内在的数量关系、规律和发展的一种资料分析方法,常常伴随定量分析方法的应用,如描述性统计分析就是最为基础的资料统计分析。

1. 调查数据的图表化

（1）统计表的绘制：将市场调查工作中取得的各项数字资料，按照一定的顺序，通过表格的形式系统地表现出来，这种表格形式称为统计表。

1）单向频次表：对每一问题做出每种可能回答的人的数量频次或百分比的统计。例如，在某项调查问卷中，"贵单位选择某品牌的血液透析机的主要原因是什么？（限选一项）"，对调查数据可以作出简单的频次表，如表 2-5 所示。

表 2-5　单向频次表（购买某品牌血液透析机的原因）

购买原因	回答人数	百分比
设备质量	128	29.2%
售后服务	98	22.3%
设备价格	103	23.5%
品牌形象	87	19.8%
其他	15	3.4%
不知道/未回答	8	1.8%
总计	439	100%

2）交叉分组表：通常表示两个或两个以上属性的变量分布情况。在对问题的单独分析不够深入时，可能需要对问题的不同因素组合分析，此时就可以使用交叉分组表来反映信息。例如，在一项对消费者购买某种理疗仪产品的调查中，关于"影响购买产品的最主要因素"的统计结果，如表 2-6 所示。

表 2-6　简单交叉分组表

影响因素	总数	年龄			
		18~34 岁	35~54 岁	55~64 岁	65 岁及以上
品牌知名度	48.0%	32.3%	48.2%	49.0%	57.0%
价格	48.7%	66.2%	48.2%	45.1%	40.0%
其他	3.3%	1.5%	3.6%	5.9%	3.0%
总数	100%	100%	100%	100%	100%

（2）统计图的绘制：统计图是指利用几何图形或具体事物的形象和地图等形式来表现社会经济现象数量特征和数量关系的图形，是市场调查资料的重要表达形式。在绘制统计表的基础上，为了使市场调查资料的表达直观生动、通俗易懂，便于分析和比较等，可以利用统计图进行市场调查分析、预测和分析现象之间的数量关系及变化发展情况，统计图是加强管理的重要手段之一。

统计图有多种类型，应根据市场调查资料的具体情况，选择合适的图形。根据统计图的表现形式，它可以分为散点图、折线图、条形图、线形图、圆饼图等众多类型。可以使用诸如 Excel、SPSS 等常见的工具来完成图形的绘制，具体绘图方法可参照相关书籍。

1）散点图：用来描述现象之间依存关系的图形，以显示现象之间的相互关系的形态、方向和密切度。绘制散点图时，常用横坐标轴代表原因因素，用纵坐标轴代表结果因素，每一组数据在坐标系中用一个点表示，如果这些点显示出一定的规律性，说明现象之间存在某种依存关系。如果没有呈现出一定的规律性，就说明现象之间没有依存关系。

2）折线图：是用直线段依次连接各散点而形成的折线的升降起伏来表示被研究现象的变动情况以及发展趋势的图形。

3）条形图：是以若干宽度相等的平行条形的高低或长短来表示市场调查数据资料的图形。这种图形既可以用于同类指标在不同单位、地区、时间上的比较，也可以进行实际数据与计划数据的比较。条形图绘制简单，图示效果好，是应用较为广泛的图形。

4）圆饼图：是用圆饼或圆内各扇形面积大小来表示市场调查数据资料的图形。圆饼图多用来表示现象总体内部结构及其变化情况，也可以进行同类现象的比较。绘制圆饼图时应注意，整个圆的面积代表总体，每一部分相当于占总体的比例或大小。

2. 描述性统计

（1）频数分布：在对调查数据的统计分析中，通常先进行描述性统计分析，这也是调查数据的基础性分析。在描述性统计分析中，最为基础的是频数分布的统计分析。频数分布考察的是单个变量的取值范围和分布情况，将某一变量的取值与其对应的样本的绝对数、相对数和积累频率按顺序列表，就构成了该变量的频数分布。

对变量的频数分布进行分析会产生频数、百分比、有效百分比和累计百分比等系列数据。虽然频数分布可以很直观地描述变量取值的分布情况并提供一些非常有用的信息，但这些信息往往过于详细，因此需要用描述性统计指标进行概括。概括变量的分布特征和统计指标包括集中趋势指标、差异性指标和分布形状指标。

1）集中趋势指标：集中趋势指标用于描述变量分布的中心，常用的指标包括均值、中位数和众数。

均值是集中趋势指标最常用的一个统计量，是用来度量定距或定比变量的集中趋势的一个常用指标。例如，人均购买量、人均购买频次、拥有量等都属于反映消费者的平均购买或拥有状况的指标。

众数是指发生概率最大的数值，表示变量分布最高峰所在的位置，最适合用来表示分类变量的集中趋势，但可用于其他变量。例如，当问人们最喜欢哪个品牌时，众数所对应的品牌就是人们最喜欢的品牌。

中位数也称为50%分位数，是按变量的取值将整个样本排序后的中间值，该值将样本从中一分为二，适用于定序、定距和定比变量。如果样本的取值数为偶数，则中位数为居中的两个数值的均值。

2）差异性（离散度）指标：差异性指标也叫离散度指标，用于度量定距或定比变量分布的分散程度，包括全距、方差、标准差和变异系数。

全距是样本中最大值与最小值之差，故完全取决于位于频数分布两个极端的值，代表了变量和取值区间。

方差表示变量的观察值与均值之间差异大小的一个指标。当变量的观察值集中在均值周围时，方差很小；反之，方差就大。标准差就是方差的平方根。变异系数是标准差与样本均值之比。

3）分布形状指标：变量分布形状的常用指标是峰度和偏度。

偏度是衡量变量的分布是否对称的一个指标。对称性分布的偏度值为0；负偏（左偏，也就是小于均值一侧的尾巴比较长）时，其值小于0；正偏（右偏，也就是大于均值一侧的尾巴比较长）时，其值大于0。

峰度用于测量频数分布曲线与正态分布相比，是更扁平还是更凸出。正态分布的峰度应该为

0。如果峰度为正,说明曲线分布比正态分布凸出;如果峰度为负,则说明曲线分布比正态分布扁平。

（2）列联表:前面讨论的是单个变量的频数分布,但在调查数据分析中常常需要同时考虑两个甚至多个变量的分布情况,进一步研究变量之间的关系,回答诸如此类的问题:①品牌忠诚度与消费者的性别和收入是什么关系?②对新产品的态度与年龄、文化程度之间有何关系?

列联表是用来描述两个或两个以上变量和联合分布的统计表,常用于描述一个变量与另一个变量之间的关系,其中在营销研究中最常用的是双变量列联表。列联表只是直观地列出两个变量之间的联合分布,但并没有准确地显示所观察到的关系在统计学意义上是否显著,以及这种关系的强度。因此,还需要借助衡量列联表中变量关系强度和显著性的统计量,来做出判断。通常只有在变量之间的联系具有统计学意义上的显著性时才有必要测量其强度。

1）显著性检验:卡方统计量（X^2）是检验列联表中观察到的相关关系显著性的最常用指标。这一指标可以帮助判断两个变量之间所观察到的相关关系是否具有统计学意义上的显著性。

2）关系强度分析:卡方检验可以帮助判断列联表中所观察到的变量之间的关系是否在统计学上显著,但并没有说明这种关系强度如何,因此还需要进行关系强度分析。常用衡量列联表中变量之间关系强度的统计量有 ϕ 系数、列联表系数和 λ 系数等。ϕ 系数是用于测量 2×2 表格中变量之间联系强度的统计量;列联表系数可用于衡量任意大小的列联表变量中的强度;λ 系数是在用自变量信息对因变量进行预测,与没有自变量信息相比,预测误差减少的百分比。

点滴积累 ∨

1. 调查资料的整理与分析过程一般包括调查问卷的回笼与审核、问卷编码、数据录入和缺失数据处理、统计分析等步骤。
2. 问卷审核是检查问卷填写的完整性和质量,发现和纠正问卷填写中的错误。
3. 必须遵循的数据编码规则有不重叠、不遗漏、一致性、符合常识、粗细适宜。
4. 缺省数据常用的处理方法有: 估算,整例删除,变量删除和成对删除。
5. 统计图的表现形式, 它可以分为散点图、折线图、条形图、线形图、圆饼图等众多类型。
6. 集中趋势指标用于描述变量分布的中心, 常用的指标包括均值、中位数和众数。
7. 差异性指标也叫离散度指标, 用于度量定距或定比变量分布的分散程度, 包括全距、方差、标准差和变异系数。

▶▶ **课堂活动**

市场调查资料整理与分析是根据市场调查的目的和任务, 对调查所获得的原始资料进行科学的审查、分类、汇总, 并通过统计分析使之系统化、条理化的过程, 这些经过处理的资料能够反映调查对象的基本情况, 显示调查结果。 根据本章第三节实地调查内容的学习, 对已经收集到的原始资料, 进行数据回收、审核、分类、汇总、数据录入和数据分析。

1. 调查问卷的回收与审核;
2. 调查问卷的编码;
3. 调查数据的录入;
4. 调查数据的统计分析。

【任务实施】

1. 对回笼的问卷进行审核,挑选出不合格问卷,并对不合格问卷进行分析。

总计发放问卷_____,回收问卷_____,不合格问卷_____。

不合格问卷的主要类别有:_____

_____

是否能够修正后使用?_____

在逐份进行审核的基础上,填写问卷审核记录表:

序号	调查员	完成问卷数	有效问卷数	有效率	主要问题	审核员

2. 根据你们小组的调查问卷,对问卷中的问题进行编码,并提交一份编码字典如下:

3. 熟悉 SPSS 软件,在 SPSS 中建立数据表,相互配合完成所有问卷的数据录入工作。

(1)数据类型的设置

题项	名称	数据类型	数据标签	数据长度
1				
2				
3				
4				
5				
6				
……				

（2）数据的录入

将审核后的回收问卷，在初步整理的基础上，把数据录入 SPSS 中。

（3）数据的保存

将录入完毕的数据，取名为"医疗器械产品市场调查"并保存，以备后续统计分析调用。

（4）数据缺失的处理

对调查问卷中缺失的问卷进行分析，并记录如下：

问卷编号	数据缺失题项	缺失原因	处理方法	备注

4. 数据的初步整理分析

根据调查问卷题项的具体情况，对录入的数据进行简单的整理方法选择。

题项	数据类型	图表化表示方法	简单分析方法选择	备注
1				
2				
3				
4				
5				
6				
……				

5. 利用 SPSS 或 Excel 软件，完成调查问卷相应题项的简单统计分析。要求：

（1）对每一题进行简单频数统计，并将数据结果利用图表形式表现出来。

（2）对调查数据做简单的描述性统计分析。

（3）提交录入的数据表，提交统计分析的结果、图表。

第五节 撰写市场调查报告

调查报告是根据市场调查成果写出的反映客观事实的书面报告，是市场调查的最终研究成果。它根据调查的事实材料和数据对所研究的问题，做出系统性的分析说明，得出结论性意见。调查报告的重要性在于，对于许多决策者或决策执行者来说，市场调查报告是他们与项目沟通的唯一途径，他们对具体项目的评估在很大程度上取决于他们所能看到或听到的调查报告。大部分决策者对整个调查过程的细节并不关心,他们所关心的是调查结果所提供的信息及其满足决策需要的程度。

一、调查报告的结构

市场调查报告的格式会因项目和读者的不同而有所差异,但调查报告要把市场信息传递给决策者的功能或要求是不能改变的。一份完整的调查报告可分为三大部分:前文、正文和附录,它们又各自包含一些内容,如表2-7所示。

表2-7　市场调查报告的结构

前文	正文
1. 标题扉页	8. 研究目的
（可选项）	9. 调研方法
2. 标题页	10. 结果
3. 授权信	11. 局限性
4. 提交信	12. 结论和建议
5. 前言	13. 摘要
6. 目录表	14. 结尾
7. 图表目录	15. 附录

（一）前文

1. 标题页和标题扉页　标题页包括的内容:报告的标题或主题、副标题(即该份调研报告提供的具体材料)、报告的提交对象、报告的撰写者和发布(提供)日期。对企业内部调研,报告的提交者是企业某高层负责人或董事会,报告的撰写者是内设调研机构;对于社会调研报告,报告的提交是提供调研服务的调研咨询机构。在后一种情况下,有时还需要写明双方的地址和人员职务。特别是正规的调研报告,在标题之前还安排标题扉页,此页只写调研报告标题。

2. 授权信　授权信是由调研项目执行部门的上司给该执行部门的信,表示批准这一项目,授权给某人对项目负责,并指明可用于项目开展的资源情况。在许多情况下,汇报信会提及授权问题,这样也可以不将授权信包括在调研报告中。但是当调研报告的提供对象对授权情况不了解,或者他/她需要了解有关授权的详情时,由授权信提供这方面的信息则是必要的。

3. 提交信　提交信是以调研报告撰写者个人名义向报告提交对象个人写的一封信,表示前者将报告提交给后者的意思。在此信中可以简要概括市场调研者承担并实施项目的大致过程,也可以强调一下报告提交对象需注意的问题以及需要进一步调查研究的问题,但不必叙述调研的具体内容。其所用口气是个人对个人,因而可以不太受机构对机构的形式拘束,便于双方的沟通。在较为正规的调研报告中,都应该安排提交信。当调研报告的正规性要求较低时,提交信可以从略。

4. 前言　前言是该调研项目的简要介绍。这部分的内容包括:报告的可靠依据,调研的目的和范围、资料收集的基本方法和要求以及对有关方面的致谢等。

5. 目录表　一般的调研报告都应该编写目录,以便读者查阅特定内容。目录包括报告所分章节及其相应的起始页码。通常只编写两个层次的目录。较短的报告也可以只编写第一层次的目录。

需要注意的是,报告中的表格和统计图都要在目录中列明。

6. **图表目录** 如果报告含有图和(或)表,那么需要在目录中包含一个图表目录,目的是为了帮助读者很快地找到一些信息的形象解释。因为图和表是独立的数字编号,因此在图表目录中,也许既有图1,也有表1。列出每一图表的名称,并按在报告中出现的次序排列。

(二)正文

正文包括研究目的、调研方法、结果、局限性、结论和建议以及摘要。

1. **研究目的** 在报告正文的开头,调研人员首先应当简明扼要地指出该项调研活动的目的和范围,以便阅读者准确把握调研报告所叙述的内容。

2. **调研方法** 如何阐明所用的调研方法是一件不太轻松的事,因为对技术问题的解释必须能为读者所理解。在这里对所使用的一些材料不必详列,详细的材料可以放到附录中。

调研方法部分要阐明以下五个方面:

(1)调研设计:说明所开展的项目是属于探索性调研、描述性调研,还是因果性调研以及为什么适用于这一特定类型调研。

(2)资料采集方法:所采集的是初级资料或者是次级资料。结果的取得是通过调查、观察,还是实验。所用的调查问卷或观察记录表应编入附录。

(3)抽样方法:目标总体是什么、抽样框如何确定、是什么样的样本单位以及它们如何被选取出来,等等。对以上问题的回答根据及相应的运算须在附录中列明。

(4)实地工作:启用了多少名、怎么样的实地工作人员,对他们如何培养、如何监督管理,实地工作如何检查,等等。这一部分对于最终结构的准确程度十分重要。

(5)分析:说明所使用的定量分析方法和理论分析方法。

3. **结果** 结果在正文中占较大篇幅。这部分报告应按某种逻辑顺序提出紧扣调研目的的一系列项目发现。发现结果可以以叙述形式表述,使得项目更为可信,但不可过分吹嘘。在讨论中可以配合一些总括性的表格和图像,这样可以更加形象化。详细和深入分析的图标宜放到附录中。

4. **局限性** 完美无缺的调研是难以做到的,所以必须指出调研报告的局限性。讨论调研报告局限性是为了给正确评价调研成果以现实的基础。在报告中,将成果加以绝对化,不承认它的局限性和应用前提,是不科学的态度。当然也没有必要过分强调它的局限性。

5. **结论和建议** 结论是基于调研结果的意见,而建议是提议应采取的相应行动。正文中对结论和建议的阐述应该较为详细,而且要辅之以必要的论证。

6. **摘要** 摘要须写明为何要开展此项调研,考虑到该问题的哪些方面、有何结果以及建议怎么做。摘要是调研报告的重要部分,必须写好。许多高层管理者通常只阅读报告的摘要。可见摘要很可能是调研者影响决策者的唯一机会。

摘要应该放在正文的最后。长度以不超过两页为好,写明重要的背景情况和项目的具体目的。接着要给出最主要的结果,有关每项具体目的的关键结果都须写明。再往下是结论,这指的是建立在发现结果基础上的观点和对于结果含义的解释。最后是建议或者提议采取的行动,这是以结论为基础而提出的。在许多情况下,高层管理者不希望在报告中提出建议。因此是否在摘要中包括建议需要依报告的特定情况而定。

(三) 附录

任何一份技术性过强或太详细的材料都不适宜出现在正文部分,而应编入附录,以备阅读者在必要的时候查阅。这些材料只能会令某些读者感兴趣,或者它们与调研没有直接关系,而只有间接关系。

附录通常包括的内容有:调查提纲、调查问卷和观察记录表、被访问人(机构单位)名单、较为复杂的抽样调查技术的说明、一些次关键数据的计算(最关键数据的计算,如果所占篇幅不大,应该编入正文)以及较为复杂的统计表和参考文献等。

以上提出了一份极为正规的调研报告所应包括的所有组成部分。这种极为正规的格式用于企业内部大型调研项目或调研公司向客户所提供的服务项目。对于那些不太正规的报告,某些组成部分可以省略不写。视项目的重要程度和委托方的实际需要,可以从最正规的格式到只有一份报告摘要的这一逐渐简化的系列中选择一个适当的设计。

二、调查报告写作的基本要求

1. **正确表达** 如何将调查结果清晰明了地表现出来?这就要求撰写的报告有明确的主题,报告应当简明扼要、条理清晰,有简洁的表现形式。报告中的图表应该有标题,对计量单位应清楚地加以说明,如果采用了已公布的资料,应该注明资料来源。

2. **运用图标** 正文中穿插图表是行之有效的表现手法,图表是一种传递和表达信息的工具,每个图表只包含一个信息,非常直观。研究表明,图表越复杂,传递信息的效果就越差。以下几种图表形式是最常用的:柱状图表、条形图表、饼形图表和线形图表。条形图表和柱形图表是用得最多的类型,这两种图表基本占整个报告图表总数的一半;而线形图表和饼形图表的使用也有相当的范围。

在用图表表达数据的同时,还要注意一些细节的处理。比如:使用柱状图表和条形图表时,柱体之间的距离应小于柱体本身;在说明文字较多时,用条形图标表示更清晰,便于读者辨认;在使用柱状图表时,应在标明数据的同时,突出数据的标志。对于过长的表格,可以附录形式表现。

3. **基本内容** 调研报告中应该陈述调查的动机、目标、结果、结论和建议。

4. **表达方式**

(1)文字:文字是传统的报告形式,是必不可少的形式。

(2)软件:PowerPoint 是制作此类报告的通用手段。

(3)口头:从技术上来讲,声音刺激、辅助使用投影设备和恰当的表达技巧可以获得良好的效果。

(4)网络:有些调研报告在网络上发布,可以更迅速、更省力。

三、报告的陈述和演示

市场调查报告,除了以书面的形式提交给委托人或企业管理层以外,还要向委托人或企业管理层进行口头报告,即陈述和演示。这一陈述和演示过程,有助于委托人或管理层理解和接受书面报告的内容和结果。委托人或管理层所关心或疑惑的相关问题,可以在陈述和演示过程中加以说明和讨论。因为委托人或管理层对研究项目的了解主要建立在陈述和演示的基础上,所以其重要性不可低估。

1. 陈述和演示应注意的特殊问题　做好陈述和演示的关键,在于充分的准备。因为陈述和演示要适合于特定的受众,所以陈述人事先需要了解受众,确定受众的工作和教育背景、兴趣和对项目的关切程度。陈述人要了解陈述和演示的内容,根据报告内容,准备详细的陈述和演示提纲,并反复练习。陈述人还要能够熟练运用图表等视觉手段和各种媒体工具进行演示,尤其是使用电脑软件PowerPoint(以下简称为"PPT")。此外,在陈述和演示之前,有可能的话,研究的组织者应该与委托人或企业管理层进行沟通,以得到他们的支持和理解。

在陈述和演示过程中,陈述人要注意控制自己的发音、音量、音调、音质和语速,要"讲"而不要"念";借助故事和例子,使陈述和演示变得有趣;还要注意使用身体语言,比如用手势和目光进行交流、描述、强调或鼓励;以一个简短而有力的结尾作为结束。

在正式的陈述和演示结束后,要给听讲人留下一些时间提问和自己解答。当对研究结果的解释发生分歧时,陈述人要认真听取反方的意见,即使反方理解有误,也要以理服人,礼貌地指出其错误之处;当错误在自己一方时,不要狡辩,承认并尽量改正错误。

以下是成功陈述和演示的要点:①熟练掌握演示工具(如电脑多媒体、投影仪)的操作;②陈述人一定要对报告内容非常熟悉,因此在报告之前要多练习,最好有人在旁指导;③要"讲"而不是"念"研究报告或相关的资料;④要遵循陈述和演示的规律,先概略地说明你准备向听众讲些什么,然后讲你要讲的,最后总结你讲的;⑤多用图表进行说明,好的图表胜过千言万语;⑥可以使用动作、手势增加听众的注意力,但不宜过多、过大;⑦要注意陈述和演示的风度,为此穿着要显示职业化特征,不能太随意;⑧语言表达要清晰、生动、有逻辑性;⑨与听众沟通,而不是向听众灌输,这需要很好的演讲技巧。

2. 用PPT进行陈述和演示　PPT广泛运用于各种会议报告、产品演示和学校教学中。使用PPT再辅之以投影仪进行陈述和演示,可以达到事半功倍的效果。用这样的方法陈述和演示,不但能够节约时间和用纸,还能够帮助陈述人"讲报告"而不是"念报告"(用大纲式的文字提示内容),使报告更加生动、活泼(通过加一些有趣的画面)、直观和形象。此外,更能给人一种职业化的感觉,有利于得到听者的信任。

点滴积累

> 1. 一份完整的调查报告可分为三大部分: 前文、正文和附录。
> 2. 调研报告的正文包括研究目的、调研方法、结果、局限性、结论和建议以及摘要。
> 3. 调查报告写作的基本要求有正确表达、运用图标、基本内容和表达方式。

▶▶ 课堂活动

　　根据选择的主题, 在获得市场调查数据的基础上, 撰写一篇完整的医疗器械市场调查报告, 并对调查结果进行汇报。

　　1. 分析调查数据;

　　2. 编写市场调查报告大纲;

　　3. 按照格式要求撰写市场调查报告。

【任务实施】

1. 调查报告的撰写

（1）调查报告的封面

为你们小组的调查报告设计一个封面。

关于_____调查报告

（调查单位）

2018 年____月____日

最好在你们的封面上注明整个调查活动中小组成员的分工。

	姓名	任务分工与实施情况
组长		
组员		

（2）调查报告的目录

为你们小组的调查报告拟订一个全面的目录。

目　　录

一、调查项目背景概述

二、调查主题与内容

三、抽样与调查方法

四、调查过程

五、数据处理方法

六、调查结果的分析

（一）××××××

（二）××××××

（三）××××××

……

七、调查结论

八、建议

附录

调查问卷

（3）请用 300~500 字总结你们小组的调查背景。

（4）请概括你们小组的调查主题与内容。

（5）请总结你们项目的抽样与调查方法。

（6）请总结你们调查整体活动的进程情况。

（7）请介绍你们小组数据处理使用的工具与方法。

（8）调查结果的整理

根据调查涉及的主要内容,在数据分析处理基础上,完成调查结果的整理。此部分是整个调查活动最为重要的成果部分,请详尽总结调查获得的结果。

（9）请用300~500字总结通过此次调查获得的结论。

（空白框）

2. 调查报告撰写与提交　根据前述学习任务的完成,整理调查获得的信息资料,撰写一份完整的市场调查报告,并提交纸质版的打印稿。(注意:此处提交的调查报告是你们先前调查工作成果的体现,应尽可能反映你们所做的工作。)

3. 调查结果汇报与评比　以小组为单位,制作演示用的PPT,对调查的结果进行汇报,并进行班级交流与评比。

学习小结

一、学习内容

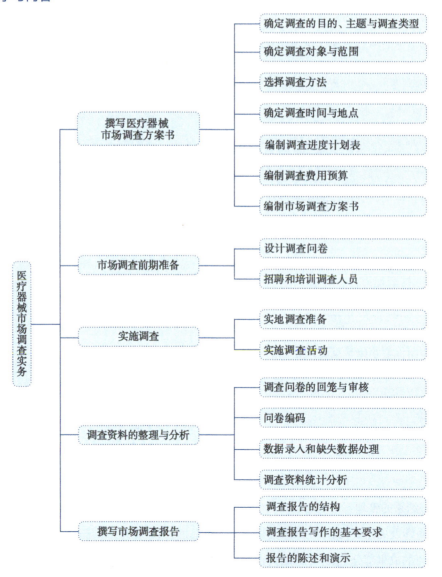

二、学习方法

医疗器械市场调查流程为撰写医疗器械市场调查方案书、市场调查的前期准备工作、市场调查的实施、调查资料的整理与分析和撰写调查报告。其中,医疗器械市场调查方案书是对整个调查活动的一个策划安排,是后续调查工作开展的依据。调查报告是在总结调查结果的基础上,为决策者提供详细的调查过程、结果的信息。

医疗器械市场调查方案书非常重要,是对整个调查活动的策划安排,包括:确定调查目的、主题与调查类型,确定调查对象与范围,确定调查方法,确定调查时间与地点,编制调查费用预算和形成方案书。

问卷是市场调查的一个重要工具,了解了问卷的构成和问卷设计的程序。其中问卷设计的程序分为初始决定、题项内容决定、题项类型决定、题项用语决定、题项顺序决定、问卷外形决定和问卷测试等。

调查资料的分析与整理按照这样的顺序开展:调查问卷的回笼与审核,问卷编码,数据录入和调查资料的统计分析。学习了如何使用 SPSS 进行调查数据的简单统计分析,并根据结果进行调查报告的撰写。

目标检测

一、问答题

1. 市场调查方案书包括哪些内容?

2. 市场调查的类型有哪几种?

3. 市场调查的方法有哪些?

4. 随机抽样调查的方法有哪些?

5. 市场调查报告包括哪些内容?

6. 设计问卷的步骤主要有哪些?

二、案例分析题

案例1　"色拉米斯"的成功

某企业每推出一个新产品均会受到消费者的普遍欢迎,产品供不应求,其成功主要依赖于不同寻常的征求意见的市场调查。以"色拉米斯"产品为例,在推出"色拉米斯"前,企业选择 700 名消费者作为调查对象,询问是喜欢企业的"色拉色斯"(一种老产品的名称),还是喜欢新的色拉调料。消费者对新产品提出了各种期望,企业进行综合分析并于几个月后研制出一种新的色拉调料。当向被调查者征求新产品的名字时,有人提出一个短语:"混合色拉调料"。企业拿出预先选好的名字"色拉米斯"和"斯匹克杰色斯"供大家挑选。80%的人认为"色拉米斯"是个很好的名字。这样,"色拉米斯"便被选定。不久,企业在解决了"色拉米斯"变色问题后准时销售这项产品时,又进行了最后一次消费者试验。企业将白色和粉色提供给被调查者,根据消费者的反应,确定颜色,同时还调查消费者愿意花多少钱来购买它,以此确定产品的销售价格。经过反复地征求意见,不断改进,"色拉米斯"终于一举成功。

【思考】市场调查中产品调查涉及方方面面。进一步可以思考:①"色拉米斯"一举成功的原因是什么? ②在这个案例中,涉及哪些调查内容?

提示:色拉米斯的成功来源于市场调查获得了消费者需求的真实信息,为企业经营提供了决策依据。

案例2　"可口可乐"的尴尬

20世纪80年代初,可口可乐面临市场份额不断下滑的严峻局面,从20世纪40年代的60%跌倒1983年的23%,百事可乐的市场份额却在不断上升。通过一系列街头免费品尝的促销活动,百事可乐声称,双盲测试的结果表明,多数的消费者都认为百事可乐的味道更佳。面临百事可乐的严峻挑战,可口可乐公司决定调整可乐的配方。经过两年的时间,花费了400万美元进行了20万人次的口味测试,可口可乐公司确定了新的可乐配方。最终配方经过了3万人次的双盲测试,其结果表明,60%的人喜欢新可乐胜过老可乐,52%的人喜欢新可乐胜过百事可乐。但是,该公司于1985年向市场推出新可乐的实际结果却与原来的预期相差甚远,迫使可口可乐公司于3个月后恢复了古典可口可乐,3年后新旧可乐的销量降为1∶10,最后新可乐只好退出市场。可口可乐公司在其营销史上的惊人错误,主要是由于将研究题目定义过窄,只考虑了口味而忽略了其他影响消费者选择的重要因素——品牌、历史、文化传统及形象等。现在人们已普遍认识到,对于像可口可乐这种历史文化含量很高的饮料,口味并不是影响消费者选择的唯一因素,甚至不是最主要的因素。

【思考】可口可乐新配方失败的原因是什么? 表现在市场调查中的哪个环节出了问题? 从该案例中可以看出正确市场调查的重要性何在?

提示:正确定义研究问题非常重要,一旦定义错误,后续的营销工作做得再好也无济于事。可口可乐在这个案例中犯了错误,包括将研究问题定义过窄,忽略了影响消费者选择的许多因素;口味测试的实验场景与现实差距较大。

三、实训题

资料:某医疗器械公司生产一款可用于家庭和医疗机构使用的多普勒胎心仪,为了解该产品的市场需求、品牌知名度及竞争状况等信息,需要开展一次全国性的市场调查。

要求:请你就上述资料,结合所学知识,制订一份市场调查方案书。具体内容包括:

1. 设计调查目的和调查主题;

2. 确定调查的方法、范围、调查对象、调查进程、调查费用预算清单;

3. 设计一份(针对家庭或医疗机构使用胎心仪)市场调查问卷;

4. 设计调查抽样方案,确定抽样样本数量。

第三章

医疗器械市场开发实务

ER-03章PPT

学习目标

学习目的

　　通过医疗器械市场开发实务知识的知识学习和技能训练，使学生掌握目标市场细分、市场选择和市场定位策略，市场营销环境分析的方法和内容，SWOT 分析法等为学生学习后续课程、适应未来职业岗位奠定知识基础和技能素养。

知识要求

　　1. 掌握医疗器械市场细分的基本概念、方法；医疗器械目标市场选择策略、市场定位的定位策略；医疗器械市场营销环境分析的内容；SWOT 分析法的应用。培养学生的市场分析能力和市场选择能力。

　　2. 熟悉医疗器械市场定位要素、原则和策略及其市场定位因子选择，画市场定位图。

　　3. 了解医疗器械市场营销环境的基本概念、特点、构成要素及医疗器械市场营销环境的变化对医疗器械生产经营企业带来的影响。

能力要求

　　1. 熟练掌握医疗器械市场细分、市场选择和市场定位的方法，制定医疗器械选择与定位策略；

　　2. 学会使用 SWOT 分析法，列出医疗器械企业市场营销的宏观环境的机会与威胁、微观环境的优势与劣势，并作出策略选择。

第一节　医疗器械市场营销环境分析

一、医疗器械市场营销环境的含义与构成

（一）医疗器械市场营销环境的含义

　　医疗器械市场营销环境是指影响医疗器械企业营销活动的所有参与者和不可控制的因素。医疗器械企业面临的营销环境与其他企业相比较而言，具有特殊的内容。因为，医疗器械企业生产经营活动及其物化成果都会对人类的生命健康、安全产生间接或直接的影响。因而，它的活动在政府监管和法律、产品标准、检测、临床试验和验证、质量管理体系的考核等方面具有特别的规定。

　　每一个从事医疗器械生产经营的企业都必须全面了解掌握医疗器械的法律规范和标准制度。

（二）医疗器械市场营销环境的构成

医疗器械市场营销环境也可以分为医疗器械市场营销宏观环境和医疗器械市场营销微观环境。

医疗器械市场营销宏观环境的主要内容包括:医疗器械市场的人口环境、医疗器械市场的法律制度环境、医疗器械市场的经济环境、医疗器械市场的技术环境和医疗器械市场的社会文化环境。通常意义上的地理环境分析,在医疗器械市场环境分析中,不具有明显的价值,故不展开分析,只是在涉及地方性疾病对医疗器械需求产生影响时,才具有价值。

医疗器械市场营销微观环境的主要内容包括:医疗器械的竞争环境、医疗器械的渠道环境、医疗器械的客户环境和医疗器械的公众环境。

二、医疗器械市场营销宏观环境分析

医疗器械市场营销宏观环境分析的目的在于把握医疗器械环境的现状及其变化发展趋势,掌握医疗器械市场宏观环境的特点,制订合理的医疗器械营销组合战略和策略,减少环境变化对企业造成的负面影响,减少损失,同时,把握环境变化带来的机会,开发新的产品和市场,获得更多、更好的经济利益和社会利益。

1. 医疗器械法律制度环境　医疗器械产品是国家严格监管的产品,在产品设计、生产、销售、临床试验、使用和服务等整个医疗器械产品生命周期都有一系列的法律、法规、制度和标准要求的规范。

到目前为止,关于医疗器械的法律规范最高级别的是《医疗器械监督管理条例》,还不是真正意义上的法。除《医疗器械监督管理条例》由国务院发布外,其余都由国家食品药品监督管理总局以局令的形式发布。此外,国家食品药品监督管理总局以规范性文件、工作文件等形式通知医疗器械企业执行。

(1)国家食品药品监督管理总局法规制度:除由国务院发布《医疗器械监督管理条例》之外,主要是由国家食品药品监督管理总局以局令的形式颁布实施的法规文件。此外,国家卫生和计划生育委员会、国家质量监督检验检疫总局及国家工商行政管理总局也有涉及。

1)《医疗器械监督管理条例》的颁布与实施:修订的《医疗器械监督管理条例》已于2014年2月12日经国务院第39次常务会议修订通过公布,自2014年6月1日起施行。共分为8章80条。该条例包括总则、医疗器械产品注册与备案、医疗器械生产、医疗器械经营与使用、不良事件的处理与医疗器械的召回、法律责任和附则。该条例于2017年5月4日《国务院关于修改〈医疗器械监督管理条例〉的决定》进行了部分内容的修订,修订的条例自颁布之日实施。

《医疗器械监督管理条例》第一条:为了保证医疗器械的安全、有效,保障人体健康和生命安全,制定本条例。明确强调了制定医疗器械监督管理条例的目的意义。

《医疗器械监督管理条例》第二条:在中华人民共和国境内从事医疗器械的研制、生产、经营、使用活动及其监督管理,应当遵守本条例。明确规定了医疗器械监督管理条例适用的对象。

《医疗器械监督管理条例》第三条:国务院药品监督管理部门负责全国医疗器械监督管理工作。国务院有关部门在各自的职责范围内负责与医疗器械有关的监督管理工作。规定了医疗器械的监管机构。

《医疗器械监督管理条例》第四条:国家对医疗器械按照风险程度实行分类管理。

第一类是风险程度低,实行常规管理可以保证其安全、有效的医疗器械。

第二类是具有中度风险,需要严格控制管理以保证其安全、有效的医疗器械。

第三类是具有较高风险,需要采取特别措施严格控制管理以保证其安全、有效的医疗器械。

《医疗器械监督管理条例》第七十六条:本条例下列用语的含义:医疗器械,是指直接或者间接用于人体的仪器、设备、器具、体外诊断试剂及校准物、材料以及其他类似或者相关的物品,包括所需要的计算机软件;其效用主要通过物理等方式获得,不是通过药理学、免疫学或者代谢的方式获得,或者虽然有这些方式参与但是只起辅助作用;其目的是:①疾病的诊断、预防、监护、治疗或者缓解;②损伤的诊断、监护、治疗、缓解或者功能补偿;③生理结构或者生理过程的检验、替代、调节或者支持;④生命的支持或者维持;⑤妊娠控制;⑥通过对来自人体的样本进行检查,为医疗或者诊断目的提供信息。

医疗器械使用单位,是指使用医疗器械为他人提供医疗等技术服务的机构,包括取得医疗机构执业许可证的医疗机构,取得计划生育技术服务机构执业许可证的计划生育技术服务机构,以及依法不需要取得医疗机构执业许可证的血站、单采血浆站、康复辅助器具适配机构等。

《医疗器械监督管理条例》对医疗器械企业医疗器械产品注册与备案、医疗器械生产、医疗器械经营与使用、不良事件的处理与医疗器械的召回、监督检查和法律责任等全方位做出规定。

2)《医疗器械生产监督管理办法》的颁布与实施:该办法于 2014 年 6 月 27 日经原国家食品药品监督管理总局局务会议审议通过,自 2014 年 10 月 1 日起施行,共 7 章 72 条。该管理办法于 2017 年 11 月 7 日由原国家食品药品监督管理总局局务会议《关于修改部分规章的决定》修正),修正后的条文共 7 章 73 条。该办法包括总则、生产许可与备案管理、委托生产管理、生产质量管理、监督管理、法律责任和附则组成。

3)《医疗器械注册管理办法》:该办法于 2014 年 6 月 27 日经原国家食品药品监督管理总局局务会议审议通过,自 2014 年 10 月 1 日起施行,共 11 章 82 条。该办法包括总则、基本要求、产品技术要求和注册检验、临床评价、产品注册、注册变更、延续注册、产品备案、监督管理、法律责任和附则组成。

4)《医疗器械标准管理办法》:于 2017 年 2 月 21 日经原国家食品药品监督管理总局局务会议审议通过,自 2017 年 7 月 1 日起施行,该办法包括总则、标准管理职责、标准制定与修订、标准实施与监督、附则,共 5 章 36 条。

5)《医疗器械使用质量监督管理办法》:于 2015 年 9 月 29 日经原国家食品药品监督管理总局局务会议审议通过,自 2016 年 2 月 1 日起施行,该办法包括总则、采购、验收与贮存、使用、维护与转让、监督管理、法律责任、附则,共 6 章 35 条。

6)《医疗器械召回管理办法》:于 2017 年 1 月 5 日经原国家食品药品监督管理总局局务会议审议通过,自 2017 年 5 月 1 日起施行,该办法包括总则、医疗器械缺陷的调查与评估、主动召回、责令召回、法律责任、附则,共 6 章 37 条。

7)《医疗器械临床试验质量管理规范》:于 2016 年 3 月 1 日经原国家食品药品监督管理总局局务会议、原国家卫生和计划生育委员会委主任会议审议通过,自 2016 年 6 月 1 日起施行,该规范包括总则、临床试验前准备、受试者权益保障、临床试验方案、理委员会职责、申办者职责、临床试验机构和研究者职责、录与报告、试验用医疗器械管理、基本文件管理、附则,共 11 章 96 条。

8)《医疗器械经营监督管理办法》:于 2014 年 6 月 27 日经原国家食品药品监督管理总局局务会议审议通过,自 2014 年 10 月 1 日起施行,共 6 章 66 条。主要内容包括:总则、经营许可与备案管理、经营质量管理、监督管理、法律责任和附则。该办法于 2017 年 11 月 7 日原国家食品药品监督管理总局局务会议《关于修改部分规章的决定》修正),修改后的条文共 6 章 67 条。

9)《医疗器械通用名称命名规则》:于 2015 年 12 月 8 日经原国家食品药品监督管理总局局务会议审议通过,自 2016 年 4 月 1 日起施行,该规则共 10 条。

10)《医疗器械说明书和标签管理规定》:于 2014 年 6 月 27 日经原国家食品药品监督管理总局局务会议审议通过,自 2014 年 10 月 1 日起施行,该规定共 19 条。

11)《医疗器械广告审查发布标准》:由国家工商行政管理总局局务会、原卫生部部务会审议通过,自 2009 年 5 月 20 日起施行。

12)《医疗器械网络销售监督管理办法》:2017 年 11 月 7 日经原国家食品药品监督管理总局局务会议审议通过,现予公布,自 2018 年 3 月 1 日起施行,该办法包括总则、医疗器械网络销售、医疗器械网络交易服务、监督检查、法律责任、附则,共 6 章 50 条。

(2)地方食品药品监督管理局规范制度:除国家药品监督管理局对医疗器械的生产、注册、流通、使用、标准、检测和体系考核等做出规范性的文件外,各地方局在国家局规范制度文件的基础上,结合地方实际,分别做出了一些制度性文件,对地方局所管辖的医疗器械生产经营企业做出特殊的规定。

(3)医疗器械政策措施

1)医学装备评估选型:原中华人民共和国卫生部文件(卫规财发〔2007〕208 号)《卫生部关于进一步加强医疗器械集中采购管理的通知》强调:各地要积极开展医疗器械应用评价,建立、完善供应商和产品信息库,切实做好资格预审工作,优选出技术成熟、应用广泛的产品。卫生部将组织开展医疗器械评估选型工作,适时发布评估选型结果,并组织集中展示,以指导各地集中采购工作。

2)医疗器械的招投标制度:医疗器械采购分为集中采购和分散采购两种。国家对使用财政资金的医疗器械采购项目实行集中采购制度,要求采购机构采用招标、投标的方式公开采购。详细见第六章"医疗器械招投标与融资租赁"。

3)医疗体制改革,加强农村医疗装备,提升农村医疗水平。

2. 医疗器械市场经济环境分析　经济环境主要是指一个国家或地区的社会经济制度、经济发展水平、产业结构、劳动力结构、物资资源状况、消费水平、消费结构及国际经济发展动态等。经济环境主要由历年国民生产总值 GDP 的增长情况,医疗机构及其发展情况,城乡居民医疗保健支出,医改政策与医疗器械市场等要素构成。

一个国家的医疗器械行业发展与该国的经济增长、经济政策、产业政策、医疗体制改革和医疗福利政策等息息相关。

(1)历年 GDP 的增长率与医疗器械行业增长率:通常对 GDP 的定义为一定时期内(一个季度或一年),一个国家或地区的经济中所生产出的全部最终产品和提供劳务的市场价值的总值。医疗器械作为产业,在 GDP 中所占比率虽不大,却是全球经济新增长点之一。各国医疗器械工业产值在 GDP 中所占比率小于 1%;医疗器械购置费在医疗保健费用支出中所占比率小于 9%。中国经济持续稳定的增长为医疗器械行业的持续稳定增长提供了坚实的基础。我国政府持续增加卫生总费用的投入,为医疗器械市场的持续增长提供了资金保障。卫生总费用是指一个国家或地区在一定时期内(通常是一年)全社会用于医疗卫生服务所消耗的资金总额。

从 20 世纪下叶开始,以应用新技术、新材料为标志的现代医疗器械产品,如支架、人工器官、介入手术器具、人工关节、激光手术器械、血管造影技术、起搏器、除颤器、B 超、MRI、CT 等,在推动和提高医学临床诊断和治疗水平以及保障医疗保健服务效果上越来越明显,因而近十多年来医疗器械市场一直持续稳定的增长,其增长率超过同期 GDP 的增长率。

(2)经济收入与保健消费水平关系分析:随着我国经济的迅速发展,居民收入水平的不断提高,医疗消费水平和消费能力不断得到提升。家庭保健器械消费的增长快于药品和医疗,人们已越来越重视对身体的日常保养。一般来说,随着家庭收入的增加,家庭用于家用医疗器械等方面的支出占家庭收入的比重就会上升。

(3)我国医疗消费水平的变化分析:我国政府通过医改,建立多元化、多层次全民医保体系;取消药品加成,开展医保支付方式改革等多种举措,居民个人卫生支出占卫生总费用的比重下降到了28.8%,比医改前下降了 12 个百分点。近年来,我国医疗卫生费用增长迅速,居民个人卫生消费支出有较大幅度的下降。但是,我国医疗卫生总费用支出比例与发达国家相比,还存在着一定的差距。为此,我国政府承诺不断增加医疗卫生事业的经费投入,不断改善居民医疗健康的质量和水平,特别是农村医疗卫生事业的投入,这将有利于推动医疗器械行业的发展。

(4)医疗体制改革推动医疗器械行业发展:国家加大了医疗卫生体制的改革。国务院办公厅关于印发《深化医药卫生体制改革 2016 年重点工作任务的通知》强调:"要全面贯彻党的十八大和十八届三中、四中、五中全会精神,认真落实党中央、国务院决策部署,牢固树立并切实贯彻创新、协调、绿色、开放、共享的发展理念,坚持保基本、强基层、建机制,进一步突出重点领域和关键环节,增强改革创新力度,进一步推进医疗、医保、医药三医联动,强化改革整体性、系统性和协同性,进一步提高改革行动能力,推进政策落实,为实施"十三五"医改规划确定的各项改革任务布好局、起好步,确保取得更大成效,促进建立覆盖城乡居民的基本医疗卫生制度,切实推进健康中国建设。"具体包括:全面深化公立医院改革、加快推进分级诊疗制度建设、巩固完善全民医保体系、健全药品供应保障机制、建立健全综合监管体系、加强卫生人才队伍建设、稳固完善基本公共卫生服务均等化制度、推进卫生信息化建设、加快发展健康服务业、加强组织实施十项内容。

国务院办公厅于 2017 年 4 月 25 日再次发布《深化医药卫生体制改革 2017 年重点工作任务》具体细化工作任务、完成工作的责任对象和时间节点,任务清晰具体详实,操作性非常强,为历史少见,充分体现国家政府对医疗体制改革的力度。

国家将逐年加大公共卫生体系和城市社区、农村基层医疗卫生建设,将催生国内医疗器械低端市场变革,推动我国医疗器械市场的一个快速发展的时期;按照拉动内需、促进经济增长的有关原则和深化医药卫生体制改革、健全医疗卫生服务体系的要求,卫生系统建设的重点领域之一将是基本医疗设备装备。

目前,我国基层医疗机构拥有的医疗仪器仪表和设备中,有15%左右是20世纪70年代前后的产品,有60%是20世纪80年代中期以前的产品。在新医改和国家政策扶持的双重影响下,基层医疗机构的设备添置和老旧设备的更新速度将会加快。

3. 医疗器械技术环境 医疗器械技术是医学作为科学技术群体中的一个组成部分,它与整个科学技术的发展水平密切相关。近代科学技术的发展和当今世界范围内正在进行的新技术革命,给现代医疗技术带来了深刻的变化。主要体现在各学科的技术创新在医疗器械领域的应用,推动了医疗器械材料工业、新产品、新工艺的创新。特别是医疗器械与多媒体技术、网络技术、影像技术、遥感技术、基因工程技术、条码识别技术、纳米技术等新技术的结合,大大推动了医疗器械产业的发展,推进了医疗器械产品的创新。

医疗器械行业是一个多学科交叉、知识密集、资金密集型的高技术产业。医疗器械工业技术聚集着大量高新技术,如现代计算机技术、精密机械技术、放射技术、激光技术、核技术、磁技术、检测传感技术、化学检测技术、宇航技术、生物医学工程技术以及信息技术等,涵盖了物理、化学、电子、机械、光学、软件、材料、生命科学、医学、计算机及网络等学科,因而,医疗器械产品是多学科的高技术密集型产品,同时又是交叉边缘学科知识的集合。医疗器械技术环境具有以下特点:

(1)医疗器械产业技术复杂,科技含量高;

(2)医疗器械新产品层出不尽,产品更新速度快,新技术和新发明的范围越来越广泛;

(3)医疗器械理论成果转化为医疗器械产品的时间和产品生命周期都大为缩短;

(4)医疗器械的数字化、信息化和网络化成为未来医疗器械发展的主题。

医疗器械产业的发展,医疗器械新产品的研制、发明推动了医学事业的进步,为医疗机构诊断、治疗等临床应用辟了新途径,大大推进了医疗卫生事业的发展。

4. 医疗器械市场的人口环境 市场是在一定的时间和空间范围内具有现实购买力和潜在购买力的消费者群体的集合。并且人群越多,市场的规模就越大。人口环境是影响医疗器械宏观环境的主要因素。截止2017年末,我国人口总量为13.9亿。

人口的数量规模、人口结构、人口分布及人口流动等因素直接影响医疗器械市场需求,特别是疾病患者的总量及增量对医疗器械市场需求的现量与潜量影响巨大,是所有医疗器械生产经营企业必须考虑的问题。

企业的人口环境,包括人口的总量、人口的年龄结构、家庭状况、人口的地理分布、人口的性别结构以及人口的流动状况等情况。

知识链接

人口老龄化与医疗器械需求

世界人口的平均寿命在延长，许多国家的人口趋于高龄化。国际上通常把 60 岁以上人口占总人口的比例达到 10%，或 65 岁以上人口占总人口的比例达到 7% 作为国家或地区进入老龄化社会的标准。即意味着这个国家或地区的人口处于老龄化状态。

根据国家统计局最新发布的数据，2017 年末，我国 60 周岁及以上人口 24 090 万人，占总人口的 17.3%，65 周岁及以上人口 15 831 万人，占总人口的 11.4%。

随着老年人的医疗保健需求急剧增加，在临床治疗和日常保健护理中需要八类医疗器械产品：

1. 心血管植入式器械（如药物洗脱血管支架、心脏起搏器、房颤除颤器等）。

2. 植入式矫形器械（如人工关节、脊柱矫正器械等）。

3. 泌尿系统疾病专用器械（如各种导尿管、膀胱插管、检查用内镜等）。

4. 眼科用检查医疗器械（如裂隙镜等）和眼科手术器械。

5. 个人护理用品（如按摩仪、热疗仪、频谱仪、足浴器等）。

6. 个人用电子监测仪器（如电子血压计、血糖仪等）。

7. 其他类医疗器械（如轮椅、老年人家用跑步器、家用输液器以及升降病床等家庭护理用品）。

5. 医疗器械市场文化环境　社会文化环境是指企业所处的社会结构、社会风俗和习惯、信仰和价值观念、行为规范、生活方式、文化传统、人口规模与地理分布等因素的形成和变动。社会文化环境是影响企业营销诸多变量中最复杂、最深刻、最重要的变量。

社会文化是某一特定人类社会在其长期发展历史过程中形成的，它主要由特定的价值观念、行为方式、伦理道德规范、审美观念、宗教信仰及风俗习惯等内容构成，它影响和制约着人们的消费观念、需求欲望及特点、购买行为和生活方式，对企业营销行为产生直接影响。

任何企业都处于一定的社会文化环境中，企业营销活动必然受到所在社会文化环境的影响和制约。为此，企业应了解和分析社会文化环境，针对不同的文化环境制订不同的营销策略，组织不同的营销活动。企业营销对社会文化环境的研究一般从以下几个方面入手：

（1）教育程度：教育程度的高低影响到消费者对商品功能、款式、包装和服务要求的差异性。通常文化教育水平高的国家或地区的消费者要求商品包装典雅华贵，对附加功能也有一定的要求。因此企业营销开展的市场开发、产品定价和促销等活动都要考虑到消费者所受教育程度的高低，采取不同的策略。

（2）宗教信仰：宗教是构成社会文化的重要因素，宗教对人们消费需求和购买行为的影响很大。不同的宗教有自己独特的对节日礼仪、商品使用的要求和禁忌。某些宗教组织甚至在教徒购买决策中有决定性的影响。为此，企业可以把影响大的宗教组织作为自己的重要公共关系对象，在营销活动中也要注意到不同的宗教信仰，以避免由于矛盾和冲突给企业营销活动带来的损失。

（3）价值观念：价值观念是指人们对社会生活中各种事物的态度和看法。不同文化背景下，人们的价值观念往往有着很大的差异,消费者对商品的色彩、标识、式样以及促销方式都有自己褒贬不同的意见和态度。企业营销必须根据消费者不同的价值观念设计产品,提供服务。

国际上的健康理念分三个层面:第一层面是疾病治疗;第二层面是疾病预防;第三层面是健康促进。

首先是对待疾病治疗的态度发生了实质性的变化,特别是农村居民对疾病治疗的态度由"有病不医,能拖则拖,任其自然"的消极态度转为积极治疗的、健康的医疗消费观念。

其次是健康教育的发展,保健理念已深入人心,保健需求的迅速增加,促使预防医疗学科和预防医疗产品快速发展,老年、妇女和职业体检投入增加,尤其是在亚健康、抗衰老、提升免疫力方面发展迅速。

再次,人们对形体美的追求,促使美容整形医疗迅速发展。特别是青年女性在美体整形美容的市场非常庞大,需求节节攀升。

(4)消费习俗:消费习俗是指人们在长期经济与社会活动中所形成的一种消费方式与习惯。不同的消费习俗,具有不同的商品要求。研究消费习俗,不但有利于组织企业消费用品的生产与销售,而且有利于正确、主动地引导健康的消费。了解目标市场消费者的禁忌、习惯、避讳是企业进行市场营销的重要前提。

三、医疗器械市场营销微观环境分析

医疗器械市场营销微观环境是直接制约和影响企业营销活动的力量和因素。企业必须时刻关注微观营销环境的现状及变化发展趋势,展开跟踪分析。分析微观营销环境的目的在于更好地协调企业与这些相关群体的关系,促进企业营销目标的实现。微观营销环境包括企业内部力量、供应商、营销中介、顾客、竞争者和公众等因素组成的六种力量。任何一个医疗器械生产经营企业都必须仔细研究微观营销环境的构成及其变化对企业营销活动的影响。医疗器械行业的特殊性、产品的特殊性以及监管的特殊性,在一定程度上制约了医疗器械微观市场的特殊性。

(一)医疗器械市场营销微观环境的构成要素

医疗器械市场微观营销环境与其他行业面临的微观环境构成要素是相同的,包括医疗器械企业内部环境状况、客户、竞争者、渠道和公众。医疗器械企业面对的微观市场环境除拥有一般微观环境的特点之外还具有行业特殊性。

1. 医疗器械客户环境　医疗器械的客户是指直接或间接购买使用医疗器械产品的用户或消费者。主要包括各级各类医疗卫生机构和家庭医疗器械用户。

医疗机构数变化。详细数据参见第一章。

医疗机构床位持续增加。2016年末,全国医疗卫生机构床位741.0万张,其中:医院568.9万张(占76.8%),基层医疗卫生机构144.2万张(占19.5%)。医院中,公立医院床位占78.3%,民营医院床位占21.7%。与上年比较,床位增加39.5万张,其中:医院床位增加35.8万张,基层医疗卫生机构床位增加2.8万张。每千人口医疗卫生机构床位数由2015年5.11张增加到2016年5.37张。

卫生总费用增加,居民个人卫生支出比重继续下降。2016年全国卫生总费用为46344.9亿元,其中:政府卫生支出13910.3亿元(占30.0%),社会卫生支出19096.7亿元(占41.2%),个人卫生支出13337.9亿元(占28.8%)。人均卫生总费用3351.7元,卫生总费用占GDP百分比为6.2%。

中国的家庭医疗器械是一个十分巨大的新兴市场领域,家庭式的医疗器械就成了"家庭医院"的主要设备。家庭预防、医疗和康复将成为未来的主流,很多的大型医疗器械正趋于小型化、电子化、数字化和智能化。

随着对预防、治疗和康复需求的不断增加,对家庭医疗器械需求将迅速扩张。

2. 医疗器械渠道企业

(1)医疗器械供应商:医疗器械供应商是向生产企业及其竞争者提供生产经营所需资源的企业或个人,包括提供原材料、零配件、设备、能源、劳务及其他用品等。供应商所供应的原材料数量和质量将直接影响产品的数量和质量;所提供的资源价格会直接影响产品成本、价格和利润。企业对供应商的影响力要有足够的认识,尽可能与其保持良好的合作关系,尽可能地开拓更多的供货商。

(2)医疗器械营销中间商:医疗器械营销中间商主要指协助企业促销推广、市场策划和经销代理其产品给最终购买者的机构,包括中间商、实体分配公司。

1)医疗器械中间商:包括医疗器械经销商和医疗器械代理商。

2)医疗器械实体分配公司:主要职能是协助厂商储存并把货物运送至目的地的仓储公司。实体分配的要素包括包装、运输、仓储、装卸、搬运、库存控制和订单处理六个方面。其基本功能是调节生产与消费之间的矛盾,弥合产销时空上的背离,提供商品的时间效用和空间效用,以利适时、适地和适量地把商品供给消费者。

(3)医疗器械竞争者:医疗器械竞争者一般是指与本企业为相同的目标顾客提供相同或相似的医疗器械产品或服务的机构。

从医疗器械行业的角度来看,企业的竞争者有:①现有医疗器械生产经营厂商,是指本行业内现有的与企业生产同样产品的其他厂家,这些厂家是企业的直接竞争者。②医疗器械潜在加入者,是指从一个行业侵入医疗器械行业。新企业的加入,将可能导致产品价格下降,利润减少。③医疗器械替代品厂商,是指与某一产品具有相同功能、能满足同一需求的不同性质的其他产品,属于替代品。随着医学和医疗科学技术的发展,替代品将越来越多,导致医疗器械行业的所有企业都将面临与生产替代品的其他行业的企业进行竞争。

从市场方面看,企业的竞争者有:①品牌竞争者,企业把同一行业中以相似的价格向相同的顾客提供类似产品或服务的其他企业称为品牌竞争者。品牌竞争者之间的产品相互替代性较高,因而竞争非常激烈,各企业均以培养顾客品牌忠诚度作为争夺顾客的重要手段。②行业竞争者,企业把提供同种或同类产品,但规格、型号、款式不同的企业称为行业竞争者。所有同行业的企业之间存在彼此争夺市场的竞争关系。③需要竞争者,提供不同种类的产品,但满足和实现消费者同种需要的企业称为需要竞争者。④消费竞争者,提供不同产品,满足消费者的不同愿望,但目标消费者相同的企业称为消费竞争者。

(4)医疗器械营销公众:是指对医疗器械生产经营企业产生间接影响的组织机构或个人。包括医疗器械政府公众、医疗器械融资公众、医疗器械媒体公众、医疗器械社区大众和消费者组织等,还包括社会大众。

1）医疗器械政府公众是指对医疗器械生产、经营、流通、使用等环节产生影响的政府组织机构。包括原国家食品药品监督管理总局、地方食品药品监督管理局、中国医疗器械行业和各省市行业协会；生物医药工程协会及各专业委员会；原国家卫生和计划生育委员会及下属主管医疗卫生的机构；国家工商行政管理总局及各省市地方局；环境保护局等各级行政主管机关；国家认证认监委员会；医疗器械检测所和医疗器械审评中心等，其中以原国家食品药品监督管理总局和各省市食品药品监督管理局为主要的政府公众。医疗器械的法律制度文件以及相关的工作文件的发布都来自于此。所以，医疗器械企业都必须时刻关注国家局的动态，保持与国家局的密切联系，确保信息来源的准确性和及时性。

2）医疗器械融资公众是指影响医疗器械企业资金来源和使用的金融机构。医疗器械融资公众包括：银行机构、租赁公司、保险公司、信贷机构等。

3）医疗器械媒体公众是指影响医疗器械企业产品信息交流沟通的组织机构。主要有专业的医疗器械广告策划公司、医疗器械广告发布公司、医疗器械网络媒体、电视和电台、医疗器械的专业杂志等。

（二）医疗器械市场营销微观环境变化对医疗器械企业营销带来的影响

医疗器械市场营销微观环境的变化对医疗器械生产企业、经营企业都会带来直接的或间接的影响。

1. 医疗卫生体制的改革，政府加强对基层医疗卫生服务机构的投入（包括新建、改建和扩建医疗卫生机构以及更新医疗设备），为医疗器械企业在基层医疗卫生服机构提供了广阔的市场，增加了中低端基础性医疗设备的需求。

2. 医疗流通体制的改革，对医疗器械企业，特别是医疗器械流通企业带来了直接的挑战，特别是高档医疗器械耗材的"两票制"的推广实施、"营改增"的政策实施、医疗器械产品遴选制度对医疗器械生产经营企业带来了革命性的变化，特别是在医疗器械流通渠道架构体系上发生重大影响。

3. 人口老龄化时代的到来和国家实施健康中国战略，特别是养老服务体系的建设，对适老医疗器械产品和耗材带来直接的广泛的需求。

4. 医疗卫生保健理念的变化，由传统的"治已病"转变为"治未病"，给保健医疗产品、养生健康医疗产品带来了发展机遇。

5. 医疗器械注册人制度（所谓医疗器械注册人制度，是指符合条件的医疗器械注册申请人可以单独申请医疗器械注册证，然后委托给有资质和生产能力的生产企业生产。）的试点和推广，为医疗器械企业提供了快捷便利上市通道，破解了医疗器械先投资办厂、取得医疗器械生产许可证，再获得医疗器械产品注册证的难题。

四、医疗器械市场营销环境机会威胁分析

医疗器械市场营销环境分析的顺序是首先分析医疗器械环境是否有可能发生变化，是短期有可能发生变化还是以后会发生变化；其次，如果发生了变化，需了解环境变化的程度，是微小的变化还

是剧烈的变化;再次,医疗器械环境的变化对本企业的影响程度如何,是轻微影响还是严重影响;第四,根据环境变化程度和对企业影响程度做出营销战略和策略的变化。医疗器械营销环境分析的目的在于把握环境变化给企业带来的机会,避免或减轻环境变化给企业造成的危害和损失。医疗器械市场营销环境分析常用的方法为 SWOT 法,又称为态势分析法,由旧金山大学的管理学教授于 20 世纪 80 年代初提出,是一种能够较客观而准确地分析和研究一个企业现实情况的方法。SWOT 分析方法是一种企业内部分析方法,即根据企业自身的既定内在条件进行分析,找出企业的优势、劣势及核心竞争力之所在,从而将公司的战略与公司内部资源、外部环境有机结合。按照企业竞争战略的完整概念,战略应是一个企业"能够做的"(即组织的强项和弱项)和"可能做的"(即环境的机会和威胁)之间的有机组合。它是英文 Strength(优势)、Weak(劣势)、Opportunity(机会)、Threaten(威胁)的意思。医疗器械市场环境分析可以从外部环境和内部环境两个方面入手,分析外部环境变化带来的机会与威胁以及内部环境的优势和劣势。

(一) 外部环境分析(机会与威胁)

环境机会是指市场因环境因素的变化,它既可能来源于宏观环境变化,也可能来源于微观环境变化。随着医疗保健消费者需求的不断变化和医疗器械产品寿命周期的缩短,引起旧产品不断被淘汰,要求开发新产品来满足消费者的需求,从而市场上出现了许多新的机会。

环境机会对不同企业是不相等的,同一个环境机会对某一些企业可能成为有利的机会,而对另外一些企业可能就造成威胁。环境机会能否成为企业的机会,要看此环境机会是否与企业目标、资源及任务相一致,企业利用此环境机会能否较其竞争者带来更大的利益。

环境威胁是指对企业营销活动不利或限制企业营销活动发展的因素。这种环境威胁,主要来自两方面:一方面,是环境因素直接威胁着企业的营销活动,如政府颁布出台一些规章制度,对医疗器械的生产经营企业产生直接的影响;另一方面,企业的目标、任务及资源同环境机会相矛盾,不能有效地利用环境变化带来的营销机会。

(二) 内部环境分析(优势与劣势)

识别医疗器械环境的变化需要通过营销信息系统的调研监测来获取,是在获得充分、有效信息的基础上识别环境变化的状况。但是,能够识别营销环境的变化是问题的一个方面,如何利用环境变化带来的机会并避免威胁是另一回事。

宏观环境的变化对行业内的所有企业带来同样的机会和威胁,是普遍的和共性的,而微观环境的变化则是特殊的和个性的。医疗器械企业应当定期检查自身的优势和劣势,分析优势和劣势的变化状况以及如何有效地保持优势战略。特别需要关注企业的核心竞争优势和核心竞争的分析。

医疗器械企业优劣势的分析要素包括:产品质量和技术领先性、品牌知名度和用户认可度、政策扶持与税收优惠、研发能力、融资能力、人力资源配置、渠道合理性、市场推广能力、公关能力、价格优势、组织文化、领导策划力和执行力。

根据以上指标,分别给予一定的权重,计算出竞争要素的分值,以此来判断企业的优势和劣势。

(三) 市场环境机会威胁分析

企业市场营销活动和战略策略的制订,可采用"威胁分析矩阵图"和"机会分析矩阵图"来分析、评价营销环境。

1. 市场环境威胁分析　对环境威胁的分析,一般着眼于两个方面:一是分析威胁的潜在严重性,即影响程度;二是分析威胁出现的可能性,即出现概率。如图 3-1。

企业应当特别重视环境威胁出现概率高、影响程度高的变化对企业可能造成的影响。

2. 市场环境机会分析　机会分析主要考虑其潜在的吸引力(赢利性)和成功的可能性(企业优势)大小。如图 3-2。

	出现概率		
		高	低
影响程度	高	I	II
	低	III	IV

图 3-1　威胁分析矩阵图

	成功概率		
		高	低
行业吸引力	高	I	II
	低	III	IV

图 3-2　机会分析矩阵图

从上图可见,企业最佳的机会出现在第 I 种情况下,第 IV 种情况下机会最小,第 II、第 III 种情况介于二者之间。

3. 威胁机会组合分析　威胁机会组合分析要结合能力水平及环境变化的状况判定现在所处的业务单位处于哪种状态之下。既要考虑环境的威胁程度,还要分析环境变化可能带来的机会以及企业捕捉机会的能力。综合分析,应对环境变化,趋利避害,对现有业务单位做出选择。如图 3-3。

	威胁水平		
		高	低
市场吸引力	高	冒险业务	理想业务
	低	困难业务	成熟业务

图 3-3　机会威胁组合分析矩阵图

(四) 企业营销对策

1. 对理想业务,应看到机会难得,甚至转瞬即逝,必须抓住机遇,迅速行动;否则,丧失战机,将后悔不及。

2. 对冒险业务,面对高利润与高风险,既不宜盲目冒进,也不应迟疑不决,坐失良机,应全面分析自身的优势与劣势,扬长避短,创造条件,争取突破性的发展。

3. 对成熟业务,机会与威胁处于较低水平,可作为企业的常规业务,用以维持企业的正常运转,并为开展理想业务和冒险业务准备必要的条件。

4. 对困难业务,要么是努力改变环境,走出困境,要么采取减轻威胁,要么采取立即转移,要么采取减轻措施,以此摆脱和扭转困境。

点滴积累

1. SWOT 分析是指 Strength（优势）、Weak（劣势）、Opportunity（机会）、Threaten（威胁）的分析，SW 分析是针对企业的分析，OT 是针对环境的分析，是一种有效的分析工具。

2. 医疗器械政府公众是指对医疗器械生产、经营、流通、使用等环节产生影响的政府组织机构。

3. 医疗器械营销中间商是指协助企业促销推广、市场策划和经销代理其产品给最终购买者的机构，包括中间商、实体分配公司。

4. 医疗器械市场社会文化环境是指企业所处的社会结构、社会风俗和习惯、信仰和价值观念、行为规范、生活方式、文化传统、人口规模与地理分布等因素的形成和变动。

5. 医疗器械市场营销微观环境的主要包括医疗器械的竞争环境、医疗器械的渠道环境、医疗器械的客户环境和医疗器械的公众环境。

▶ 课堂活动

某医疗器械有限公司创办于 1997 年，近 20 多年来，公司立足于自主创新，以核心专利技术为主导，开发研制血糖仪系列产品。公司有专门的产品设计研发队伍，人员素质较高，有 20 多名高、中级技术骨干。现有专利技术 8 项，已开发研制出全型血糖仪系列产品。2015 年公司实现销售收入 19 681万元，其中出口创汇 187 万美元。销售额稳定上升，市场前景好。

目前全球糖尿病患者约为 2 亿人，全世界血糖检测市场容量为 50 亿美元，市场容量看好。国内还有数百家企业生产、经营血糖仪系列产品，企业力量与产品质量处于强烈市场竞争中。

血糖仪产品在全国数万家医疗机构、个人消费者中应用，同时已成功出口至世界十几个国家，实现了血糖仪进入国际市场的预期目标，在与国际品牌竞争中具有一定的技术优势，提升该类仪器的诊断质量，为产品最终占领中端市场做好前期准备。

请根据你所学习的市场营销环境分析知识，运用 SWOT 分析法分析前文所提医疗器械有限公司面临的市场环境，分析该企业的优势、劣势、机会和威胁，为企业制定 STP 策略和战略。

1. 分析医疗器械市场宏观构成要素；
2. 分析医疗器械市场微观构成要素；
3. 运用 SWOT 分析法分析环境机会、威胁，结合企业能力优势、劣势制定企业市场战略。

【任务实施】

1. 医疗器械市场营销宏观环境的构成要素分析

宏观要素 1：_____

宏观要素 2：_____

宏观要素 3：_____

宏观要素 4：_____

宏观要素 5：_____

2. 医疗器械市场营销微观环境的构成要素分析

微观要素 1：_____

微观要素 2：_____

微观要素 3：_____

微观要素 4：_____

微观要素 5：_____

3. 医疗器械行业企业 SWOT 分析

1）环境机会：

环境机会 1：_____

环境机会 2：_____

环境机会 3：_____

环境机会 4：_____

2）环境威胁：

威胁分析 1：_____

威胁分析 2：_____

威胁分析 3：_____

威胁分析 4：_____

3）企业优势：

优势分析 1：_____

优势分析 2：_____

优势分析 3：_____

优势分析 4：_____

4）企业劣势：

劣势分析 1：_____

劣势分析 2：_____

劣势分析 3：_____

劣势分析 4：_____

5）市场环境威胁分析图

环境威胁出现的可能性：_____

_____

_____

环境威胁的程度：_____

_____

_____

6）市场环境机会分析图

机会吸引力：_____

_____

_____

成功的可能性:_____

_____

_____

7)威胁机会组合分析

行业吸引力:_____

_____

_____

威胁水平:_____

_____

_____

4. 策略制订

策略 1:_____

依据:_____

策略 2:_____

依据:_____

策略 3:_____

依据:_____

策略 4:_____

依据:_____

第二节 医疗器械市场细分、目标市场选择与市场定位

一、医疗器械市场细分

(一)医疗器械市场细分的概念

医疗器械市场细分是按一定的标准将整体医疗器械市场分割成若干个子市场的过程。在市场细分的过程中遵循市场的相似性原理和市场的差异性原理。

市场细分的关键在于选择市场细分的依据,不同的细分依据可以划分出不同的市场。例如,根据医疗器械的使用对象,可以分为家庭使用的医疗器械和医疗机构使用的医疗器械;根据价格高低,可以分为高价、中价和低价医疗器械。其目的在于通过市场细分,发现市场空缺,生产满足市场需求的医疗器械产品和服务,为企业市场策略、产品策略、价格策略、竞争策略、服务策略的制订提供营销决策支持。

(二)细分市场的作用

1. 有利于医疗器械企业发掘新的市场机会 企业在市场营销中,可以根据市场竞争的现状和

已经上市产品的不足,发掘新的市场机会,开拓新市场。市场机会是指市场上客观存在的未被满足或未被充分满足的消费需求。如生产血糖仪的医疗器械企业经过市场细分发现,血糖仪的市场需求并没有得到有效满足,许多医院和医疗单位、个人消费者需要更加节省时间的产品。医疗器械企业研制了两种新产品:一种是特制快速血糖仪,一种是多参数三高仪。它们在血糖检测中的检查结果准确,可以避免和减少误差。这种新产品很快大量畅销,为医疗器械企业带来新的市场机会。

2. 有利于中小医疗器械企业提高竞争能力 中小企业一般人、财、物力资源有限,在整体市场或较大的细分市场上,缺乏竞争能力。如果中小企业善于发现易被大企业忽视的一部分特定消费者未被满足的需求,推出相应的产品,往往能变整体市场上的相对劣势为局部市场上的相对优势,取得较好的经济效益。

3. 有利于医疗器械企业提高经济效益 一方面,企业可以根据细分市场的特点,集中使用人、财、物等资源,避免力量分散,从而取得理想的经济效益;另一方面,在实施市场细分之后,企业可以面对自己的目标顾客,生产出适销对路的产品,加速商品周转,有效地利用企业资源和发挥企业特长,提高产品质量,从而降低企业的生产和经营成本,既可使消费者需求得到更好的满足,又可提高企业的经济效益。

4. 有利于医疗器械企业及时调整营销策略 一般说来,企业为整体市场提供单一产品,制订统一的营销策略,实施起来相对容易,但是信息反馈比较迟钝,对市场需求发生变化的反应较慢。而进行市场细分后,由于企业同时为不同消费者群体提供不同的产品,因而比较容易察觉和估计消费者需求的变化,市场信息反馈迅速及时,有利于企业及时调整营销策略,发展新产品,满足消费者不断变化的需求。

(三)市场细分标准

医疗器械市场细分有着不同的标准和方法。医疗器械市场细分的作用能否得到充分发挥,往往取决于医疗器械企业采取什么方法对整体市场进行划分,划分的标准是否合理有效。

1. 家用医疗器械市场细分的标准 家用医疗器械产品(包括家用医疗器械设备和耗材)属于通常意义上的消费品,与其他消费品没有本质的区别。可以用以下细分变量对家用医疗器械进行细分。

(1)地理因素细分:按照消费者所处的地理位置、自然环境来细分市场称为地理因素细分。具体变量包括国家、地区、城市、乡村、城市规模、人口密度、不同的气候带、不同的地形地貌等,处在同一地理环境下的消费者的需求与偏好往往具有相似性。

(2)人口因素细分:按照人口统计因素来细分市场称为人口细分,人是市场营销活动的最终对象,也是造成市场需求差异的根本原因。这方面的具体变量很多,包括年龄、性别、职业、收入、教育、家庭人口、家庭生命周期、国籍、民族、宗教、社会阶层等。人口统计变量比较容易衡量,有关数据相对容易获取,因此,企业经常以它作为市场细分的依据。由于医疗器械产品的特殊性,医疗器械产品市场细分的人口因素既包括家庭或消费者的特征,也包括医生的特征。一般医疗器械市场的细分以消费者为中心,医疗器械市场的细分以医疗机构和科室配置为中心。这里需要指出的是:尽管医疗器械无需医生处方即可购买,但是医疗器械毕竟是用来治病救人的,由于医疗器械的专业知识性较强,而且不是一种普及性知识,所以消费者在购买和使用时,最好听从医生、医疗器械工程师的意见。

1)年龄因素:由于生理、生活方式、价值观、社会角色、社会活动等方面存在差异,不同年龄的消费者必然会有不同的需求特点。一方面,不同年龄段的疾病发生情况有很大差异,如高血压、骨质疏松症为中老年人的多发病,而在少年儿童中较为多见的是近视眼、多动症等;另一方面,不同年龄段的消费者的社会经历、价值观等都不同,其对医疗器械的选择也有很大的差异,如年轻人具有时尚、不在意价格、易受广告影响、易产生购买冲动;而老年人购买保健品时通常以经济、方便为首选条件,他们有充裕的时间反复挑选。在利用年龄这一细分变量进行细分时,还应注意到人口老龄化的趋势。预计中国人口老龄化将于 2040 年达到高峰,家用保健诊断、治疗仪器对于某些老年性疾病的医疗市场细分尤为重要。

2)性别因素:由于生理上的差别,男性与女性在产品需求与偏好上有很大不同,如前列腺仪产品通常针对男性设计,而减肥产品通常是针对女性消费者的需求设计的。

3)购买者受教育程度:购买者受教育程度不同,其价值观、文化素养、知识水平也会不同,会影响他们对医疗器械种类的选择和购买行为。受教育程度较高的人获取医疗器械知识的能力较强,自我保健意识也较强,因此其购买行为会相对较理性;受教育程度较低的人其购买行为受他人和广告的影响较大。

4)购买者的收入:收入是引起需求差异的一个直接而重要的因素,因为只有既有购买欲望又有购买力的人才能构成一种医疗器械产品的市场,而购买力在很大程度上是由收入决定的。消费者收入水平直接影响市场的大小和消费者的支出模式,如高收入者购买保健器械产品会多于低收入者。

(3)心理因素细分:按照消费者的心理特征来细分市场称为心理因素细分。心理因素包括生活方式、个性、购买动机、价值取向以及对商品供求局势和销售方式的感应程度等变量。

1)生活方式:生活方式是指人们对工作、消费、娱乐的特定的习惯和倾向性。不同的生活方式会产生不同的需求偏好。虽然不同生活方式的形成源于物质世界环境和条件,但直接的成因与人们的个性、兴趣、人生价值观的心理取向密切相关。

2)购买动机:人的行为是受动机支配的。有的购买者的目的是诊断治疗,有的是保健,而有的是馈赠。例如血糖仪是用来测试血糖浓度的保健市场。

3)购买者个性:个性是指一个人比较稳定的心理倾向与心理特征,它会导致一个人对其所处环境作出相对一致和持续不断的反应。通常,个性会通过自信、自主、支配、顺从、保守、适应等性格特征表现出来。如个性保守者通常不愿做新的尝试,很难接受新仪器的诊疗。

4)态度:态度是指一个人对某些事物或观念长期持有的好与坏的认识上的评价、情感上的感受和行动的倾向。根据人对医疗保健治疗作用所持态度的不同可以分为寻求权威者、怀疑论者、踏实者和抑郁者。寻求权威者更相信医生和医疗器械工程师;怀疑论者对保健治疗仪的治疗效果有所置疑,很少使用;踏实者追求使用方便、治疗有效的保健仪器;抑郁者极关注自己的用械健康,稍有症状就自行用械治疗。

(4)购买行为细分:根据消费者不同的消费(购买)行为来细分市场称为购买行为细分。行为变量能更直接地反映消费者的需求差异,因而成为市场细分的最佳起点。

1)购买者品牌偏好程度:有些购买者经常变换品牌,也有一些购买者则在较长时期内专注于某一或少数几个品牌。对有品牌偏好的购买者推广新医疗器械产品是很困难的。

2)购买的决策权:由于医疗器械产品的特殊性,购买者本身很大程度上并没有决策权,而医生、器械工程师才是真正的决策者。对于医疗器械产品,除了医生会影响购买者的行为外,器械商店的工程师也是很重要的影响人。

3)患者用械频率:如对于患有呼吸疾病或障碍的人,需要每天使用家用呼吸机;糖尿病人需要胰岛素泵来满足每天自动注射胰岛素的需要;近视眼患者使用隐形眼镜等,都属于高频率使用的医疗器械。

4)购买渠道:指根据消费者购买医疗器械产品的渠道细分,可以分为医院购买、医疗器械商店购买或网上购买等。

(5)利益细分:根据消费者追求的利益不同来细分市场称为利益细分。由于消费者各自追求的具体利益不同,可能会被某种产品的具有不同特性或特征的变异产品所吸引,因而可以细分为不同的消费者群。就是说,这里的每个细分市场不是根据消费者的各种特点,而是在一种产品提供什么特殊效用、给购买者带来什么特定利益的基础上开发出来的。

一个典型的例子是电子按摩器的市场细分,根据利益细分,电子按摩器市场显示出四个主要的细分市场,即存在着特别关心按摩疗效、关注使用便携、强调低副作用、注重产品质量与价格实惠这四个消费群体。

2. 医疗机构医疗器械市场细分的标准　医疗器械是一种集检验、分析、诊断、治疗、康复、理疗于一体的多门类体系、多产品种类、多规格型号的特殊产品。医疗器械主要的采购者和使用者是各级各类医疗机构的医生、护士。医疗机构的医疗器械市场细分可以从以下几个标准来划分。

(1)医疗机构规模与科室配置:一般而言,医疗机构等级越高,规模越大,采购医疗器械设备和耗材的数量越多。

(2)医疗器械产品用途标准:医疗器械产品分类是医疗器械市场细分的有效标准之一。《医疗器械监督管理条例》从安全性、有效性出发,将医疗器械分为三类。《医疗器械分类规则》将医疗器械按照医疗器械结构特征分为有源医疗器械和无源医疗器械;根据使用中对人体产生损伤的可能性、对医疗效果的影响,医疗器械使用状况可分为接触或进入人体器械和非接触人体器械。

而本节所说的医疗器械产品用途分类是指各种医疗器械的功能用途上的分类,主要有:检验分析类医疗器械、诊断治疗类医疗器械、康复理疗类医疗器械、整形美容类医疗器械、消毒灭菌类医疗器械以及医用耗材类医疗器械。

每一类市场还可以继续划分各个子类医疗器械市场。如检验分析类医疗器械市场可以继续划分为:血球计数仪、免疫分析仪、电介质分析仪、酶标分析仪、生化分析仪等。又如家用医疗器械可以细分为:①家庭保健器材:疼痛按摩器材、家庭保健自我检测器材、血压计、电子体温表、多功能治疗仪、血糖仪、视力改善器材、睡眠改善器材、口腔卫生健康用品、成人保健器具、家庭紧急治疗产品;②家庭用保健按摩产品:电动按摩椅/床、按摩棒、按摩捶、按摩枕、按摩靠垫、按摩腰带、气血循环机、足浴盆、足底按摩器、手持式按摩器、按摩浴缸、甩脂腰带、治疗仪、足底理疗仪、减肥腰带、汽车坐垫、揉捏垫、按摩椅、丰胸器、美容按摩器;③家庭医疗康复设备:家用颈椎腰椎牵引器、牵引椅、理疗仪器、睡眠仪、按摩仪、功能椅、功能床、支撑器、医用充气气垫、制氧机、煎药器、助听器等;④家庭护理设备:家庭康复护理辅助器具、女性孕期及婴儿护理产品、家庭用供养输气设备、氧气瓶、氧气袋、家庭急救药箱。

每一种类的医疗器械具有独特的功能,细分医疗器械产品的功能有助于开发新的医疗器械产品。

(四)市场细分方法

市场细分的方法主要有单一变量法、主导因素排列法、综合因素细分法、系列因素细分法。医疗器械企业应根据其经营方向和具体产品来选择市场细分的方法。

1. 单一变量法 单一变量法,是指根据市场营销调研结果,把选择影响消费者或用户需求最主要的因素作为细分变量,从而达到市场细分的目的。这种细分法以公司的经营实践、行业经验和对组织客户的了解为基础,在宏观变量和微观变量间,找到一种能有效区分客户并使公司的营销组合产生有效对应的变量而进行的细分。例如:老年保健用品市场需求量的主要影响因素是年龄,可以针对不同年龄段的老年人易患疾病而设计适合不同需要的保健诊断治疗仪器。此外,性别也常作为市场细分变量而被企业所使用,妇科器械市场出现正反映出性别标准为大家所重视。

2. 主导因素排列法 主导因素排列法是指一个细分市场的选择存在多因素时,可以从消费者的特征中寻找和确定主导因素,然后与其他因素实现有机结合,确定细分的目标市场。如医疗市场可细分为家庭保健仪器市场、临床治疗仪器市场、环境监测仪器市场等。这种细分方法简便易行,但有时也难以反映复杂多变的顾客需求。

3. 综合因素细分法 综合因素细分法是用影响消费需求的两种或两种以上的因素进行综合细分。例如依据老年人血糖、血脂易升高的特点,参照生活方式、饮食习惯、收入水平、年龄四个因素可将老年人保健器械市场细分为多个明显的子市场。

4. 系列因素细分法 当细分市场涉及两个或两个以上因素,并且各因素是按一定的顺序逐步进行,可由粗到细、由浅入深逐步进行细分,这种方法称为系列因素细分法。如将医疗器械按照使用场合分为医疗机构使用和家庭使用;再将家庭使用医疗器械按照功能分为家用诊断器械和家用康复器械;再将诊断器械按照具体用途分为家用血糖仪、血压计、体温计;还可以按照物理特性将体温计分为水银汞柱体温计、电子体温计、红外体温计。

(五)市场细分的程序

市场细分的过程一般需要按照以下七个环节。

1. 依据需求选定产品市场范围 企业根据自身的经营条件和经营能力确定进入市场的范围,决定进入哪一个行业,选定设计开发产品的市场范围和方向,并为其提供产品服务。

2. 列出市场范围内所有潜在顾客的基本需求 选定产品市场范围后,从地域变量、行为和心理变量,比较全面地列出潜在顾客的基本需求,为以后的市场研究分析提供基本资料和依据。

3. 分析潜在顾客的不同需求,初步划分市场 企业根据列出市场范围内所有潜在顾客的基本需求,再依据人口变数做抽样调查,向不同的潜在顾客了解,上述需求哪些对他们更为重要?比如,求购"三高"仪器的老年人,可能认为最重要的需求是方便监测高血糖、高血脂、高血压,为预防和治疗服务;中年人是希望身心健康,为早期预防疾病而备用家庭保健器械。

4. 筛选市场　根据有效市场细分的条件,对所有细分市场进行分析研究,剔除不合要求、无用的细分市场。

5. 为细分市场暂时定名　为便于操作,可结合每个细分市场中顾客的特点、使用仪器时间、方法为细分市场定名,如器械市场可细分为家庭备用型、个人随时需要监测型、好奇享受型等。企业对各分市场剩下的需求,要做进一步分析,并结合各分市场的顾客特点,暂时安排一个名称。

6. 进一步认识各分市场的特点　进一步对细分后选择的分市场进行调查研究,充分认识各细分市场的特点,本企业所开发的细分市场的规模、潜在需求,还需要对哪些特点进一步分析研究等。掌握各分市场的特点,进一步明确各分市场有没有必要再作细分或重新合并。

7. 决定细分市场规模,选定目标市场　企业应把每个细分市场同人口变量结合起来分析,以测量各分市场潜在顾客的数量,分析现实市场和潜在市场的容量和潜量,确定企业的目标市场。

(六) 评估医疗器械细分市场

目标市场是指在市场细分的基础上,企业要进入并开展营销活动的一个或几个细分市场。企业要确定目标市场,就必须对每一个细分市场进行详细、严谨和科学的评估。企业应从以下两个方面分析和评估细分市场:

1. 细分市场的吸引力　企业必须考虑潜在的细分市场的规模、成长潜力、盈利率、规模经济、风险等。大企业往往重视销售量大的细分市场,而小企业往往也避免进入大的细分市场,转而重视销售量小的细分市场。细分市场可能具有适度规模和成长潜力,然而如果这个细分市场的盈利率很低,则细分市场未必具有长期吸引力。

2. 企业的目标和资源　某些细分市场虽然有较大的吸引力,但不符合企业长远的目标,因此,企业不得不放弃。即使某一细分市场符合企业的战略目标,企业还要考虑是否具备在细分市场获胜所必需的资源和能力。如果企业在细分市场缺乏必要的资源,并且无获得必要资源的能力,企业就要放弃这个细分市场。企业的资源和能力与竞争对手相比应该有一定的优势。如果企业无法向细分市场的消费者提供某些更有价值的产品或服务,它就不应贸然进入该细分市场。

知识链接

成功有效的市场细分具备四大特征

1. 可衡量性　各个细分市场的购买力和市场规模能得到有效衡量的程度。 可能的情况下通过市场调查与预测,测定细分市场的容量与规模,最好能量化。 如胎心仪市场容量的确定:据统计我国年出生婴儿大约为1500万人,如果有1%的孕妇购买胎心仪,则市场为15万个。 假定每个胎心仪的价格为800元,则年市场规模为1200万元。

2. 可赢利性　指细分出来的市场要有足够的市场容量,使企业能够获得目标利润。 如果市场容量太小,分得过细,则产品销量和盈利都得不到保证,就不能作为细分标准。

3. 可进入性　指细分出来的市场是企业通过营销努力能够进入的市场。 在这个过程中需要排除来自行业内外的各种障碍,包括技术、资金、政策等。

4. 相对稳定性　准备进入的细分市场在一段时间内保持相对的稳定。

二、选择医疗器械目标市场

（一）目标市场的定义

目标市场就是企业决定要进入的市场。企业在对整体市场进行细分之后，要对各细分市场进行评估，然后根据细分市场的市场潜力、竞争状况、本企业资源条件等多种因素决定把哪一个或哪几个细分市场作为目标市场。

例如，现阶段我国城乡居民对电子血压计的需求可分为高档、中档和普通三种不同的消费者群。调查表明，33%的消费者需要便携式血压计，52%的消费者需要使用质量可靠、价格适中的血压计，16%的消费者需要测量结果准确、误差小、高档的全自动电子血压计。国内血压计生产厂家大都以中档、普通血压计为生产营销的目标，因而市场出现供过于求，而各大中型医疗器商店的高档血压计，多为高价进口货。如果某一血压计厂家选定16%的消费者目标，优先推出测量结果准确、误差小的血压计，就会受到这部分消费者的欢迎，从而迅速提高市场占有率。

（二）目标市场选择模式

企业通过评估细分市场，将决定进入哪些细分市场，即选择目标市场。在选择目标市场时有五种可供考虑的市场覆盖模式。

1. 目标集中化模式 这是一种最简单的目标市场模式，即企业只选取一个细分市场进行集中营销。企业集中全力只生产一类产品，供应某单一的顾客群。例如某医疗器械公司只生产电子人工耳蜗。选择单一细分市场集中化模式一般基于以下考虑：企业具备在该细分市场从事专业化经营或取胜的优势条件；限于资金能力，只能经营一个细分市场；该细分市场中没有竞争对手；准备以此为出发点，以求取得成功后向更多的细分市场扩展。

2. 选择专业化模式 该市场模型是企业选取若干个细分市场作为目标市场，其中每一个细分市场都具有良好的盈利潜力和结构吸引力，且符合企业的目标和资源。该目标市场模型中，各个细分市场之间较少或基本不存在联系。其优点是可以有效地分散经营风险，即使某个细分市场盈利不佳，企业可继续在其他细分市场取得赢利。选择专业化市场模式的企业应具有较强的资源和营销实力。

3. 产品专业化模式 该市场模式的特征是企业集中生产一种产品，并向各类顾客销售这种产品。如医疗设备生产商只生产中频治疗设备一种产品，而同时向家庭、综合医院、专科医院、保健院所等各类用户销售。产品专业化模式的优点是使企业专注于某一种或某一类产品的生产，有利于形成和发展生产和技术上的优势，在该专业化产品领域树立形象。但其局限性是当该产品领域被一种全新的技术代替时，该产品销售量有大幅度下降的危险。当然这种全新的替代型技术并不是经常出现的，因此由于顾客类型较多，产品专业化营销的风险较单一细分市场实行集中化营销的风险要小得多。

4. 市场专业化模式 该模式的基本特征是企业专门为满足某一个顾客群体的需要，经营这类顾客所需要的各种产品。譬如某医疗器械公司专门向医院检验科供应检验所需要的生化分析仪、自动血沉分析仪。市场专业化经营的产品类型众多,能有效地分散经营风险。但由于集中于某一类顾客,当这类顾客由于某种原因导致购买力下降时,实行市场专业化的企业也会遇到收益下降的风险。

5. 市场全面覆盖 该模式的基本特征是产品能满足各种顾客群体的需要。因此只有实力雄厚的大型企业才有能力选用全面覆盖的模式。

(三)目标市场营销战略

市场细分是选择目标的基础,市场细分后,企业由于内外部条件的制约,并非把所有的市场都作为企业的目标市场,也不是所有的子市场对本企业都有吸引力,任何企业都没有足够的人力资源和资金满足整个市场或追求过大的目标,只有扬长避短,找到有利于发挥本企业现有的人、财、物优势的目标市场才是有效的市场。因此,企业在选择目标市场时,应明确企业为哪一类用户服务,满足他们的哪一种需求,是企业在营销活动中的一项重要战略。目标市场选择战略包括无差异市场营销、差异性市场营销和集中性市场营销三种营销战略。

1. 无差异市场营销战略 无差异市场营销是指企业将产品的整个市场视为一个目标市场,只考虑市场需求的共性,而不考虑其差异,运用一种产品、一种价格、一种推销方法,吸引尽可能多的消费者。用单一的营销战略开拓市场,即用一种产品和一套营销方案吸引尽可能多的购买者。无差异营销战略只考虑消费者或用户在需求上的共同点,而不关心他们在需求上的差异性。例如某医疗器械企业在 20 世纪 80 年代曾生产一种单一的台式血压计,以统一的价格、包装和同一广告主题将产品面向所有顾客,就是这种战略。

无差异市场营销的理论基础是成本的经济性。生产单一产品,可以减少生产与储运成本;无差异的广告宣传和其他促销活动可以节省促销费用;不搞市场细分,可以减少企业在市场调研、产品开发、制订各种营销组合方案等方面的营销投入。这种策略对于需求广泛、市场同质性高且能大量生产、大量销售的产品比较合适。其主要特点:降低成本和经营费用,但不能适应多变的市场形势和满足不同消费者的需要,面对竞争强手时,无差异市场营销策略也有其局限性。

2. 差异性市场营销战略 差异性市场营销就是把整个市场细分为若干子市场,针对不同的子市场,设计不同的产品,制订不同的营销策略,满足不同的消费需求。比如,某医疗器械生产企业针对不同性别、不同收入水平的消费者推出不同品牌、不同规格、不同参数、不同价格的家用治疗仪器,并采用不同的广告主题来宣传这些产品,就是采用的差异性市场营销战略。

差异性市场营销的优点是:小批量、多品种、生产机动灵活、针对性强,可使消费者的需求更好地得到满足,由此促进产品销售。另外,由于企业是在多个细分市场上经营,一定程度上可以减少经营风险。一旦企业在几个细分市场上获得成功,有助于提高企业的形象及提高市场占有率。

差异性市场营销的不足之处主要体现在两个方面:一是增加营销成本。由于产品品种、规格、参数不同,其管理和存货成本将增加;由于公司必须针对不同的细分市场发展独立的营销计划,这样会增加企业在市场调研、促销和渠道管理等方面的营销成本。二是可能使企业的资源配置不能有效集中,顾此失彼,甚至在企业内部出现彼此争夺资源的现象,使拳头产品难以形成优势。

差异性市场营销的主要特点:有利于开拓市场、打开销路,更多地满足了各类消费者的需要,可以提高知名度,树立企业形象和信誉。但生产成本和经营费用较高,受企业资源的限制,增加了管理难度,提高了生产和销售费用。

3. 集中性市场营销战略　集中性市场营销就是在细分后的市场上,选择两个或少数几个细分市场作为目标市场,实行专业化生产和销售。在个别少数市场上发挥优势,提高市场占有率。采用这种战略的企业对目标市场有较深的了解,这是大部分中小型企业应当采用的战略。实行这一战略,企业不是追求在一个大市场角逐,而是力求在一个或几个子市场占有较大份额。而实行差异性市场营销战略和无差异市场营销战略,都是企业以整体市场作为营销目标,试图满足所有消费者在某一方面的需要。

集中性市场营销的指导思想是:与其四处出击收效甚微,不如突破一点取得成功。这一策略特别适合于资源力量有限的中小企业。中小企业由于受财力、技术等方面因素的制约,在整体市场可能无力与大企业抗衡,但如果集中资源优势在大企业尚未顾及或尚未建立绝对优势的某个或某几个细分市场进行竞争,成功可能性更大。

集中性市场营销的局限性体现在两个方面:一是市场区域相对较小,企业发展受到限制。二是潜伏着较大的经营风险,一旦目标市场突然发生变化,如消费者趣味发生转移或强大竞争对手进入或新的更有吸引力的替代品出现,都可能使企业因没有回旋余地而陷入困境。集中性市场营销的主要特点:有利于集中有限资源,提高市场占有率,降低成本,减少销售费用,充分发挥本企业优势,但风险性比较大。

(四) 选择目标市场营销策略应考虑的五大因素

选择目标市场时,必须考虑企业面临的各种因素和条件,如企业的经营范围、原材料及零部件的供应、产品特性、市场特性、产品寿命周期、竞争状况等。由于企业内部条件和外部环境在不断发展变化,经营者要不断通过市场调查和预测,掌握和分析市场变化趋势与竞争对手的条件,扬长避短,发挥优势,把握时机,采取灵活的、适应市场态势的策略,从而争取较大的利益。

1. 企业内部资源与条件　包括企业的人、财、物、时间、信息等。资源雄厚的企业,如拥有大规模的生产能力、雄厚的技术力量、广泛的分销渠道、良好的促销渠道、好的内在质量和品牌信誉等,可以考虑实行无差异市场营销策略。具体来说要考虑企业自身三大资源,一是财务资源,二是产品资源,三是开发资源。

2. 市场的同质性　指各细分市场顾客需求、购买行为等方面的相似程度。市场同质性高,意味着各细分市场相似程度高,不同顾客对同一营销方案的反应大致相同,此时,企业可考虑采取无差异市场营销策略。反之,则适宜采用差异性或集中性市场营销策略。

3. 产品的同质性　产品的同质性表明了产品在性能、特点等方面的差异性大小,是企业选择目标市场时不可不考虑的因素之一。一般对于同质性高的产品,如水银式体温计等,宜施行无差异市场营销;对于同质性低或异质性产品,差异性或集中性市场营销是恰当选择。

4. 产品生命周期　企业应随着产品所处的生命周期阶段的变化采取不同的营销策略。一般来说,企业的新产品处在投放市场的导入期,宜采取无差异性市场营销策略,或针对某一特定细分市场实行集中性市场营销策略,以便提高产品的知名度,探测市场需求和潜在的顾客情况,也有利于节约市场开发费用。当产品进入成长期和成熟期以后,消费者已经熟悉产品的特性,需求向深层次发展,表现出多样性和不同的个性,竞争空前激烈,企业应适时地转变为差异性或集中性市场营销策略。竞争者又不断增多时,应采取差异性市场营销策略,以应付竞争或开拓新的市场,延长产品生命周期。当产品进入衰退期后,企业为了集中力量应对竞争者,宜采用集中性市场营销战略。

5. 竞争者的策略　企业所采用的营销战略应与竞争对手有所区别,可与竞争对手选择不同的目标市场覆盖策略。竞争者采用无差异市场营销策略时,企业就可选用差异市场营销策略或集中性市场营销策略,更容易发挥优势。一般来说竞争者有四种策略,一是市场领导者策略,通过扩大市场需求总量,保护原有市场占有率和设法提高市场占有率;二是市场挑战者的进攻策略,通过正面进攻、侧翼进攻、围堵进攻、游击进攻等方式;三是市场跟随者策略,市场跟随者不是盲目、被动地单纯追随领先者,它的首要思路是发现和确定一个不致引起竞争性报复的跟随策略;四是市场补缺者策略,作为市场补缺者,企业往往从自己的优势或擅长出发,根据不同的分类进行专业化营销。

企业的目标市场策略应慎重选择,一旦确定,应该有相对的稳定,不能朝令夕改。但灵活性也不容忽视,没有永恒的策略,一定要密切注意市场需求变化和竞争动态。

三、医疗器械企业产品市场定位

目标市场确定后,企业就要在目标市场上进行定位。市场定位是指企业全面地了解、分析竞争者在目标市场上的位置后,确定自己的产品的市场位置以及如何接近市场的系列营销活动。

(一) 医疗器械市场定位的含义及作用

所谓市场定位就是企业根据目标市场上同类产品的竞争状况,针对顾客对该类产品某些特征或属性的重视程度,为本企业产品塑造强有力的、与众不同的鲜明个性,并将其形象生动地传递给顾客,求得顾客认同。市场定位的实质是使本企业与其他企业严格区分开来,使顾客明显感觉和认识到这种差别,从而在顾客心目中占与众不同的有价值的位置。

市场定位的概念最早于20世纪70年代由美国营销学家艾·里斯和杰克特劳特提出,现普遍应用于医疗器械的市场定位,其含义是指医疗器械企业根据竞争者现有产品在市场上所处的位置,针对消费者对该类产品某些特征或属性的重视程度,为企业产品塑造与众不同的,给人印象鲜明的形象,并将这种形象生动地传递给顾客,从而使该产品在市场树立形象、建立特色、确定位置的过程。需要指出的是,市场定位并非从企业自身的角度而是从消费者的角度出发的,在消费者心目中形成的特色、形象和位置。同时,市场定位不仅仅是一个定位结果,更重要的是产品定位的过程。如某品牌医疗器械产品的市场定位受多个因素的影响,包括产品性能、构造、操控性、稳定性、安全性、质量、价格及售后服务等。市场定位就是要强化或放大某些产品因素,从而形成与众不同的独特形象,赢得顾客的认同。

(二) 市场定位的程序

市场定位的主要任务就是通过集中企业的若干竞争优势,将自己与其他竞争者区别开来。市场定位是企业明确其潜在的竞争优势、选择相对的竞争优势和市场定位策略以及准确地传播企业市场定位的过程。

1. 明确企业潜在的竞争优势　明确企业潜在的竞争优势,主要包括:调查研究影响定位的因素,了解竞争者的定位状况,竞争者向目标市场提供了何种产品及服务,在消费者心目中的形象如何？对其成本及经营情况做出评估,并了解目标消费者对产品的评价标准。企业应努力搞清楚消费者最关心的问题,以作为决策的依据,并要确认目标市场的潜在竞争优势是什么,是同样条件下比竞争者定价低,还是能提供更多的特色满足消费者的特定需要。企业通过与竞争者在产品、促销、成本、服务等方面的对比分析,了解企业的长处和不足,从而认定企业的竞争优势。

2. 选择企业相对的竞争优势和市场定位策略 相对的竞争优势是企业能够胜过竞争者的能力。有的是现有的,有的是具备发展潜力的,还有的是可以通过努力创造的。简而言之,相对的竞争优势是企业能够比竞争者做得更好的工作。企业可以根据自己的资源配置通过营销方案差异化突出自己的经营特色,使消费者感觉自己从中得到了价值最大的产品及服务。

3. 准确地传播企业的市场定位 准确地传播企业的市场定位的主要任务是企业要通过一系列的宣传促销活动,使其独特的市场竞争优势准确地传播给消费者,并在消费者心目中留下深刻印象。为此,企业首先应使目标消费者了解、知道、熟悉、认同、喜欢和偏爱企业的市场定位,要在消费者心目中建立与该定位相一致的形象。其次,企业通过一切努力,保持对目标消费者的了解,稳定目标消费者的态度和加深目标消费者的感情,来巩固企业市场形象。最后,企业应注意目标消费者对其市场定位理解出现的偏差或由于企业市场定位宣传上失误而造成目标消费者的模糊、混乱和误会,及时纠正与市场定位不一致的市场形象。

(三) 市场定位策略

1. 避强定位 是指企业力图避免与实力最强的或较强的其他企业直接发生竞争,而将自己的产品定位于另一市场区域内,使自己的产品在某些特征或属性方面与最强或较强的对手有比较显著的区别。这是一种避开强有力的竞争对手进行市场定位的模式。企业不与对手直接对抗,将自己置定于某个市场"空隙",发展目前市场上没有的特色产品,开拓新的市场领域。这种定位的结果使企业远离其他竞争者,在该市场上迅速站稳脚跟,树立企业形象,从而在该市场上取得领导地位。由于这种定位方式市场风险较小,成功率较高,常常为多数企业所采用。避强往往意味着企业必须放弃某个最佳的市场位置,很可能使企业处于最差的市场位置。

2. 迎头定位 是指企业根据自身的实力,为占据较佳的市场位置,不惜与市场上占支配地位的、实力最强或较强的竞争对手发生正面竞争,而使自己的产品进入与对手相同的市场位置。这是一种与在市场上居支配地位的竞争对手"对着干"的定位方式,即企业选择与竞争对手重合的市场位置,争取同样的目标顾客,彼此在产品、价格、分销、供给等方面少有差别。在超声雾化仪市场上,在众多的产品厂家进入市场时,就采用过这种方式,"你是雾化治疗,我也是雾化治疗",与多家展开面对面的较量。实行迎头定位,企业必须做到知己知彼,应该了解市场上是否可以容纳两个或两个以上的竞争者,自己是否拥有比竞争者更多的资源和能力,是不是可以比竞争对手做得更好。否则,迎头定位可能会成为一种非常危险的战术,将企业引入歧途。当然,也有些企业认为这是一种更能激发自己奋发向上的定位尝试,一旦成功就能取得巨大的市场份额。这种定位往往加剧市场的竞争,产生市场竞争的轰动效应,企业及其产品可以较快地为消费者或用户所了解,易于达到树立市场形象的目的,但是,这种定位具有较大的风险性。

3. 创新定位　通过创新活动,寻找新的尚未被占领但有潜在市场需求的位置,填补市场上的空缺,生产市场上没有的、具备某种特色的产品。如日本某公司生产的一批新产品正是填补了市场上某医用电子产品的空缺,并不断地进行创新,使得该公司迅速发展,一跃而成为世界级的跨国公司。采用这种定位方式时,公司应明确创新定位所需的产品在技术上、经济上是否可行,有无足够的市场容量,能否为企业带来合理而持续的盈利。

4. 差异化定位　差异化定位就是寻找产品自身独特利益点所在,如产品功效、品质、形象、价格等与其他同类产品的差异之处,然后向消费者传达这些差异,以使消费者对产品、产品的特性、产品的形象等产生固定的联想,使消费者在一听到或别人提起产品特点时就能很快地想到本产品,以使其他产品无法比及,无法和本产品对比,无法进行攻击。

如某医疗器械公司生产一款家用血糖仪,将其产品定位于采血量少、测试反应时间短、操控简便。

知识链接

市场形象定位

市场定位的任务就是在市场上让企业的产品与竞争者产品有明显的差异性。

1. 确立产品的特色　市场定位的出发点和根本要素就是要确定产品的特色。首先要了解市场上竞争者的定位如何,他们要提供的产品或服务有什么特点。其次要了解顾客对某类产品各属性的重视程度。

2. 树立市场形象　企业所确定的产品特色,是企业有效参与市场竞争的优势,但这些优势不会自动地在市场上显示出来。要使这些独特的优势发挥作用,影响消费者的购买决策,需要以产品特色为基础树立鲜明的市场形象,通过积极主动而又巧妙地与消费者沟通,引起消费者的注意与兴趣,求得消费者的认同。

3. 巩固市场形象　消费者对企业产品的认识不是一成不变的。由于竞争者的干扰或沟通不畅,会导致市场形象模糊,消费者对企业的理解会出现偏差,态度发生转变。所以建立市场形象后,企业还应不断地向消费者提供新的论据和观点,及时矫正与市场定位不一致的行为,巩固市场形象,维持和强化顾客对企业的看法和认识。

(四) 市场定位的内容

1. 产品定位　产品定位的重点是对潜在顾客的心智所下的功夫,需要从产品质量、服务等多方面作研究,侧重于产品实体定位质量、成本、特征、性能、可靠性、适用性、款式。如某医疗公司主要从事冠状动脉介入和先心病介入医疗器械的研发、生产和销售,其主要产品包括血管内药物洗脱支架系统、球囊扩张导管、先心病封堵器、导丝及其他介入产品等,该公司将产品定位于介入医疗设备的中端偏上的市场。

2. 企业定位　企业定位是指企业通过其产品及品牌,基于顾客需求,将其独特的个性、文化和良好形象塑造于消费者心目中,并占据一定位置。

3. 竞争定位　竞争定位是指突出本企业产品与竞争者同档产品的不同特点,通过评估选择,确定对本企业最有利的竞争优势并加以开发,确定企业相对于竞争者的市场位置。

4. 消费者定位　确定企业的目标顾客群,消费者定位是指对产品潜在的消费群体进行定位。对消费对象的定位也是多方面的,比如根据年龄,有儿童、青年、老年;根据性别,有男人、女人;根据消费层,有高低之分;根据职业,有医生、教师、学生等。企业应针对不同的消费群体制订不同的定位。

(五) 某医疗器械公司生产的家用呼吸机市场定位过程

市场定位的关键是企业要设法在自己的产品上找出比竞争者更具有竞争优势的特性。对一个医疗器械企业来说,目标市场的初步定位是很重要的,即企业产品主要用户在哪一级医疗机构,哪类消费者或家庭,它们各自关注的重点是什么,从而确定产品开发的性能档次和产品价位。

1. 调研家用呼吸机市场状况,描述市场特征　通过对家用呼吸机的市场现状进行调查分析,描述家用呼吸机市场的主要特征。主要内容包括分析家用呼吸机市场上现有制造商的数量、规模;各个家用呼吸机生产商的主要产品、产品质量、价格和市场份额;各公司的营销策略与战略。研究家用呼吸机市场的主要竞争对手有哪些,他们各自的竞争策略是什么,是产品质量竞争、价格竞争还是服务竞争,他们的主要客户是哪些,服务于哪一个具体的细分市场,竞争对手的未来战略是什么。同时,还要了解该产品的市场是垄断性还是竞争性的,政府政策导向是什么,对该市场会带来哪些机会和障碍,医疗保健理念的变化对家用呼吸机市场的需求会产生多大的影响,消费者在采购家用呼吸机时主要考虑的因素有哪些,消费者可能从哪些渠道获得产品的信息以及消费者从哪里购买家用呼吸机等问题。市场特征描述越详细越好。

2. 确定定位方法　正确选择市场定位的方法有助于确定企业在市场中的地位,利于确定市场定位策略。市场定位的方法有二维定位法、三维定位法和多维定位法。二维定位法是企业在市场定位时选择两个定位因子进行定位;三维定位法是选择三个定位因子进行定位;多维定位法是选择多个定位因子进行定位。一般而言,定位因子越多,定位的准确性就高。

3. 选择定位因子　选择定位因子至关重要,它直接影响到市场定位策略的制订。如采用二维定位因子进行市场定位时,可以选择价格与质量,也可以选择价格和服务,还可以选择产品的安全性与使用的方便性等。采用三维定位因子进行市场定位时可以考虑产品质量、价格和服务等。

4. 画市场定位图

(1)市场定位图是一张二维平面图,平面图由相互垂直的带双箭线头的直角坐标构成,在箭线上下左右分别标示定位因子。如以价格和质量作为定位因子,那么,在横线的左边标示低价格,右边标示高价格,上边标示高质量,下边标示低质量,由此构成四个区域,分别是高价格高质量、高价格低质量、低价格高质量和低价格低质量。

(2)通过市场调查获取竞争对手产品的质量和价格,并用企业名称或品牌名称分别在图中标示出来,确定各竞争对手在二维定位图中的位置。各竞争对手的产品用圆圈来表示,圆圈的大小表示该企业产品的市场份额(表 3-1)。

表 3-1　呼吸机的价格与质量表

品牌名称	价格（元）	质量评分
品牌 A	16 800	94
品牌 B	9800	92
品牌 C	11 800	82
品牌 D	12 400	72
品牌 E	9480	80

（3）在图中标示出本公司的产品位置。

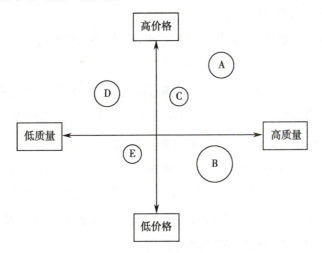

图 3-4　呼吸机产品价格质量定位图

图中 A、B、C、D 都是进口呼吸机，E 为国产呼吸机。从图 3-4 中可以看出，国产呼吸机处于低价格、低质量的不利地位，而且市场份额也小。

5. 制订定位策略　通过上述市场定位分析，E 公司需要制订市场定位策略，调整公司产品在市场中的位置，扩大市场份额，提高企业在市场中的地位。

（六）重新定位

1. 重新定位的驱动因素　所谓重新定位是指彻底推翻在消费者心目中所保持的位置、特色和形象，并在消费者心目中重新树立新的形象、建立新的特色、确立新的位置的过程。重新定位往往是由于企业原来的市场定位形象不清晰，容易引起市场误解；或者是由于原来的定位因竞争者的冲击，导致市场位置尴尬；或者因顾客需求变化，需要适应顾客需求变化，或者是企业为了凸显某一领域的特色，建立一个全新的想象等。具体而言，重新定位的原因有：

（1）原有定位是错误的：企业的产品投放市场以后，如果市场对产品反应冷淡，销售情况与预测差距太大，这时企业就应该进行市场分析，对企业进行诊断。如果是因为品牌原有定位错误所致，就应该进行品牌的重新定位。

（2）原有定位阻碍企业开拓新市场：在企业发展过程中，原有定位可能会成为制约因素，阻碍企业开拓新的市场；或者由于外界环境的变化，企业有可能获得新的市场机会，但原来的定位与外界环境难以融合,因此企业出于发展和扩张的目的,需要调整和改变原有定位。

(3)原有定位削弱品牌的竞争力:企业在竞争中,可能会丧失原来的优势,而建立在此优势上的定位也就会削弱品牌竞争力,甚至竞争对手会针对企业定位的缺陷,塑造他们自身的优势,比如推出性能更好的同类产品。企业如果仍死守原来定位不放,就会在竞争中处于被动挨打的地位,最终丧失市场。在这样的情况下,企业应对品牌进行重新定位。

(4)消费者偏好和需求发生变化:品牌原有的定位是正确的,但由于目标顾客群的偏好发生了变化,他们原本喜欢本企业的品牌,但由于款式、价格等方面的原因,转而喜欢竞争对手的产品;或是随着时代的变迁,消费者的消费观念发生改变,比如消费者原来注重产品的功能,而现在注重其品牌形象,这样的情况下应该进行重新定位。

2. 重新定位的步骤　企业进行品牌重新定位时,要按一定的程序操作,需遵循以下五个基本步骤。

(1)确定品牌需要重新定位的原因:品牌重新定位有多方面的原因,企业应重新认识市场,从产品的销售现状、行业的竞争状况、消费者的消费观念变化、企业的发展目标等方面分析市场,是什么原因迫使企业对产品进行重新定位,企业应有明确的认识。

(2)调查分析与形势评估:审视产品目前的状况,进行经营态势评估。评估的依据来源于对消费者的调查,调查内容主要包括消费者对产品的认知和评价、消费者选择产品时的影响元素及其序列、消费者对该产品的心理价位、消费者认知产品渠道及其重要性排序、消费者对同类产品的认知和评价等,并根据调研的结果对现有形势作出总体评估。

(3)锁定目标消费群:重新定位的产品应该针对哪个细分市场?企业应根据调研的数据、产品的特点和优势,锁定自己的目标消费群体。

(4)制订定位策略:企业确定自己的目标消费群体后,还必须对目标消费群进行进一步的分析,以确定新的定位策略。新的定位策略最好制订几个不同的方案,每个方案都进行测试,根据目标消费者的反应,来确定最好的方案。

(5)传播新的定位:企业定位策略确定以后,要制订新的营销方案,将产品信息传递给消费者,并不断强化,使它深入人心,最终完全取代原有定位。

点滴积累

1. 医疗器械市场细分是按一定的标准将整体医疗器械市场分割成若干个子市场的过程。 在市场细分的过程中遵循市场的相似性原理和市场的差异性原理。

2. 医疗机构医疗器械市场细分的标准有医疗机构规模与科室配置、医疗器械产品用途标准。

3. 市场细分的程序包括依据需求选定产品市场范围、列出市场范围内所有潜在顾客的基本需求、分析潜在顾客的不同需求,初步划分市场、筛选市场、为细分市场暂时定名、进一步认识各分市场的特点、决定细分市场规模,选定目标市场。

4. 目标市场选择模式有目标集中化模式、选择专业化模式、产品专业化模式、市场专业化模式和市场全面覆盖。

5. 医疗器械企业选择目标市场营销策略需要考虑的因素有企业内部资源与条件、市场的同质性、产品的同质性、产品生命周期、竞争者的策略。

6. 市场定位的程序包括：明确企业潜在的竞争优势、选择企业相对的竞争优势和市场定位策略、准确地传播企业的市场定位。

▶▶ 课堂活动

　　某医疗科技有限公司是一家专业从事医疗设备生产的企业，已有 10 余年的发展历史。 其主要生产临床急救呼吸机、救护车呼吸机、转运呼吸机、氧气瓶等系列产品。

　　目前该公司开发出家用便携式呼吸机产品，以满足家庭使用。

　　据市场调研，客户最关心的是呼吸机产品质量和价格两个因素，而在家用呼吸机市场中，主要有竞争企业有四家。 大体的市场情况如下：竞争者 A 生产出售高质高价的便携式呼吸机，竞争者 B 生产出售中质中价的便携式呼吸机，竞争者 C 生产出售低于中等质量和低价的便携式呼吸机，竞争者 D 生产出售低质高价的便携式呼吸机。 A、C、D 三家竞争者生产的产品在市场上的销售额基本相等，B竞争者生产的产品在市场上的销售额较大。

　　该企业如何开展家用呼吸机市场细分？ 该公司的目标市场是什么？ 如何对该产品进行市场定位？

　　请同学们按照所学知识，针对此医疗科技有限公司生产呼吸机系列产品的发展需求， 通过市场调研与分析，制定目标市场营销策略和市场定位策略。

　　1. 医疗器械市场细分；

　　2. 医疗器械目标市场选择策略；

　　3. 医疗器械产品市场定位。

【任务实施】

1. 将学生分成若干小组，每组 3~4 人，每组设组长一人，安排每个成员的具体任务分工。

2. 各小组由组长负责讨论，每组同学分别对课堂活动中呼吸机产品及同类产品服务的顾客群体进行分析，分析该顾客群体所具有的特点，对该市场进行细分，并说明该细分市场的特点。

1)呼吸机市场细分的依据：

市场细分依据 1：

市场细分依据 2：

市场细分依据 3：

市场细分依据 4：

2)呼吸机市场细分的结果：

细分市场 A：

细分市场 B：

细分市场 C：

细分市场 D：

细分市场 N：

3)呼吸机细分市场的特点：

细分市场 1 的特点：

细分市场 2 的特点：

细分市场 3 的特点：

细分市场 4 的特点：

3. 通过讨论课堂活动内容中的呼吸机产品市场细分,确定目标市场。

1)目标市场选择依据：

目标市场选择依据 1：

目标市场选择依据 2：

目标市场选择依据 3：

目标市场选择依据 4：

2)目标市场策略

选择集中性市场营销策略理由：

选择差异性市场营销策略理由：

选择无差异市场营销策略理由：

4. 对课堂活动中的某公司家用呼吸机产品进行市场定位,选择定位因子,制订市场定位策略,并画出呼吸机产品二维平面定位图。

1)选择定位因子:(二维定位)

定位因子 1：

定位因子 2：

定位因子 3：

定位因子 4：

定位因子 5：

选择某因素作为定位因子的理由：

2)市场定位的程序：

市场定位的程序 1：

市场定位的程序 2：

市场定位的程序 3：

市场定位的程序 4：

市场定位的程序 5：

3)市场定位结果：

市场定位结果 1：

市场定位结果 1 的理由：

市场定位结果 2：

市场定位结果 2 的理由：

市场定位结果 3：

市场定位结果 3 的理由：

4)画市场定位图：

市场定位图结构：

市场定位图分析：

定位策略评估：

学习小结

一、学习内容

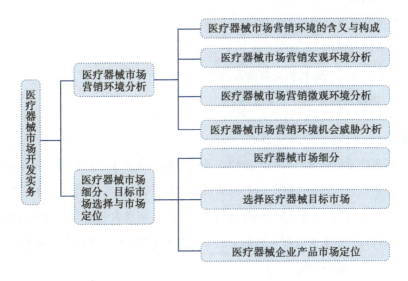

二、学习方法

1. 分析医疗器械市场宏观环境时,需要了解医疗器械市场宏观营销环境的构成要素:政治法律因素、经济环境因素、人口因素、技术因素和社会文化因素,需要密切关注环境的变化,及时收集相关资讯,对引起环境变化的原因及变化趋势做分析。

2. 分析医疗器械市场微观营销环境时,要对构成企业市场营销活动产生直接影响的企业内部因素、竞争者、渠道企业、客户、公众等每一个环境影响因素作出详细、具体的分析,尽量做到量化。如竞争者分析,需要明确在该产品市场上有几家竞争者,竞争格局是什么,竞争方式是什么。

3. 在用 SWOT 营销工具分析企业面临的机会障碍和优势劣势时,需要逐一详细列举,如企业优势:需要列出优势的内容,如价格优势、质量优势、服务优势、品牌优势,尽可能做到量化,并说明优势程度。

4. 在学习 STP 战略时,需要仔细体会市场细分的标准依据,选择这些标准依据的理由对市场细分的影响;在制订企业目标市场选择策略和制订市场定位策略时,需要分析内外部的环境,结合企业的资源、能力、条件等限制因素。

目标检测

一、问答题

1. 我国医疗器械发展与发达国家相比还有相当大的差距,存在的主要问题有哪些?

2. 医疗器械媒体公众是指哪些?

3. 医疗器械企业优势劣势构成要素有哪些?

4. SWOT 分析方法的四个主要衡量指标是什么?

5. 医疗器械技术环境具有哪些特点?

6. 简述医疗器械技术环境的特点。

7. 简要回答医疗器械营销公众的构成。

8. 市场细分方法有哪些?

9. 可供选择的目标市场选择模式有哪几种?

10. 简述医疗器械市场定位的主要程序。

二、实训题

背景材料:某医疗器械有限公司生产血糖仪系列产品已有多年。随着市场竞争的日益激烈、竞争者不断加入,使得该医疗器械有限公司产品的市场份额日趋减少。此外,公司对产品的定位相对模糊,既不是高端产品,也没有明显的产品特色差异,因此在消费者的心目中常被忽视,不但无力争取高层次的消费者群体,也无法取得相当数量的中低端消费者群体。该医疗器械有限公司在市场夹缝中的生存也受到了严重的威胁。

为了避免陷入价格战的困境,公司并没有采用低价来进行销售,而是在深入进行市场调研之后,推出了全新产品"无痛采血"血糖仪。该产品从消费者心理出发,使产品技术、制造技术得到升级,独具特色,从而抢占了大部分的市场份额,扭转了低迷的市场状态。

(一)实训项目

血糖仪市场开发营销实务。

(二)实训目的

通过实训使同学们掌握该医疗器械有限公司血糖仪市场拓展营销的环境分析与目标市场营销战略方面知识与技能。

(三)实训任务

1. 掌握目标市场营销战略,学会市场细分、目标市场选择、市场定位。

2. 掌握血糖仪市场环境分析,尤其是技术环境、行业市场前景、市场需求分析。

3. 熟悉对竞争对手分析,全国各家生产血糖仪产品技术、质量与市场价格及营销情况。

4. 了解消费者情况,分析老年人口与糖尿病,血糖仪市场容量的调研和预测。

5. 了解 SWOT 分析法在 A 市医疗器械企业中的应用分析。

6. 为后续学习医疗器械市场营销策略奠定基础。

（四）实训指导

1. 要求学生预习医疗器械市场开发基础理论知识、目标市场营销战略。

2. 指导学生开展该医疗器械有限公司糖尿病产品市场营销环境情况调研与预测；

3. 指导学生开展该医疗器械有限公司产品市场细分、选择目标市场、确定市场定位。

（五）实训组织

1. 将学生分成若干小组，每组 3~5 人，每组设组长 1 人，负责组织本组成员按照实训任务的要求进行实训。

2. 每小组成员根据实训任务和要求，写出实训提纲，在教师指导下，完成血糖仪市场拓展营销实训计划。

3. 组长组织小组讨论，讨论的主要内容是材料的实用性、营销环境的优势与机会、目标市场的营销战略。对拓展营销实训计划进行修改，按格式要求完成实训计划书并打印。

4. 在本组成员中推荐一名代表将血糖仪市场拓展营销实训计划书的主要内容制成多媒体课件，向教师和同学们汇报实训过程与成效。

（六）实训考核要点

1. 能正确、全面地分析 A 市医疗器械有限公司所面临的环境变化，尤其是技术环境、人口年龄结构环境分析，并能提出合理、可行的建议。

2. 能初步掌握细分市场、选择目标市场、市场定位知识和技能。

3. 综合实践训练选材科学，实践训练计划书写规范、认真、准确。

ER-03章习题

第四章

医疗器械渠道管理实务

学习目标

学习目的

通过医疗器械渠道管理项目的学习，了解医疗器械渠道模式的类型，营销渠道设计方案评估的标准，渠道调整的原因，渠道成员的组成，渠道系统管理方案与不同市场状况对应的渠道激励；熟悉中间商选择与确定，渠道调整的内容，制订中间商评估和选择标准，厂商和分销商制订渠道激励政策的侧重点；掌握营销渠道的目标及其选择，渠道备选方案的设计、评估与调整，渠道成员的选择与评估，渠道系统管理的评估。为从事医疗器械生产经营企业渠道设计、规划与管理提供知识储备和岗位操作打下扎实的基础。

知识要求

1. 掌握营销渠道的目标及其选择，渠道备选方案的设计、评估与调整，渠道成员的选择与评估，渠道系统管理的评估。

2. 熟悉中间商选择与确定，渠道调整的内容，制订中间商评估和选择标准，厂商和分销商制订渠道激励政策的侧重点。

3. 了解医疗器械渠道模式的类型，营销渠道设计方案评估的标准，渠道调整的原因，渠道成员的组成，渠道系统管理方案与不同市场状况对应的渠道激励。

能力要求

1. 学会根据医疗器械企业分销渠道的目标和影响因素，设计企业的分销渠道方案，并根据其选择渠道成员构建企业的分销渠道；根据医疗器械分销渠道管理目标，对企业分销渠道进行评估与调整。

2. 熟练掌握根据企业实际情况拟定渠道成员选择的标准；根据渠道成员绩效评估结果对渠道成员采取相应的激励措施。

第一节 医疗器械销售渠道方案设计

一、医疗器械分销渠道概述

（一）分销渠道概述

1. 分销渠道的定义　菲利普·科特勒认为："一条分销渠道是指某种货物或劳务从生产商向消费者移动时取得这种货物或劳务的所有权或帮助转移其所有权的所有企业和个人。"

医疗器械分销渠道的起点是医疗器械生产企业,终点是各级各类医疗机构及家庭医疗器械消费者,中间环节包括商人中间商和代理中间商。分销渠道的目标就是使企业生产经营的产品或服务顺利地被使用或消费,其具体的任务是把商品从生产商那里转移到消费者或用户手中,使消费者或用户能在适当的时间、适当的地点买到能满足自己需求的商品。

2. 分销渠道的功能 分销渠道的主要功能有如下几种:

(1)研究:即收集制订计划和进行交换时所必需的信息。

(2)促销:即进行关于所供应的物品的说服性沟通。

(3)接洽:即寻找可能的购买者并与之进行沟通。

(4)配合:即使所供应的物品符合购买者需要,包括分类、分等、装配、包装等活动。

(5)谈判:即为了转移所供物品的所有权,而就其价格及有关条件达成最后协议。

(6)物流:即从事产品的运输、储存。

(7)融资:即为补偿渠道工作的成本费用而对资金的取得与支出。

(8)风险承担:即承担与渠道工作有关的全部风险。

3. 分销渠道的流程 分销渠道的流程涵盖了实体商品(服务)在空间上的位移、所有权的转移、信息的沟通、资金的融通与流动、风险的转移等。主要包括:

(1)实体流:是指产品的实体与服务从生产商转移到最终消费者和用户的过程。该流程是产品从一个区域向另一个区域转移的过程,是产品在空间上的位移。

(2)所有权流:是指产品所有权从一个渠道成员转移到另一个渠道成员的过程。如医疗器械生产商根据订单生产,然后将医疗设备通过中间商,再由中间商将产品销售给顾客。根据中间商的性质不同,所有权转移的流程不同。

(3)促销流:是指一个渠道成员通过广告、人员推销、宣传报道、销售促进等活动,对另一个渠道成员或消费者所施加的影响及其过程。

(4)洽谈流:是指产品实体和所有权在各成员之间转移时对价格及交易条款所进行的谈判。如医疗器械的代理商必须就医疗设备的价格、交货日期、付款方式等问题与医疗器械生产商进行谈判,而医疗设备的购买者也必须与医疗器械的经销商或代理商进行谈判。

(5)资金流:是指各成员之间伴随所有权转移所形成的资金交付流程,如现金流或信用流。

(6)风险流:是指各种风险伴随着产品所有权在各成员之间的转移。这些风险包括产品过时和报废,由于各种自然灾害、经济不景气、竞争加剧、需求萎缩、产品认同率下降及返修率过高等因素所造成的损失。

(7)付款流:是指货款在各渠道成员之间的流动过程。例如,顾客通过银行或其他金融机构向代理商支付账单,代理商扣除佣金后再付给生产商。

(8)信息流:是指分销渠道各成员之间相互传递信息的过程。在渠道中每一相邻的机构间会进行双向的信息交流,而互不相邻的机构间也会有各种信息交流。

在以上流程中,最为重要的是实体流、所有权流、付款流和信息流。实体流、所有权流、促销流在渠道中的流向是从生产商流向最终消费者或用户;付款流、信息流则是从消费者或用户流向生产商;

而资金流、洽谈流及风险流则是双向的,因为一旦成员之间达成交易,谈判、风险承担及资金往来均是双向的。

4. 分销渠道的特点

(1)分工合作性:介于分销渠道之中的中间商独立于生产商之外,是与生产商并行的企业或个人。中间商虽然为生产商销售产品或劳务,但不是生产商营造的营销链条中的一个环节,不可以随意控制。生产商与中间商之间是分工合作的关系,彼此都有追求的利益。分销渠道的分工合作的特征要求生产商在选择中间商时必须慎重。

(2)相对稳定性:生产商使用中间商的市场分销渠道,一旦与中间商签约确定买卖关系,双方便产生了长期合作的关系。这种长期性的关系使分销渠道具有了比较稳定、不易改变的特征。即使在市场情况出现变化的时候,生产商也不能单方面撕毁协定。

(3)利益关联性:生产商与中间商之间是一个利益共同体。生产商的产品质量、供货、价格、政策支持对于中间商而言是一种保障和支持;中间商的市场开拓、客户维护、市场信息收集与提供、货款的回收对生产商而言也是一种保障与支持。因而,在生产商与中间商之间必须保持目标的一致性、利益的一致和均衡。

5. 分销渠道的选择原则　从不同的渠道方式中选择一种适合企业的模式,需要依据不同的原则。这些原则主要有:

(1)经济性原则:经济性原则就是从成本与收益的角度对不同的分销渠道进行评价,要推算一种分销渠道的成本水平。例如,针对是采用本公司的销售人员还是采用销售代理商的问题,企业的选择是:销售量在均衡点以下时,宜采用销售代理商,因为销售代理商已建立了健全的网络,容易与客户接触,单位产品均摊的分销费用低。但是,如果销售量达到均衡点以上时,则适合采用本公司的销售人员,即自组销售队伍。这是因为大规模的销售足以为企业带来丰厚的利润。

一般而言,大公司适合采用自组销售的队伍和分销网络,中小企业一般应采用经销代理商。

(2)目标求同原则:生产商使用销售代理商必然会遇到中间商目标与生产商目标不一致的问题。中间商往往不能有效地配合制造企业的整体营销战略。因此,生产商要评价这种差异的程度究竟有多大,这种背离是否会影响企业的长远利益。如果中间商是在积极合作的前提下追求自身利益的最大化,这是可以接受的。但如果与生产商的目标相去甚远,甚至相抵触,就应及时调整。

(3)弹性调整原则:生产商一旦与中间商签订有关销售代理契约后,就要受到制约,从而影响企业在情况发生变化时调整分销渠道策略。因此,生产商在确定分销渠道策略时,应留有余地,能够在环境发生变化时进行调整。

(二) 渠道的类型

1. 按照渠道的长短划分　分销渠道设计,首先面临的问题是确定渠道长度。分销渠道的长度,是企业根据每一种渠道所经过的中间环节的多少来确定的。中间环节是指同一种产品的买卖方和实现转移商品所有权的机构或个人。商品在分销中经过的环节越多,分销渠道就越长,反之越短。

分销渠道按其是否包含及包含的中间商层级的多少,可以分为零阶、一阶、二阶和三阶渠道。据此还可以分为直接渠道和间接渠道、短渠道和长渠道几种类型。

（1）零阶渠道：是生产商将产品直接销售给消费者的直销类型。其特点是没有中间商参与转手。直销的主要方式有上门推销、邮销、互联网直销及厂商自设机构销售。直销是工业品分销渠道的主要方式。大型设备、专用工具及需要提供专门服务的工业品，几乎都采用直销渠道。这种渠道模式为大多数医疗器械生产经营企业采用，主要适合于大型医疗器械的分销。

（2）一阶渠道：在分销渠道中只有一级中间商。在消费品市场，这个中间商通常是零售商；而在工业品市场，它可以是代理商或经销商。一阶渠道主要适用于常规普通低值医疗器械产品，如常规分析仪器、检验仪器等。

（3）二阶渠道：在分销渠道中包括两级中间商。消费品二阶渠道的典型模式是经由批发和零售两级转手分销。在工业品市场，这两级中间商多是由代理商及经销商组成。

（4）三阶渠道：在分销渠道中包含三级中介结构的渠道类型。部分家用医疗器械需要大量零售机构分销，以满足普通家庭医疗器械需求。为此，有必要在批发商和零售商之间增加一级专业性经销商，为小型零售商服务。三阶渠道类型主要适用于小型家庭医疗器械产品、医用耗材以及康复理疗类产品。

2. 按照渠道的宽窄划分　分销渠道的宽度是根据经销某种产品的批发商数量、零售商数量、代理商数量来确定的。如果一种产品通过尽可能多的销售点供应给尽可能宽阔的市场，就是宽渠道，否则，便是窄渠道。

分销渠道的宽窄是相对而言的。受产品性质、市场特征和企业营销战略等因素的影响，分销渠道的宽度结构大致有下列四种类型：

（1）密集分销渠道：密集分销渠道是生产企业通过尽可能多的批发商、零售商经销其产品所形成的渠道。密集分销渠道通常能扩大市场覆盖面，或使产品快速进入新市场，使众多消费者和用户随时随地买到这些产品。消费品中的便利品（如方便食品、饮料、牙膏、牙刷）和工业品中的日常用品（如办公用品），通常使用密集分销渠道。

（2）选择分销渠道：选择分销渠道是生产企业依据固定标准选择若干个（一个以上）同类中间商经销产品形成的渠道。选择分销渠道通常由实力较强的中间商组成，能较有效地维护生产商的品牌信誉，建立稳定的市场和竞争优势。这类渠道多为消费品中的选购品和特殊品，工业品中的零配件等。

（3）独家分销渠道：独家分销渠道是生产企业在某一地区市场仅选择唯一的批发商或零售商经销其产品所形成的渠道。独家分销渠道是窄渠道，独家代理（或经销）有利于控制市场，强化产品形象，增强厂商和中间商的合作及简化管理程序，多由其产品和市场具有特异性（如专门技术、品牌优势、专业用户等）的生产商采用。

（4）一体化分销渠道：一体化分销渠道是指生产企业自身负责产品的销售事务。在大多数情况下，产品并非是由生产环节直接到达消费环节，而是经过生产企业自有的批发机构和零售机构送达消费者手中。这样，将销售的分工由外部转移到生产企业内部。

3. 按照渠道成员关系划分　渠道系统表明生产商与各渠道成员之间的关系状况，这也是在设计渠道方案时需要考虑的。

(1)传统渠道系统:传统渠道系统是指一般的营销组织形态。渠道各成员之间是一种松散的合作关系,各自追求自己的利润最大化,最终使整个分销渠道效率低下。因此,它也被称为散型分销系统。一般情况下,传统渠道系统是一种高度松散的网络,其中,生产商、批发商和零售商松散地联结在一起,相互间进行讨价还价,对于销售条件各执己见,互不相让,所以各自为政,各行其是。

(2)垂直渠道系统:垂直渠道系统是指由生产商、批发商和零售商组成的一种统一的联合体,每个成员把自己视为渠道系统中的一分子,关注整个系统的成功。垂直渠道系统包括三种形式:所有权式、契约式和管理式。

(3)水平渠道系统:这是由两家或两家以上的企业横向联合,共同开拓新的营销机会的分销渠道系统。这些企业都是因资本、生产技术、营销资源等方面存在缺陷,无力单独开发市场,或因惧怕承担风险,或因与其他企业联合可实现最佳协同效益,因而组成共生联合的渠道系统。这种联合,可以是暂时的,也可以组成一家新企业。

(4)多渠道营销系统:对同一或不同的细分市场,采用多条渠道的营销体系。多渠道营销系统大致有两种形式:一种是生产商通过两条以上的竞争性渠道销售同一产品;另一种是生产商通过多条渠道销售不同品牌的差异性产品。此外,还有一些企业通过同一产品在销售过程中的服务内容与方式的差异,形成多条渠道以满足不同顾客的需求。多渠道系统为生产商提供了三方面利益:扩大产品的市场覆盖面、降低渠道成本和更好地适应顾客要求。但该系统也容易造成渠道之间的冲突,给渠道控制和管理工作带来难度。

(5)网络营销系统:这是对传统商业销售运作的一次革命,是一种新兴的销售渠道系统。生产或经营企业通过互联网发布医疗器械及服务信息,接受消费者和用户的网上订单,然后由自己的配送中心或直接由生产商邮寄或送货上门。网络营销系统基本上有两种模式:B2B 和 B2C。B2B(business to business)是一个将买方、卖方及中介机构如银行之间的信息交换和交易行为集合到一起的电子运作方式。B2C(business to consumer)是消费者利用电子钱包足不出户地买到医疗器械的一种方式。网络营销系统缩短了产、供、销与消费者之间的距离,加快了资金、医疗器械的流动,是一种崭新的、有效的、保密性好的营销系统。

(三)影响医疗器械分销渠道设计的因素

影响医疗器械生产经营企业分销渠道设计的主要因素有:企业因素、市场因素、产品因素、中间商特性、市场环境。

1. 企业因素　从医疗器械企业自身现状考虑,要切实根据企业发展战略目标所需的产品组合、企业实力、管理执行能力等比较优势进行产品分销渠道策略设计。一般说来,规模大、财力雄厚、声誉好、有较好的经营管理水平、服务条件优越的企业,通常能够选择较固定的中间商,甚至建立自己的分销机构,其分销渠道较短;反之,则需要较多的依赖中间商,选择较长的分销渠道。

此外,对分销渠道的管理愿望与能力和经验基础也会对分销渠道的选择产生直接的影响。如企业生产商对分销渠道的控制愿望比较高时,适合采用短的分销渠道;反之,如果没有强烈的控制欲望,则可以采用长的分销渠道。如生产商管理分销渠道的能力强、经验多时,可采用直接分销渠道;

反之,生产商如果缺乏分销渠道管理的能力与经验时,可以委托有经验的中间商分销商品,采用较长的分销渠道。

2. 市场因素

(1)市场特性:目标市场容量及潜力、消费能力、零售终端规模等,都是设计医疗器械分销渠道的重要因素。对市场消费能力强、容量大和可开发潜力大、零售终端规模大且数量多的中心区域,宜采用直接渠道。针对这样的市场,一般医疗器械企业都有必要设立自己的营销驻地机构,直接开展当地市场的产品推广和营销。对市场容量小且可开发潜力不大、消费能力弱的市场,可采用间接渠道,通过批发分销至中小零售终端。

(2)医疗机构采购及家庭购买习惯:能满足消费者方便购买的常用医疗器械宜选用宽渠道和间接渠道。

(3)医疗器械市场竞争:医疗器械企业在市场竞争中与竞争对手抗衡,策略性地与竞争对手采用相同或创新的渠道,从而达到赢得市场的目的。

(4)企业市场集中度:企业面对的市场如果很集中,能准确地把握服务对象的聚集之处,企业就能抓住准确的分销渠道目标,采用直接渠道;反之,如企业面对的市场相对分散,就适合建立广泛的分销网络,采用长渠道的形式。

3. 医疗器械产品因素 医疗器械是一种特殊的工业品。医疗器械产品的特性是选择分销渠道的首要因素,可以从医疗器械的适应性、技术含量、单位价格、产品市场生命周期等方面考虑。

(1)医疗器械的适应性:对适应性广泛的产品,宜选择间接渠道、宽渠道,如棉签、纱布、口罩等。对适应范围局限的产品,则可采用直接渠道、窄渠道,如医院用 CT、MRI 等大型医疗器械。

(2)技术含量:对技术含量高的医疗器械,宜采用直接渠道。用于诊断、治疗、检测、分析等临床使用的具有技术含量高、技术性能复杂、服务要求较高的产品,需要通过专业的人员给予特别支持。因而,在分销渠道的选择上一般采用直接销售的短渠道模式。但是,医疗器械涵盖面广,一些简易的、低附加值的医用物品、耗材等宜采用间接渠道分销。

(3)医疗器械的单位价格:单位价格高的产品如进口医疗器械,其分销宜选择直接渠道。而使用范围广、价格较低的棉签、纱布等一次性医疗器械,宜选择宽渠道或间接分销,以增加市场覆盖面。

(4)产品市场生命周期:医疗器械产品所处的市场生命周期不同,其渠道选择也不同。在导入期为使产品尽快进入市场,获取市场一手信息,赚取较高利润,应选择直接渠道;产品进入成长期应在巩固、优化原有渠道的基础上,增加分销渠道宽度;在产品成熟期,为赢得市场竞争优势,扩大市场占有率和提高市场份额,应拓宽分销渠道,增加分销网络;属于衰退期的产品,应尽量减少渠道成本,压缩、简化中间商的数目。

4. 医疗器械中间商特性 首先是医疗器械中间商合作的可能性。中间商普遍愿意合作,企业可利用的中间商较多,渠道可长可短,可宽可窄。否则,企业只能利用较短、较窄的渠道。其次,分销费用。利用中间商分销,要支付一定的费用。若费用较高,企业只能够选择较短、较窄的渠道。再次,中间商提供服务的能力。中间商可以提供较多的高质量的服务,企业可选择较长、较宽的渠道。倘若中间商无法提供所需要的服务,企业只能够使用较短、较窄的渠道。

5. 企业外部市场环境　社会政治、经济、政策、法律法规、行业变化等企业外部市场环境因素，在医疗器械产品分销渠道设计中也是需要慎重考虑的内容。如医疗体制改革、医疗保险制度、政府对医疗器械监管的相关政策规定、医疗器械招标采购、医药商业重组变革等，都是直接影响和制约医疗器械产品分销渠道不可回避的因素。

知识链接

营销渠道设计的限制因素

1. 产品或服务的不同特性：如产品概念、定价、目标人群、使用方法等。

2. 现有渠道的特性，如进入成本、发展性、商业信誉、专业性等。

3. 销售地区的经济环境，如人均收入、景气指数等。

4. 组织的营销规划，如销售预算等。

（四）分销渠道设计的步骤

分销渠道设计必须经过确定渠道目标与限制、明确各主要渠道交替方案、评估各种可能的渠道交替方案等步骤。

1. 确定渠道目标与限制　渠道设计问题的中心环节是确定到达目标市场的最佳途径。每一个生产商都必须在顾客、产品、中间商、竞争者、企业政策和环境等所形成的限制条件下，确定其渠道目标。所谓渠道目标，是指企业预期达到的顾客服务水平以及中间商应执行的职能等。

2. 明确各种渠道交替方案　在确定了渠道的目标与限制之后，需进一步明确各主要渠道的交替方案。所谓的渠道交替方案是指企业产品送达最后顾客的可能路线。生产商所要解决的问题就是从那些看起来似乎很合理但又相互排斥的交替方案中选择最能满足企业长期目标的一种。

知识链接

分 销 模 式

某医疗器械股份有限公司开发了一种新型体温测量仪——遥控体温计。该公司以何种分销方式将产品有效地送到用户市场。该公司可供选择的分销模式有：

1. 企业销售人员直销：医疗器械生产企业销售人员直接将产品销售给消费者。

2. 建立区域总经销制：医疗器械生产企业在选定的区域（城市）设立总经销商，由总经销商通过自己的渠道，将产品分销给消费者。

3. 建立区域总代理制：医疗器械生产企业在选定的区域（城市）设立总代理商，由总代理商通过自己的渠道，将产品分销给消费者。

4. 加盟连锁经销制：加盟连锁经销制是特许经营的一种经销模式，是指特许经营权拥有者以合同约定的形式，允许被特许经营者有偿使用其名称、商标、专有技术、产品及运作管理经验等从事经营活动的商业经营模式。

---

3. **评估各种可能的渠道交替方案** 生产商必须对各种可能的渠道交替方案进行有效评估。评估标准有三个,即经济性、控制性和适应性。

(1)经济性标准:在这三项标准中,经济标准最为重要。因为企业是追求利润而不是追求渠道的控制性与适应性。经济分析可用许多企业经常遇到的一个决策问题来说明,即企业应使用自己的推销力量还是应使用生产商的销售代理商。

(2)控制性标准:渠道控制标准是渠道管理者希望营销渠道能够达到的状态或完成的任务,一般根据控制者的要求(渠道目标和渠道策略)、市场环境、目标市场的情况、竞争者情况和控制者的控制力等因素确定。

渠道控制标准可以分为两大类,一类是定性标准,一类是定量标准。定性标准包括:①消费者或用户的渠道满意度;②不同渠道之间的关系与互动(如不同渠道之间的互补关系,不同渠道之间的冲突及其程度);③渠道成员的角色与功能发挥;④渠道成员完成渠道任务的努力程度与成效;⑤渠道成员的合作态度与成效;⑥渠道成员之间的关系发展。控制者从这几个方面进行考查,作出定性判断,看被控制者(某个渠道成员或某条渠道)是否满足了要求,还有什么地方需要改进。

定量标准包括:①销售业绩(产品、中间商或渠道的销售量与销售额);②盈利能力(产品、中间商或渠道带来的利润及利润率);③渠道费用(整个渠道或某一个环节的费用及费用率);④增长潜力(产品、中间商或渠道的销售增长率);⑤竞争性(竞争性产品或竞争性渠道之间的比较);⑥渠道成员的货款返还情况。从以上六个方面做定量的观察研究和比较分析,以此衡量渠道成员运行状况。

在渠道控制中,一般采用定量标准比较容易,采用定性标准则比较难。因为定量标准的测量比较客观,可观察渠道运行的结果,比较容易量化,而定性标准的测量则比较主观,难于量化。但是,如果只控制定量标准而不控制定性标准,由于信息的不对称性,渠道成员会根据控制标准采取投机取巧的行为。

(3)适应性标准:在评估各渠道选择方案时,还有一项需要考虑的标准,那就是生产商是否具有适应环境变化的能力,即应变力如何。每个渠道方案都会因某些固定期间的承诺而失去弹性。当某一生产商决定利用销售代理商推销产品时,可能要签订 5 年的合同。这段时间内,即使采用其他销售方式也会很有效,但生产商也不得任意取消销售代理商的资格。所以,一个涉及长期承诺的渠道方案,只有在经济性和控制性方面都很优越的条件下,才可予以考虑。

二、制订渠道选择方案

所谓的渠道选择方案是指根据医疗器械生产经营企业的规模、实力,结合医疗器械产品、市场特点和竞争特性,制订一套或几套可供选择的分销渠道方案。

(一) 自建分销渠道和借用第三方分销渠道

1. **自建分销渠道** 自建分销渠道是指医疗器械生产企业在企业内设置市场部、销售中心或销售公司,在经销区域内设置分中心、分公司或办事处,由公司销售人员负责所有的产品销售。

2. **借用第三方分销渠道** 利用第三方分销渠道是指医疗器械生产企业按照企业的经营目标在

期望经营的区域内选择合适的医疗器械经营公司,采用经销、代理的方式从事医疗器械产品的批发和零售,公司负责对所其进行管理。

3. 自建分销渠道与借用第三方渠道的选择　选择自建分销渠道还是借用第三方渠道进行产品销售对医疗器械生产企业而言至关重要。这关系到企业的营运目标,也涉及企业对市场竞争的控制和分销渠道战略的选择。

在企业初创期和成长期,企业的规模较小、产品种类有限、产品品牌和企业的市场知名度有限,医疗器械生产企业很难直接找到能够合作的经销企业,在企业生命周期的早期阶段可以自建分销渠道或利用企业的销售人员直接销售公司的产品。在企业的成熟期,随着企业规模的扩大,产品线和产品种类的增加,销售区域的扩大以及企业产品在市场中知名度的提高,医疗器械生产企业能较容易地找到合适的经营合作伙伴。为此,医疗器械生产企业可以借用第三方分销渠道实现产品的销售。

（二）分销渠道模式的选择与实施

1. 直销渠道模式　在生产经营企业与目标客户之间没有中间商参与的一种销售模式。通常由医疗器械生产经营企业以无店铺的方式直接将产品和服务销售给目标客户。医疗器械生产企业由自己的销售人员上门销售医疗器械产品,即企业拥有自己的销售网络和销售队伍。按产品或按地理区域,承担产品的销售任务。国内医疗器械生产厂家通常采用两种方式。一种是企业派出销售人员,在规定的市场区域内(一般以省为单位),由销售部门制订企业的销售计划,收集医院的设备需求信息,进行交易接洽,最终达成交易。另一种方式是根据市场的大小,在国内设立若干个销售办事处,每个办事处有3~4名销售人员,从事产品的销售工作。国内的大中型医疗器械生产企业大都采用这种直接销售的模式,以设立销售办事处的居多。直销的好处在于企业直接面对市场,对市场有充分的了解,并能根据市场的需求组织生产,产品价格的控制力强,对市场需求的反应迅速,与客户之间的关系相对稳定,能很好地做售后服务工作。同时,这种模式有利于建立企业形象和品牌形象。推销人员的推销工作易得到厂家全方位的支持。产品的推广及客户使用的技术指导、培训、咨询及售前、售中、售后服务等完全可以根据企业的市场战略,有计划地实施。但是直销的问题在于分销成本较高,是各种产品分销模式中销售成本最高的,对于富余人员多、劳动力边际成本低的企业具有可行性。此外,企业销售人员的跳槽会给该企业带来很大的损失。

2. 经销渠道模式　通过具有专业经营资质的医疗器械经销商进行产品的销售。由于医疗器械产品的专业技术要求很高,产品的市场狭窄,单位产品价格高,经销量很难控制,产品的维持成本高,以及医疗器械经营许可证等多方面的要求,一般的商业流通企业不具备经销医疗器械设备的能力和条件。其营运模式为:医疗器械生产企业——医疗器械经销企业——医疗器械客户。医疗器械经销渠道模式可以分为:独家经销与多家经销。

(1)独家经销:医疗器械生产企业委托唯一一家医疗器械经营公司销售本公司的所有产品。独家经销的好处在于生产企业和经销企业之间联系紧密,构成紧密的利益共同体,制造商对独家经销商给予全方位的支持,独家经销商为制造商提供市场信息、客户维护、产品销售、产品推广及售后服务等相关市场活动。

（2）多家经销：在某一销售区域内寻找多家医疗器械经营公司为其销售产品。多家经销的目的在于开展竞争性的市场开拓、产品销售等市场活动，可以利用经营公司的资源优势迅速开拓市场，占据市场制高点。

3. 代理渠道模式　即企业通过专业代理商来销售医疗器械设备。一般由厂家和销售代理签订长期或短期的合同，代理商根据合同的规定为厂家销售产品，企业根据代理商所代理商品的数量大小和提供服务的能力给予代理商以相应的报酬。分销代理避免了直销的高成本支出，也避免了经销的高成本维持，而在市场信息收集、联系客户、签署销售合约、提供售后服务等方面与企业直接销售并无多大差别。相反，代理商无须库存，凭借其对产品、市场的熟悉，代理商能积极地为厂家寻找客户，使厂商共同得益。目前，医疗器械商品代理分销模式是最主要的分销渠道模式。代理销售模式有以下三种。

（1）独家代理制渠道模式：独家代理制渠道模式通常由医疗器械总代理商直接针对医院，有的在医疗器械总代理下设二级代理。医疗器械总代理获得在某个区域市场上的唯一授权，既可以承担医疗器械生产厂商一种产品的市场拓展业务，也可以承担多种产品的市场拓展业务。如果医疗器械生产厂商采取这种渠道模式，那么就必须严格审核代理商的能力与信誉。

独家代理制渠道模式的优点：统一管理，协调运作，分销环节简便，分销效率高。

独家代理制渠道模式的缺点：独家代理制无法激发渠道成员的竞争意识，缺乏灵活性。一旦代理商选择有误，将直接影响医疗器械的分销覆盖范围。

（2）多家代理制渠道模式：多家代理制是目前我国医疗器械企业采用最多的一种渠道模式。所谓多家代理制就是在某个较大的销售区域市场上选择两家或两家以上的代理商，由他们分别去布点，形成销售网络。

多家代理制渠道模式的优点：大幅减少了销售中间环节，能迅速实现铺货，抢占市场的速度较快，而且有利于竞争，使医疗器械生产厂商处于优势地位。

多家代理制渠道模式的缺点：有时会因为中间商的竞争而导致各种不利于企业的渠道行为出现。

（3）厂家直销+连锁经营模式：随着我国医疗器械零售市场的放开和医疗体系改革的深化，以及医疗器械零售终端的快速发展，一些大型医疗器械生产厂商纷纷在各大城市开设医疗器械连锁专卖店。

厂家直销+连锁经营模式的优点：这种厂家直销+连锁经营模式的最大特点是医疗器械生产厂商介入了零售终端领域，可以分享高额利润，而且通过直接控制的渠道迅速占领市场，保证渠道效率的高效化。

厂家直销+连锁经营模式的缺点：投入较大，管理难度大。

三、分销渠道选择方案评估

（一）分销渠道评估的主要内容

一般而言，分销渠道评估可以从渠道成员的能力、企业对渠道成员控制的可能性和渠道成员的适应性三个大的方面进行。

1. 渠道成员能力的评估　生产制造商在评价中间商时,需要考虑下面这些因素:①中间商的市场覆盖范围;②中间商的产品政策;③中间商的地理区位优势;④中间商的产品知识,那些对产品比较了解的中间商,一方面可以根据产品的特点进行有针对性的营销活动,另一方面通过它们进行销售,会增强顾客对产品的信任感;⑤预期合作程度;⑥中间商的财务状况及管理水平;⑦中间商的促销政策和技术;⑧中间商的综合服务能力。

2. 渠道成员可控性的评估　对渠道成员可控性的评估可以从控制内容、控制程度和控制方式几个方面来考虑。从控制内容上评估渠道成员的可控性,就是要看企业可以从哪些方面控制某一渠道成员;从控制程度上评估渠道成员的可控性,就是要看企业在某一个方面控制某一渠道成员可能达到的程度;从控制方式上评估渠道成员的可控性,就是要看企业可以用什么方法在哪些方面控制渠道成员。

3. 渠道成员适应性的评估　主要是分析、评价渠道成员对企业原有营销渠道的适应能力,以及环境变化的应变能力。即需要回答两个问题:第一,渠道成员适应企业原有渠道结构的能力如何?第二,渠道成员适应环境变化的能力如何?

4. 渠道绩效的评估　渠道绩效评估是指厂商通过系统化的手段或措施对其营销渠道系统的效率和效果进行客观的考核和评价的活动过程。渠道绩效评估的对象既可以是渠道系统中某一层级的渠道成员,也可以是整个渠道系统。在营销实践中,不少厂商同时对某个层级的渠道成员及整个渠道系统进行评估。通常情况下,厂商在评估一个渠道系统时,可以从很多方面入手,分为不同的层次。首先评估渠道系统对厂商销售的贡献率、对厂商利润的贡献率等;其次是要评估渠道系统对厂商的服从度、对市场环境发展变化的适应能力等;最后厂商还可能通过考察最终顾客对渠道系统的满意度等来评估渠道系统的各方面服务能力。不同的营销渠道会发生不同的费用,也会有不同的渠道产出。除上述内容外,对分销渠道评估时还需要考虑以下几点:企业的渠道策划方案是否反映了企业的总体战略和营销战略的要求? 企业在规划营销渠道策略前,是否充分了解营销渠道的渗透率、中间商的类别及区域特性? 企业在规划营销渠道策略前,是否参照了竞争者的营销渠道策略与配销方法? 企业的渠道策划方案是否针对目前营销渠道中存在的问题而提出,能否解决原先存在的问题? 企业的渠道策划方案是否与企业目前所拥有的资源相符? 企业在规划营销渠道策略时,是否考虑了不同渠道策略的投入产出比? 企业选择的渠道方案是投入产出比最高的吗?

(二)分销渠道选择评估的方法

医疗器械生产企业为了选出最佳渠道结构,要求渠道经理必须将所有渠道结构都做仔细的分析,并且根据某个标准(通常是利润)计算出每一种渠道结构的确切利益,然后选择能够提供最高利益的渠道结构。

通常可以用以下几种方法来估算和比较备选的渠道设计方案。

1. 财务评估法　影响渠道结构选择的一个最重要的变量是财务。因此,选择一个合适的渠道结构类似于资本预算的一种投资决策。这种决策包括比较使用不同的渠道结构所要求的资本成本,以得出的资本收益来决定最大利润的渠道。并且,用于分销的资本同样要与使用这笔资金用于制造经营相比较。除非公司能够获得的收益大于投入的资本成本,而且大于将该笔资金用于制造时的收益,否则应该考虑由中间商来完成分销功能。

2. 交易成本评估法 交易成本分析方法的经济基础是分析交易成本,关键是找出渠道结构对交易成本的影响。交易成本主要是指分销活动的成本,如获取信息、进行谈判、监测经营以及其他有关的操作任务的成本。遵循理性经纪人假设的企业,会选择最低交易成本来构建分销渠道。

为了达成交易,需要特定交易资产,这些资产是实现分销任务所必需的,包括有形与无形资产。无形资产,指为销售某个产品而需要的专门的知识和销售技巧。销售点的有形展示物品、设备则是有形的交易特定资产。

如果需要的特定资产很高,那么公司就应该倾向选择一个垂直一体化的渠道结构。如果特定交易成本不高(或许这些资产有许多其他用途),制造商就不必担心将它们分配给独立的渠道人员。

3. 经验评估法 是指依靠管理上的判断和经验来选择渠道结构的方法。

(1)权重因素记分法:由科特勒提出的"权重因素记分法"是一种更精确的选择渠道结构的直接定性方法。这种方法使管理者在选择渠道时的判断过程更加结构化和定量化。这一方法包括五个基本步骤:①明确地列出渠道选择的决策因素;②以百分形式列举每个决策因素的权重,以准确反映它们的相关重要性;③每个渠道选择依每个决策因素按1~10的分数打分;④通过权重(A)与因素分数(B)相乘得出每个渠道选择的总权重因素分数(总分);⑤将备选的渠道结构总分排序,获得最高分的渠道选择方案即为最佳选择。表4-1是制造企业在选择两种设计方案时所做的权重分析。

表4-1 制造企业选择渠道方案权重分析(样例)

决策因素	权重系数	方案1		方案2	
		决策因素打分	加权分	决策因素打分	加权分
便利购买	0.20	85	17.0	70	14.0
流通顺畅	0.15	70	10.5	80	12.0
增值服务	0.15	90	13.5	85	12.75
市场覆盖	0.10	70	7.0	80	8.0
渠道控制	0.15	80	12.0	90	13.5
渠道调整	0.05	80	4.0	60	3.0
贷款结算	0.20	65	13.0	75	15.0
总分	1.00	540	77.0	540	78.25

如果只考虑决策因素的打分,两个方案的总分一样,无法抉择,但是加入权重的因素,则加权总分显示以第二种方案的选择为好。上述七项决策因素,可以根据企业具体的渠道目标进行灵活确定和排序。

(2)直接定性判定法:在进行渠道选择的实践中,这种定性的方法是最粗糙但同时是最常用的方法。使用这种方法时,管理人员根据他们认为比较重要的决策因素对渠道结构选择的变量进行评估。这些因素包括短期与长期的成本以及利润,渠道控制问题,长期增长潜力以及许多其他的因素。通常由专业渠道经理的经验和能力来判断。

(3)分销成本比较法:此方法可估计不同的销售渠道的成本及收益,并通过这些数字对比获得成本低、收益大的渠道结构。比如,一家公司,进入一个中等城市市场之前,对比采用两种不同渠道结构的成本和收益:直销的渠道结构与使用一级分销商的渠道结构。

点滴积累

1. 分销渠道的功能有:研究、促销、接洽、配合、谈判、物流、融资、风险承担。

2. 分销渠道选择的原则:经济性原则、目标求同原则、弹性调整原则。

3. 影响医疗器械分销渠道设计的因素包括:企业因素、市场因素、医疗器械产品因素、医疗器械中间商特性、企业外部市场环境

4. 分销渠道模式有直销渠道模式、经销渠道模式、代理渠道模式。

5. 分销渠道选择评估的方法:财务评估法、交易成本评估法、经验评估法。

▶▶ 课堂活动

某医疗器械公司是一家专业生产医用护理床、车、台、架、柜等系列产品的厂家。该公司经过十多年的不懈努力已成为国内医疗器械行业中的龙头企业。公司现有员工 580 余人,其中专业技术人员 230 余人。目前,该公司生产的产品主要有家用护理系列、医院护理系列、手术床系列、配件系列、红光治疗仪系列等 180 多种医疗器械系列产品。同时,该公司为了开拓国际市场,成立了国际贸易部,并获得了出口经营权,并已与 20 多个国家发展建立了良好的业务关系。目前公司已成功开发了康复理疗系列产品,满足国内家庭康复理疗的需求。

像该医疗设备有限公司一样,当公司推出一个新产品时,必须考虑渠道结构的设计问题。分销渠道设计涉及哪些因素?如何设计渠道以实现分销目标?营销渠道设计是凭借经验,还是有科学根据?有没有最佳营销渠道设计?

商品和服务只有到达消费者或用户手中才是现实的产品,才能实现其价值和使用价值,企业将产品以最有效、最快捷的方式传递到消费者的手中,才能实现企业的目标利润。

请你按照某医疗器械公司的生产经营情况,结合医疗器械行业市场特点,为该公司设计一份分销渠道方案策划书。

1. 制订确实可行的分销渠道设计目标;

2. 选择分销渠道类型;

3. 设计分销渠道的选择方案;

4. 制订分销渠道的评估标准,实施评估;

5. 制订分销渠道的调整方案。

6. 按照要求为该医疗器械公司设计一份分销渠道方案。

【任务实施】

1. 请同学们进行分组,要求每组 3~4 人,选派组长并根据课堂活动内容,为某医疗设备有限公司确定可行的分销渠道设计目标。

(1)小组组建

组长:_____,任务分工:_____

组员:_____,任务分工:_____

　　　　_____,任务分工:_____

　　　　_____,任务分工:_____

(2)确定某医疗设备有限公司可行的分销渠道设计目标

2. 根据课堂活动内容及小组确定的分销渠道设计目标,通过小组讨论,选择分销渠道类型。

(1)按照渠道的长短:_____

(2)按照渠道的宽窄:_____

(3)按照渠道成员关系:_____

3. 根据课堂活动内容,通过小组讨论,制订渠道选择方案。

(1)自建分销渠道还是借用第三方分销渠道。

(2)分销渠道模式的选择与实施:直销或经销或代理。

4. 根据课堂活动内容,通过小组讨论,确定分销渠道的评估标准,实施评估。

(1)评估标准

1)渠道成员的能力:_____

2)渠道成员的可控性:_____

3)渠道成员的适应性:_____

4)渠道的绩效:_____

(2)实施评估:这里采用权重因素记分法对分销渠道方案进行评估。

决策因素	权重系数	方案 1		方案 2	
		决策因素打分	加权分	决策因素打分	加权分
能力					
可控性					
适应性					
绩效					
总分					

第二节　渠道成员选择

一、医疗器械渠道成员的构成

商品的分销过程是商品从生产商出发,通过中间商周转,到达最终用户或消费者手中的过程。在商品分销过程中涉及的组织和个人,就是我们所说的渠道成员。通常情况下,分销渠道成员应该包括生产商、中间商和消费者。而在直接分销渠道中,生产商直接将产品销售给最终消费者,跳过了中间商环节。

1. 生产商　生产商是将原材料通过加工转化成为消费品或工业品的企业。它是形成渠道价值链的基础,在渠道中起着举足轻重的作用。在整个销售渠道中,生产商决定着目标市场、产品定位策略等,也决定着产品销售渠道的设计与建设。他们致力于提高产品的销售量和市场占有率,不断地与渠道中的其他成员发生联系,从而保证商品分销渠道的畅通。

2. 中间商　中间商是在商品分销的过程中,介于生产商和最终用户之间的组织,通过参与商品流通业务、促进买卖行为实现并将商品从生产者转移到最终用户等一系列活动获取利润。在销售渠道中,中间商专门从事产品的购买和销售活动,并通过储存、售后服务等活动来支持销售,实现利润。生产企业可以利用中间商将产品迅速打入广阔的市场,取得大规模分销的经济效益。根据中间商在分销过程中是否拥有产品的所有权,可以将中间商分为代理商和经销商两大类。

(1)代理商:所谓代理商,是指受生产商委托销售商品但是没有商品所有权的中间商。代理商又可以分为独家代理商、一般代理商和经纪人。

1)独家代理商:独家代理是指生产商授予代理商在某一市场上的独家代理销售权,生产商、其他代理商与其他贸易商都不得在该市场上销售该厂家的产品。独家代理商通过与生产商签订协议,在规定的市场范围和一定时间内对某商品的销售进行独家代理。但是独家代理商不拥有商品的所有权,所以不用承担信用或市场等风险,只需按照商品销售额的一定比例来抽取其报酬。

2)一般代理商:一般代理商与独家代理商的区别在于,生产商可以在某一市场范围内利用多家中间商同时代理,代理商也可以同时为多家生产企业进行代理销售。

3)经纪人:经纪人是专门为供销双方起促进作用的中间商。这类中间商既无现货,又无商品所有权,仅为买卖双方提供产品、价格和市场信息,为双方搭建交易的桥梁,努力促成交易的实现。

(2)经销商:所谓经销商,是拥有商品所有权,并从事商品销售的中间商。根据经销商销售对象的不同,可以分为批发商和零售商。

1)批发商:批发商是指一切将物品或服务销售给为了转卖或者商业用途而进行购买的个人或组织的经销商。其最大特点是不直接为最终用户服务。批发商独立地从事批发销售业务,并在交易过程中实现商品所有权的转移,其经营收入主要是通过向其他中间商或生产商提供对商品的集散、销售与其他技术服务,而赚取进销差价及部分服务费。

2)零售商:零售商是指拥有商品所有权并把商品直接转移到最终顾客的中间商。零售商直接面向产品的最终用户,必须能够给消费者提供适销对路的商品,以适应消费者不同的需求。所以零售商的种类最多,包括专业商店、百货商店、超级市场、便利商店、折扣商店等。

3. 消费者　这里的消费者不仅仅指独立的个人,也包括如医院、学校、政府机构等社会组织,我们还可以将其统称为最终用户。就分销渠道的整体而言,消费者是整个分销渠道的终点,分销渠道的建设和运营都是为了使产品能够顺利地到达消费者。消费者的需求偏好、收入水平、购买习惯等,会对分销渠道的建设产生很大的影响。因此,消费者的渠道成员身份不容忽视,如果构建的分销渠道与目标消费者的购买行为不匹配的话,将对企业造成不可估量的损失。

二、医疗器械渠道成员的选择标准

渠道成员的选择要求企业对自身有清晰的认识,对渠道的发展变化有准确的把握,对医疗机构的需求有深刻的感知。这样,企业才能知道应该选择什么样的渠道成员。选择渠道成员应该做好以下两方面的管理工作:渠道成员的选择标准和选定成员的角色定位。

1. 渠道成员的选择标准 企业在结合自身需求的基础上,还应制订一系列定性和定量相结合的标准,以便在多个潜在渠道成员之间进行选择。渠道成员的选择标准一般有以下几个方面。

(1)医疗器械经营资质:根据《医疗器械经营企业许可证管理办法》的规定,"经营第二类、第三类医疗器械应当持有《医疗器械经营企业许可证》"。申请《医疗器械经营企业许可证》应当同时具备下列条件:①具有与经营规模和经营范围相适应的质量管理机构或者专职质量管理人员。质量管理人员应当具有国家认可的相关专业学历或者职称;②具有与经营规模和经营范围相适应的相对独立的经营场所;③具有与经营规模和经营范围相适应的储存条件,包括具有符合医疗器械产品特性要求的储存设施、设备;④应当建立健全产品质量管理制度,包括采购、进货验收、仓储保管、出库复核、质量跟踪制度和不良事件的报告制度等;⑤应当具备与其经营的医疗器械产品相适应的技术培训和售后服务的能力,或者约定由第三方提供技术支持。

(2)市场覆盖范围:市场是选择中间商最为关键的因素,市场覆盖范围即中间商覆盖制造商预期的地理范围的程度。在考虑中间商覆盖市场的范围是否足够广时,同时还要避免中间商销售覆盖面过大,导致与目前掩盖的范围产生重叠。

(3)财务状况:渠道成员能否按时结算以及在必要时预付货款,取决于其财务状况。财务状况良好、资金实力雄厚的中间商不仅能保证及时付款,还可以向生产商提供一些财务帮助,如扩大广告促销规模,或提供部分预付款以及允许顾客分期付款,从而吸引更多的消费者。反之,若分销商的财务状况不佳,就会经常拖欠货款,影响企业的资金周转速度。

(4)促销能力:中间商销售产品的方式及运用促销手段的能力,直接影响其销售规模。比如,有些产品适合人员推销,有些产品适合广告促销,而有些产品则适合通过公共关系促销等。因此,选择分销商时,要充分了解其所能完成某种产品销售的市场营销政策和技术的现实可能程度,及其是否愿意承担一定的促销费用等。

(5)人员、装备和设施:分销活动人员的数量和质量如何,是否具有良好的公共关系,以及分销商的设施与装备安置是否适当,这些因素都可以直接反映出中间商的经营能力。

(6)声誉:声誉主要指中间商的信誉好坏、公共关系如何等。它不仅直接影响回款情况,还直接关系到市场的网络支持。一旦中间商中途毁约,企业就会欲进无力,欲退不能,不得不放弃已经开发的市场或重新开发。因此企业应避免选择信用不好、有经营劣迹的中间商作为渠道成员。

(7)经营历史:许多企业在决定某中间商是否可以承担分销产品的重任时,通常会考虑分销商以往的表现和赢利情况。若中间商过去经营状况不佳,则让其加入分销渠道的风险较大。此外,中间商经营历史越长,周围的顾客对其越熟悉,也就意味着拥有一定的市场影响力和一批忠实的顾客,越有利于产品的分销。

(8)合作意向:如果中间商没有合作意愿,即使他再有实力,声誉再好,对企业来说都是没有意义的。如果中间商乐意与生产企业合作,就会积极主动地销售产品,这对双方都非常有利。因此,合作意向是选择中间商不得不考虑的一个因素。

2. 渠道成员的角色定位　渠道成员的角色定位,即明确赋予渠道成员相应的角色地位、权利与责任。角色定位是渠道成员相互之间进行有效沟通的前提,否则,渠道成员的行为就有可能偏离渠道目标而导致渠道冲突。渠道成员的角色定位一般可以采取以下两种方式。

(1)正式合约方式:通过正式合约,明确规定渠道成员在渠道中担任的角色及其相应的责任和权利。不仅可以强化与规范渠道成员的角色范围及行为,还能有效地预防成员之间因目标不一致所带来的冲突。

(2)非正式合约方式:采取非正式的合约时,需要渠道成员之间相互高度信任或依赖。实际上,非正式合约是双方对自身行为的一种承诺。需要注意的是,即使采取非正式合约方式,也要明确渠道管理者与渠道成员的角色、责任及权利。

三、中间商的评估和选择

对中间商进行管理的主要内容之一是对中间商的定期评估。如果对某中间商的评估结果得分低于既定标准,则需找出主要原因,并考虑相应的补救措施,提出建议。生产企业对渠道成员的一般评估程序是:制订评估标准,进行定期评估,提出合理的建议。

生产商对中间商的评估和选择方法有以下几种:

1. 销售量评估法　销售量评估法是指企业通过实地考察有关分销商的顾客流量和销售情况,并分析其近年来销售额的水平及变化趋势,在此基础上,对有关分销商的实际分销能力,尤其是可能达到的销售量水平进行估计和评价,然后从中选择出最佳中间商。

2. 销售成本评估法　利用中间商进行产品分销所需的成本主要包括市场开拓费用、让利促销费用、因延迟货款支付而带来的收益损失、谈判和监督履约的费用等。这些费用构成了产品的销售费用或流通费用,减少了制造商的净收益。因此,企业可以通过提高分销渠道的效率、控制流通费用来增加自身的净收益。也可以把预期销售成本作为选择中间商的一种指标,来进行评估比较,从中选择销售成本最低的中间商。

销售成本评估法具体包括以下三种:

(1)总销售成本比较法:在分析有关“经销商”的市场范围、管理水平、市场声誉、财务能力、历史经验等的基础上,对各个备选中间商作为渠道成员在实现产品分销功能的过程中的销售成本加以估算,然后从中选出成本最低的一个。

(2)单位商品销售成本比较法:在总销售费用一定的情况下,产品的销量与单位商品的销售成本成反比,即销量越高,则单位商品的销售成本越低,渠道成员的效率就越高。因此可以把产品销售商与销售成本结合起来,评价备选分销商的优劣。就是对该分销商的预期总销售成本(C_i)除以该分销商预期实现的产品销售量(N_i),从而得出单位商品的销售成本(R_i),

即:$R_i = C_i / N_i$

其中,C_i为第i个分销商的预期总销售成本(C_i);N_i为该分销商预期实现的销售量(N_i)。

对i个不同分销商的R_i进行比较,从而得出R_i中最低的一位,即选R_i最低者作为分销渠道成员。

(3)成本效率分析法:是指以总销售量与总销售费用的比值——成本效率作为评价依据,选择最佳分销商。与单位商品销售成本比较法不同的是,此方法采用的成本效率(Y_i)是某分销商能够实现的销售量除以该分销商的总销售费用(C_i)而得出的,

即:$Y_i = N_i / C_i$

其中,N_i为第i个分销商的总销售额(或总销售量);C_i为该分销商的总销售费用

从上面的公式可以看出,成本效率(Y_i)和单位商品的销售费用(R_i)互为倒数。

如A医疗器械生产企业是一家生产电动轮椅的中型企业,决定在某市选择一家零售商,经考察,甲、乙两家零售商情况如表4-2。

表4-2　零售商选择信息表

零售商	销售额(万元/日)	年销售额(万元)	分担市场开拓费用(%)	销售折让(%)	贷款结算方式
甲	1.9	654	5	7	商业汇票
乙	1.7	567	9	5	现金

用销售量评估法则应该选择甲,因为甲的年销售额都高于乙。

用销售成本评估法则应该选择乙,因为乙分担市场开拓的费用比甲高,销售折让比甲低,货款回收率高于甲。

3. 加权评分法　加权评分法是对拟选作合作伙伴的每位中间商,对其从事商品分销的能力和条件进行打分。根据不同因素对分销渠道功能建设的重要程度的差异赋予每位中间商一定的权数,然后计算每位中间商的总得分,从中选择得分较高者。加权评分法主要适用于在一个较小范围的市场上,为了建立精选的渠道网络而进行的中间商的选择。

如一家医疗器械公司决定在某地区采用精选的一级分销渠道模式(即厂家把自己的产品销售给零售商,再由零售商销售给消费者)。经过考察,初步选出3家比较合适的"分销商"。公司希望选取的零售商具有理想的市场覆盖范围、良好的声誉、较好的区位优势、较强的促销能力,并且愿意与生产厂商积极协作,主动进行信息沟通,且财务状况良好。各个"分销商"在某些方面都有一定优势,但是很难找出一个最优秀者。因此,公司采用评分法对三个"分销商"进行评价。如表4-3所示。

表4-3　加权评分法评估中间商示例

评价因素	权数	"分销商"1		"分销商"2		"分销商"3	
		打分	加权分	打分	加权分	打分	加权分
1. 市场覆盖范围	0.20	85	17	70	14	80	16
2. 财务状况	0.15	70	10.5	80	12	85	12.75
3. 促销能力	0.10	90	9	85	8.5	90	9
4. 人员、装备和设施	0.10	75	7.5	80	8	75	7.5
5. 声誉	0.15	80	12	90	13.5	75	11.25
6. 经营历史	0.15	80	12	60	9	75	11.25
7. 合作意向	0.15	65	9.75	75	11.25	60	9
总分	1.00	545	77.75	540	76.25	540	76.75

通过打分计算,从表的"总分"栏可以看出,"分销商"1得到最高的加权总分,该公司应当考虑将其作为当地的中间商。

四、确保渠道成员的稳定性

需要明确的一点是,选择是双向的。不仅厂商在选择,中间商(包括批发商和零售商)也在挑选。那些规模大、基础好的中间商认为,它们自己也有权挑选所代理的厂商。厂商除非自己真的信誉卓著、威望空前,否则是不可能期望会有良好资质的中间商络绎不绝上门要求代理它的产品。确切地说,大多数厂商还需要通过大量的形象宣传来吸引优秀的中间商。

生产厂家可采用一些优惠条件吸引中间商,向中间商表达厂商对它们的承诺和支持。生产商可以提供的优惠有多种,主要包括:①质量好、利润高的产品;②广告、促销支持;③管理援助;④公平交易和友好合作关系。

1. **产品** 生产商要提供的所有条件的核心内容是品质优良、销路旺盛和利润丰厚的产品。实际上,如果厂商能做到这一点,为稳定其渠道成员而做的其他相关服务就可以少很多。显然,如果这家生产商的产品遐迩闻名,备受青睐,他肯定要比那些不怎么出名的厂商条件有利得多。因此,对那些产品不怎么有名的厂商来说,从中间商利益出发,使他们充分认识到经销其产品的利益所在特别重要。

2. **广告及促销** 中间商还期望生产商能提供促销支持。在消费市场上,大规模、全国性的广告最能吸引零售商。只要生产商能做到这一点,在中间商眼中,产品的销售潜力就会大幅度提高。在工业品市场上,强有力的广告宣传同样效果显著。另外,无论是消费品市场还是工业品市场,如广告津贴、合作式广告运动、购物指南宣传材料及展示会都表明了强有力的渠道支持,对想要加入的新成员很有吸引力。

3. **管理援助** 中间商都想了解生产商是否承诺帮助他们——不仅会为推出某一产品而提供广告宣传、促销支持,还会进一步帮他们做好管理工作。提供管理援助就是这一承诺的有力见证。管理援助包括:提供培训、财务分析及预算、市场分析、库存控制流程、促销手段等,最近几年出现的输出经理人措施可谓立竿见影。所谓输出经理人是指制造厂商派出职业经理人协助经销商,担负起销售经理的职责,主管产品在当地的营销推广工作,输出经理人受生产厂商和经销商的双重领导,由生产厂商支付其工资。其职责因公司而异,一般包括达到一定的业绩指标,指导和培训经销商,协助经销商培养合格的经理人等。

4. **公平交易和友好合作关系** 渠道关系并非是完全没有人情味的、僵化的纯商业化关系。相反,它是人群之间的一种社会团体间的交互关系,因此渠道成员之间可能彼此喜欢或憎恶、信任或鄙夷。渠道成员之间的关系深刻影响到渠道系统,因此厂商有责任与渠道成员建立相互信任、相互扶助、共同受益的关系。

点滴积累 ⋁

1. 医疗器械渠道成员的构成有生产商、中间商、消费者。
2. 医疗器械渠道成员的选择标准包括医疗器械经营资质、市场覆盖范围、财务状况、促销能力、人员、装备和设施、声誉、经营历史、合作意向。
3. 生产商对中间商的评估和选择方法有:销售量评估法、销售成本评估法、加权评分法。

4. 确保渠道成员的稳定性的方法有提供优质产品、提供广告及促销支持、提供管理援助、建
　　立公平交易和友好合作关系。

▶ 课堂活动

　　某医疗器械公司是一家集研发、生产、销售康复理疗设备和创伤治疗设备以及国际贸易为一
体的高科技科工贸一条龙公司。 公司准备扩大生产线，增加生产、经营康复理疗设备和创伤治
疗设备等产品。 该公司目前采用的是区域经销制。 按照行政区划划分为六大区域，在每一区域
设一个办事处，具体负责该区域内的代理商。 该公司总经理对现有的代理商颇不满意，也不相
信代理商具有向医疗机构销售新产品的能力。 原因是现有代理商不能很好地执行此公司的销售
计划，不能很好地配合企业做产品的销售推广，也不能很好地做市场开拓和客户拜访，导致此公
司的销售量和市场占有率迅速下降，因此，经过研究决定秘密招聘新的分销商以取代现有的分销
商。 同时该公司准备开发的新产品也不可能利用现有的分销商来实现产品销售，需要开发适合
的销售渠道并选择合适的分销商。

　　分销商是企业的渠道成员，也是企业的客户，各公司在选择分销商时都是非常谨慎的。 站稳市
场、获取高的市场占有率，渠道的力量是非常重要的一个因素。 因而，选择合适的、能有效执行分销
任务的渠道成员是销售经理进行渠道管理的一项重要任务。

　　请按照上述资料及以下思路，为此医疗器械公司选择新的分销商。

　　1. 了解此公司医疗渠道成员的构成；

　　2. 确定此公司医疗渠道成员选择的标准；

　　3. 此公司医疗渠道中间商的评估与选择；

　　4. 为此医疗器械公司制订合适的激励政策措施。

【任务实施】

1. 请同学们进行分组，要求每组 3~4 人，选派组长并根据课堂活动内容，为该医疗器械公司寻
找新的分销商。

（1）小组组建

组长：_____,任务分工：_____

组员：_____,任务分工：_____

　　　_____,任务分工：_____

　　　_____,任务分工：_____

（2）寻找分销商途径的确定

本小组寻找分销商的途径为：_____

注：寻找分销商的途径有地区销售组织、商业渠道、中间商咨询、顾客、招聘媒介（报纸、广告、杂
志等）、商业展览等。

（3）完成渠道开发进度表

渠道开发进度表

序号	开发步骤	进度日期					
1	寻找新分销商资料						
2	取得初步联系						
3	初步拜访						
4	产生意向						
5	报价						
6	区域经理审核						
7	总经理审核						
8	进行具体沟通						
9	签订合同						

2. 在寻找到足够的分销商后,确定分销商选择的标准。

(1)市场覆盖范围:_____

(2)财务状况:_____

(3)促销能力:_____

(4)人员、装备和设施:_____

(5)声誉:_____

(6)经营历史:_____

(7)合作意向:_____

3. 根据选择标准,对寻找到的分销商进行评估。(下表选用加权评分法对分销商进行评估)

评价因素	权数	分销商 1		分销商 2		分销商 3	
		打分	加权分	打分	加权分	打分	加权分
1. 市场覆盖范围	0.20						
2. 财务状况	0.15						
3. 促销能力	0.10						
4. 人员、装备和设施	0.10						
5. 声誉	0.15						
6. 经营历史	0.15						
7. 合作意向	0.15						
总分	1.00						

通过打分计算,加权总分高者可以考虑作为该医疗器械公司的分销商。

第三节　分销渠道的管理

一、设定分销渠道管理目标

分销渠道结构已经设计好,并且所有的分销渠道成员都已经选择好了,那么接下来,分销渠道管理人员就面临着分销渠道的管理与控制问题。

分销渠道管理是指医疗器械生产商为实现公司分销的目标而对现有渠道进行管理,以确保渠道成员间、公司和渠道成员间相互协调和通力合作的一切活动。

因此,这里讲的渠道管理是站在制造商的角度进行的。同时,在实践中,由于零售商在渠道结构中所处的特殊位置(紧靠顾客,被视为销售终端),公司着手渠道管理时,会自觉或不自觉地将对零售商的管理从整个渠道管理中分离出来,销售终端管理的重要性正日益突出。因此,下文有关营销渠道管理的讨论将区分这两种渠道管理,一种是针对销售通路中的中介成员(除零售商之外的渠道成员)进行的渠道管理活动,另一种是针对销售通路的末端——销售现场进行的销售终端管理活动。

分销渠道管理是必要的,因为使某些商业企业成为公司的渠道成员的合约本身,只能代表这些中间商是公司产品的合法经销商,却不能保证渠道成员能有效地履行分销任务,尤其不能保证渠道成员之间应有的合作。对于分销渠道管理来讲,促使渠道成员相互合作并确保其有效地完成公司的分销任务,正是挑战所在。一方面,很少有渠道成员意识到自己是渠道中的一分子,而主动寻求与供应商和其他分销成员的合作;另一方面,对于大多数生产商来讲,公司的销售渠道中有若干级分销成员,每级又有若干分销成员,除非生产商出面协调这些层面上不同分销成员的相互关系,整个营销渠道网络将面临陷入混乱的可能。因此为确保渠道成员间的合作,生产商的分销渠道管理行为是必不可少的。

为了进行有效的分销渠道管理,首先要了解分销渠道管理的目标。那么,具体的有效的渠道管理的目标是什么呢？有效分销渠道管理的三大目标可以概括为:

1. 货畅其流　对于生产企业来讲,良好的分销渠道管理是为了确保真正充分发挥分销渠道成员的作用和功能。渠道的基本功能是使产品在消费者需要的地方出现,方便消费者的购买。但很多公司经常收到来自经销商关于供货不及时的抱怨。如果分销渠道无法确保货品在顾客需要的时间和地点出现,显然就存在分销渠道管理的问题。所以,有效分销渠道管理的基本目标即第一目标是保证货畅其流。

2. 价格稳定　分销渠道管理的第二个重要方面是产品市场价格的管理。忽视对不同级别经销商的产品价格的管理,或者销售价格体系管理有漏洞,给经销商有可乘之机,将很快导致市场价格混乱,造成低价冲货的现象,最终危害生产商自己的利益。因此,有效分销渠道管理的第二目标是维护和确保合理的价格体系,确保每个渠道层面价格稳定,杜绝和限制任何有可能引起价格混乱的行为。对于拥有数量众多的渠道成员的大型企业来讲,实现价格统一和稳定的确是个巨大的挑战。

3. 市场最大化　有效分销渠道管理的第三个目标是有力的市场推广,即全面有效的分销渠道管理力求通过恰当的激励措施和终端管理活动,使市场最大化。除了产品本身、产品的价格和产品促销外,产品的分销渠道是继续争夺市场的有力武器。充分有效的分销渠道管理,尤其是销售终端的管理,比如良好的商品布局和优秀的导购服务等,必然导致产品销量的上升以及市场份额和市场占有率的扩大,在此情况下,企业和渠道成员利润才会上升,实现双赢或多赢。

知识链接

精益化和专业化的分销渠道管理

精益化和专业化的分销渠道管理具体体现在以下三个方面:

1. 系统化渠道管理　明确分销渠道管理和销售不仅仅是销售部门的工作职责,也与广告、新产品开发、生产、产品控制、成本管理、运输、服务等息息相关。

2. 数字化渠道管理　强调在分销渠道管理中要大量运用数理统计方法,强调销售的每一个环节都要经过精确计算得失,从而不断优化渠道结构,获得最大的渠道效应。

3. 深度化分销　强调在分销过程中的销售铺货不能仅仅追求面广而散,更要抓住重点,作深度挖掘,产生倍增效应。

实践中,越来越多的医疗器械企业正在采取这种表现为精耕细作的精细化分销渠道管理模式。

知识链接

XX 公司用管理为渠道增进

在对分销渠道的管理过程中,XX 公司采取的措施多种多样,主要表现为以下五个方面:

1. 多样的产品支持　XX 公司的产品线尽可能的覆盖全国市场,为渠道成员提供充分的利润空间,在自己的发展中给代理商留出充分的发展空间。 XX 公司的产品市场定位从低端到高端全面覆盖,即从普通的家庭用户到专业用户。

2. XX 公司鼓励渠道成员　根据各地的实际情况开展切实有效的促销活动,直接提高经销商的销售形象和销售业绩。 XX 公司的激励措施主要有:大型展览展示、店面外展示、店面统一装修、发放促销宣传品等。

3. 经销商培训支持　XX 公司每年都会对其全国范围内的经销商进行培训。 授课地点在全国的各个城市,由 XX 公司优秀的市场人员授课。 培训内容包括产品知识、专业技术和销售技巧与策略等。 所有经销商的销售人员、技术支持人员和经营管理人员都有机会参加培训中心,成绩合格者颁发认证资格证书。

4. 售后服务支持　XX 公司在全国各地设立近百家授权维修机构。 所有维修站和维修中心的发展、建立都经过严格的考核、认证,并由佳能统一管理。 通过服务完善的维修网络,在用户中心强化了对佳能产品的信心,同时也提高了用户对经销商的信赖,更利于佳能产品的分销。

5. 激励体制支持　为了激发分销商的积极性,除了短期的销售奖励之外,XX 公司还为渠道成员设立了全年奖励制度,业绩越好,获得奖励越多,从而使在当今利润普遍较低的市场形势下,分销商仍然能够做好销售服务工作。

二、激励渠道中间商

所谓激励,是指渠道管理者通过设计适当的外部奖酬形式和工作环境,以一定的行为规范和惩罚性措施,借助信息沟通来激发、引导、保持和规划渠道成员的行为,以有效实现分销渠道及其成员个人目标的系统活动。

中间商作为重要的渠道成员之一,如何调动其销售积极性?一般来讲,生产商必须了解中间商的需求,采取积极科学的激励措施,以期不断稳固长期合作的基础。中间商的需求主要有:①好销的产品;②优惠的价格;③丰厚的利润回报;④一定量的前期铺货;⑤广告促销支持;⑥人员专业培训;⑦销售技巧培训;⑧及时的供货;⑨特殊的补贴和返利;⑩优厚的付款条件等。医疗器械从生产商到达用户的整个过程需要催化剂,有效的激励措施就是这种催化剂。对于医疗器械生产商而言,催化剂的目的就是希望中间商能够更多更快提货,更早回款,从而降低运营成本和风险。了解需求只是激励的第一步,接下来需要做的就是采取有效的激励措施。

1. 价格折扣　价格折扣是指在原定价格基础上的再优惠。作为一种激励方式,只针对销售任务完成得比较好的中间商,在合同约定时,对于完成不了任务的中间商,可取消此项优惠。

根据不同的考核标准,价格折扣又可以分为以下几种方式:

(1)按照回款速度决定价格折扣:回款速度越快,折扣越高。例如,在成交10天内现金付款,可给予2%的原价折扣;超过30天付款除按正常结算外,还要另加利息,这样可促使经销商积极售货、快速回款。

(2)按照付款期确定折扣:以提前付款、货到付款、货到15天内付款、货到30天内付款等不同付款时间确定折扣标准。

(3)按照信用承兑时间确定折扣:信用承兑的时间也是企业进行折扣的标准,比如信用承兑时间短则折扣高,信用承兑时间长则折扣低。

(4)按照重复进货频率确定折扣:以经销商每次的进货量或金额为标准制订的价格折扣就是数量折扣。

一次性进货量越大,给予的价格折扣就越大。折扣在货款清付时执行,合同如有约定也可除外。按一次性进货量的大小来给予相应大小的价格折扣,会直接刺激经销商每次的进货量,鼓励一次性大量购买。

另外一种方法是累计进货量,也称"坎级政策",即在一定时间内,根据进货累计达到的数量给予一定的价格折扣。单位时间内累计量越大,折扣就越大,这是鼓励经销商长期购货的方法。如购买饮品200~500箱价格优惠2%;500~1500箱价格优惠5%;超过1500箱价格优惠7%;累计超过1000箱价格优惠10%。这种方法的弊病是容易造成渠道成员过早利用这个政策,压迫企业和其他渠道成员,造成串货行为,同时也容易使企业的市场价格被迫降低。

(5)季节折扣:季节折扣是企业对中间商经销季节性产品的一种激励制度。为了保持总经销商或零售商在淡季购进产品,企业在价格上给予一定的优惠,即给予一定的折扣价格。

季节折扣的幅度根据季节的转换决定,有些产品是在转季的时候也转换了淡旺季的关系,在旺季转换到淡季的时候给予经销商折扣,目的是期望大型的中间商能够帮助囤货,在进入第二个旺季之前能够帮助抢占市场。

这样的折扣幅度一般比较小,通常保持在百分之几。

(6)销售折扣补贴:销售折扣补贴是医疗器械生产商为了鼓励中间商积极推销自己的产品而设立的,是在规定单位时间内完成目标数量的一种价格补贴。这种补贴一般在事前约定,一是规定了销货时间,二是规定了应销货量,三是规定了不同情况下给予的折扣幅度。在短时间内,销售尽可能多的货物,折扣就会大,反之则比较小,甚至没有折扣优惠。

(7)协作力度折扣:协作力度折扣是指对合作程度不同的中间商,相应地给予价格优惠,这种价格优惠主要是根据中间商的下列表现来决定的:对企业产品的陈列情况,包括陈列的位置、数量、场所等;是否按照企业规定的价格出售;是否协助企业开展促销活动;售货员是否积极向顾客推荐和销售企业产品。

(8)进货品种搭配折扣:中间商在进货时,能同时买进企业几种或几类大小不同,或口味不同,或颜色款式、档次不同的产品,企业给予的一定价格优惠。这种优惠重在鼓励中间商或零售商,将企业滞销的产品连同畅销产品一齐推向市场,以免造成不必要的积压和损失。

2. 补贴　除价格折扣之外,企业还视情况对中间商采取各种补贴措施,以换取他们的支持和合作。补贴措施有以下几种形式:

(1)广告补贴:广告补贴是指中间商由于宣传本企业产品,在广告宣传方面所得到的补贴措施。中小企业在市场上启动新产品,由于其资源的限制无法大规模进行推广宣传,需要利用中间商的资源进行一些推广,企业从回款中再加以扣除。

另外,中间商为了在本地推广某产品,也希望能常在当地媒体上发布广告,或者设置一些现场广告。这时,企业就广告及其他费用投入承担的全部或部分经费也是广告补贴。

广告补贴是为了促使商家积极利用广告媒体或其他途径宣传企业产品,以达到开拓市场、增加销量、提高知名度的目的。

(2)陈列展示补贴:陈列展示也是一种积极的推销手段,将产品陈列展示在商家专柜、大型商场的重要区域,或在大型公司商业活动中展示产品都可以收到一定的商业效果。如果这些工作由当地中间商完成,那么企业应给予一定的费用补贴。陈列展示的费用主要是人员工资、场地租用费、展示制作费和宣传制作费等。

陈列展示还经常发生在大型超市,这些大型超市往往利用其品牌效应和巨大的影响力、销售量,让企业拿出一部分钱来进行补贴,有些是以进店费的名义来达成的。

(3)现场示范、店庆、现场咨询补贴:某些特殊医疗器械需要用现场示范来引导人们的消费兴趣,如保健型医疗器械、新医疗器械推广答疑等。这些活动在新产品或特殊功能产品的推广中经常用到,费用也由企业承担全部或部分,以鼓励中间商采用多种方式推销产品。

一些商店的店庆活动也是企业进行补贴的方式,这时商店或者大型超市会告知企业其店庆的内容和各个企业应该参与的程度。有些是要求一些展示方面的支持,有些则是要求在这个时间内对消费者的降价补贴。

（4）点存货补贴：点存货补贴与数量折扣的形式相近，也是根据销量大小来决定返利多少。点存货补贴是在某一特殊期间，根据销售商库存量的变化而给予一定的补贴，即在促销活动开始时，盘点存货量，再加上进货量，减去促销活动时所余的库存量，其差额就是企业和渠道成员应该补贴的实际销货量。

企业还采用一种转移库存的方式进行补贴，就是对中间商的库存进行盘点，然后要求在一段时间内把库存处理掉。如果能处理掉库存，企业会对中间商进行必要的补贴。目的是企业在转换产品结构或产品改变包装时，中间可以商腾空库房，以便更快地铺进新货。

（5）恢复库存补贴：在促销活动结束后，企业一般采用"恢复库存补贴"的方式刺激中间商继续进货。例如展销结束后，某中间商的呼吸机存货量为500箱，如果中间商接着进货1500箱（恢复到展销前的存货量），则每箱补贴一元，即补贴1500元。如果存货达到5000箱，则新增量按1.5元/箱补贴，即再补贴4500元。

3. 其他激励方式

（1）延期付款或分期付款：经销商先进货，过一段时间后再向企业付款，或分几期向企业付款。这样，可以解决部分中间商资金周转困难的问题，同时也可以吸引更多的中间商积极进行进货和售货。

压批付款的方式也是一些企业常用的方式之一。压批付款就是企业把第一批货定一个数量给中间商进行压货。中间商再进第二批货的时候除去已经约定好的压批数量给企业进行回款。

（2）随货奖励：企业在中间商进货后，以一定的量为单位，用同一产品相赠。例如购进50箱体温计，则另送一箱。还可以采用随箱赠予其他礼品等不同的方式，目的是让零售终端能够把产品迅速上架。随货奖励有不同的目的，有对经销商的，有对零售商的，对经销商还可采用随货赠予企业其他产品的方法。

（3）用赠品券、折价券、抽奖券等对批发商、零售商进行奖励，进货越多，中奖概率就越大。进货达到一定数目后，再赠送旅游券、足球赛入场券等。

（4）销售奖励：销售奖励是在确保中间商正常销售利润的前提下，另外设计一套奖励办法，以促销本公司产品。企业对中间商的奖励有物质的和精神的，如奖金、奖品、锦旗和旅游活动等，奖励对象包括中间商及店员。

销售奖励可以分为目标奖、专售奖、热心奖和合作奖等。所谓目标奖就是中间商的销售业绩与上一年同期相比，增长一定幅度后给予的奖金。专售奖是指中间商不销售同类竞争产品，专门销售本企业产品而应得的奖励。热心奖是指中间商积极参加各种销售培训和大型推销、展销等的奖励。合作奖是指中间商协助企业完成一定工作计划的奖励。

（5）陈列附赠：为方便中间商进货后产品的陈列，企业提供给零售商现场售卖的设备，如冰箱、陈列架、售卖机等。同时企业还提供一些样品和宣传展示用的工具等。

中间商激励的方法很多，其总的思想都是为了密切企业和渠道成员的关系，鼓励中间商购进企业产品和积极地推销，以达到拓展市场，提高厂家知名度，提升品牌影响力，提高销货速度和盈利水平的目的。激励的方法应根据实际需要灵活制订,如中间商培训教育、去国外参观交流等。

三、分销渠道的评估与调整

分销渠道需要进行定期评估,检查渠道管理目标的执行情况,及时发现问题,进行调整,保证渠道畅通和充满活力。

(一)分销渠道的评估

分销渠道的评估包括运行质量评估、服务质量评估、盈利能力与效益评估。

1. 运行质量评估　所谓分销渠道的运行质量是指渠道成员功能的配合、业务衔接和努力程度等方面的综合。为了提高分销渠道的运行效率和渠道功能,分销渠道管理者必须对分销渠道的运行质量及其有关影响因素进行连续、认真的监督、控制和评估,以便尽早发现问题,及时解决。

对分销渠道运行质量的评估主要以渠道建设目标和渠道计划为依据,检验企业分销渠道主体功能的落实情况。企业对渠道运行质量的考核,主要涉及渠道主体的合作愿望与努力程度是否符合渠道运行要求、渠道各种功能是否发挥正常、商品销售的范围和销售质量是否达到了分销渠道目标的要求、渠道外部是否存在威胁渠道健康成长的不利因素、渠道成员之间是否存在发生冲突的可能性等进行评估。具体评估内容包括渠道畅通性、渠道覆盖面、流通能力、利用率以及渠道冲突等五个方面。

(1)渠道畅通性评估:企业的渠道网络只有使商品所有权转移、实体流动、结算、信息传递等渠道功能畅通无阻,才能保证产品从供货商手中及时送达到最终用户手中。

渠道成员是分销渠道中承担渠道功能的经营主体和基本单位,中间商作为营销渠道的重要成员,一头连接生产,另一头连接消费,是企业分销渠道各种分销具体功能的执行者,其作用是否能有效发挥,不仅在于所处渠道的位置,还与各渠道成员的态度是否积极密切相关。企业分销渠道畅通与否,可以从渠道成员的渠道任务是否清晰、渠道功能配置是否合理、渠道成员之间的关系是否和谐、渠道成员之间是否能长期合作等方面进行评估。

(2)渠道覆盖面评估:市场覆盖面是衡量营销渠道运行质量和功能的重要指标之一。对分销渠道覆盖面的评估可以从营销渠道成员数量、分布区域、零售商的商圈大小等几个方面进行。

1)营销渠道成员数量:营销渠道成员数量可在一定程度上反映该渠道的市场覆盖面。比如在二级分销渠道中,批发商往往向多个地区商圈不重复的零售商批发商品。因此,该分销渠道的市场覆盖面就是这些零售商的商圈所构成的市场区域。即分销渠道的宽度越宽,商品分销地区的范围就会越大。

2)渠道成员分布的地理范围:在日益激烈的市场竞争中,商品分销渠道日趋扁平化,越来越多的生产商为了提高流通效率,其商品销售渠道环节逐渐向终端零售商趋近,有的甚至自建渠道,将渠道环节压缩至零级。需要注意的是,企业在渠道建设中,同一性质中间商的分布应当彼此之间拉开空间距离,避免商圈重叠,自相竞争。

3)零售商的商圈:商圈是指零售商的店铺吸引顾客的地理区域,是商店的辐射范围,由核心商圈、次级商圈和边缘商圈构成。商圈轴心点是店铺所在的位置,店铺所在位置一旦确定,商圈的轴心点即确定。商店的辐射范围是以商圈半径的大小界定。在经济发展水平不同的地区,商圈半径大小各不相同。通常,55%~70%的顾客构成了零售商的核心商业圈,其半径最小,核心圈之外的15%~25%的顾客属于次级商圈,其余5%左右的顾客来自于边缘商业圈。

不同的店铺形态和规模、竞争者的分布、交通时间、交通堵塞情况、媒体的使用情况、促销手段、店铺信誉等都会影响商业圈的大小。

(3)渠道流通能力及其利用率评估:分销渠道的流通能力是指在单位时间内平均经由该渠道从生产商转移到目标顾客的商品数量。流通能力也称单位时间内的流通量或流速,是从分销渠道的横截面上来观察的商品从渠道上通过的数量和时间的比值。对分销渠道流通能力进行评估,是对分销渠道本质功能的监测和估计,也是考察分销渠道是否有能力实现预期销售目标的主要内容。

为确保分销策略的畅通,企业在进行渠道管理时,要特别关注分销策略渠道流通能力的评估。在分销渠道的运转过程中,对渠道流通能力评估的重点是流通能力的利用率,即实际商品流通量与流通能力的比较。其计算公式是:

$$流通能力利用率=实际流通量/渠道的流通能力×100\%$$

流通能力利用率可在一定程度上说明渠道成员参与商品分销的积极性发挥程度。具体来说,流通能力利用率的大小与每个制造商的供货量、仓储运输的效率、批发商和零售企业的销售努力以及各个环节之间的有效配合密切相关。

(4)渠道冲突评估:有效运转的分销渠道应当能够有效控制成员之间的冲突。在分销渠道运转状况的评估分析中要针对渠道冲突进行分析。

渠道成员的合作与冲突根植于渠道成员之间的相互依赖中。除非渠道成员拒绝与其他成员进行合作(几乎不可能),否则渠道冲突是不可避免的。有些冲突会进一步明确渠道成员彼此的角色作用和角色定位,更好地理解彼此的合作关系。但冲突对合作关系的意义是以冲突水平较低而且能够得到合理解决为条件的。激烈的、经常性冲突会破坏合作关系,使渠道成员之间彼此关系恶化,造成分销渠道的堵塞,降低渠道流通能力和利用率。

1)决策权力分歧:渠道决策权力特指某一特定渠道成员控制不同渠道层次的其他渠道成员战略决策的变化能力,也可以描述为渠道成员在渠道系统中启动力量的大小。如当一个零售商在特定的地区销售较高价格商品时,受到制造商对价格进行限制的要求,该零售商就会不满,许多情况下,一个渠道成员在似乎拥有独立决策权的领域,受到来自同一领域其他成员的权利的影响,便会产生决策权力分歧。

2)资源配置是否合理:营销渠道中由于资源分配不公平,如促销费用、市场范围、客户分配等的分配不均导致渠道成员之间的冲突。例如,某些生产商在一个地区实行直接分销和间接分销相结合的多渠道策略,把一些大客户留给某一中间商,而要求其他中间商自主开发小客户,因而引起其他渠道成员的不满,因为争取大客户的成本相对较低而每人的销售收入却很高。

3)沟通是否有障碍:渠道成员之间的有效沟通对于保护渠道合作具有积极作用。如果渠道成员之间缺乏有效沟通,经常发生信息传递障碍,或信息传递不及时,或传递信息内容不清晰,甚至是虚假信息,渠道成员就会因为缺乏信息而无法做出有效反应,其结果势必给企业造成损失。例如某商品在目标市场上因商品质量问题导致销售量下降,但销售商并没有及时向生产商汇报商品存在缺陷,撇开批发商和零售商直接通知最终用户和消费者到原先购买的商店退货等,都会制造渠道混乱,影响渠道正常运行。

渠道冲突按其性质可以分为功能性冲突和病态冲突。功能性冲突亦称建设性冲突,是指渠道成员把对抗作为消除渠道伙伴潜在的、有害的紧张气氛和病态动机的一种冲突状态,这种冲突具有建设性,调和冲突无需多大的成本。而病态性冲突则是指渠道成员之间的敌对情绪和对抗行为超过了一定限度,并因此对渠道关系和渠道绩效产生破坏性影响时的冲突状态,可以分散渠道成员为实现目标而作的努力,使渠道成员彼此不信任,甚至敌对。旷日持久的冲突会在渠道组织中造成一种不良风气,影响渠道绩效,甚至会引起渠道关系的破裂。因此,企业需要评估渠道冲突的属性和严重程度,杜绝病态冲突的形成和恶化。

知识链接

渠道冲突的含义及其市场表现形式

渠道冲突是指渠道成员意识到其他渠道成员正在从事损害、威胁其利益,或者以牺牲其利益为代价获取稀缺资源的活动,从而引发渠道成员之间的争执、敌对和报复的行为。

从营销实践的角度来看,渠道冲突的市场表现形式主要有:

1. 窜货 窜货,又被称之为倒货、冲货,即产品越区销售,可分为自然性窜货、良性窜货和恶性窜货三种。

2. "通路费用"冲突 "通路费用"是指生产商的产品摆上零售商的货架,最终转变成消费者手中商品而必须向零售商支付的交易费用。

3. 大客户冲突 渠道大客户是指购买数量大且购买情况复杂的中间商。 所谓大客户冲突是指大客户与生产商之间的利益冲突。

4. 营销流程冲突 营销流程冲突主要有物流冲突、商流冲突、信息流冲突、资金流冲突及促销流冲突。

2. 服务质量评估

(1)实体分配服务质量的评估:实体分配的服务质量是指分销渠道成员对其顾客需要满足的及时程度。及时满足顾客需求不仅仅要快速完成谈判,签订合同,而且要快速交货,以便让顾客在需要时立即消费商品,消除缺乏状态。许多西方企业在设计管理营销渠道时,着重从六个方面来控制实体分配的服务质量,即柔性,高度弹性、快速反应、最小库存、优化运输、全面产品质量控制和产品生命周期支持。这些实体分配的服务质量因素可以作为评估实体分配服务质量的依据。

（2）促销效率评估：分销渠道的促销效率是指企业促销活动实施前后，分销渠道商品流通的变化与预期效果的比较。企业可以用多种方法对分销渠道的促销效率进行测量和评估。如在评价对批发商进行促销的有效性时，可根据促销活动前后的批发商销售数量、批发商对合作广告的投入等进行分析。

（3）顾客满意评估：顾客满意是指顾客实际感受到的服务等于或优于所期望的服务。如果低于顾客期望，顾客就会不满意。分销渠道是满足顾客便利需求的重要一环。顾客满意度是反映分销渠道能否满足顾客需求的指标，评价分销渠道也要进行顾客满意程度评估。需要注意的是，这里的顾客既指最终消费用户，也包括上级渠道成员购买产品的中间商。

（4）信息的沟通质量评估：分销渠道的功能，除了商品销售之外，还有信息收集与沟通、实体分配和广告促销等基本功能，各种功能对生产商来说，都具有服务性质。有效运转的分销渠道应当提供良好的信息沟通、实体分配和促销功能性服务。但是在渠道的实际运转中，受到承担有关功能的成员努力、积极性和成员之间的配合等因素的影响，这些功能可能没有得到有效执行和发挥，进而影响到渠道整体的服务质量。在分销渠道的评估中，必须对有关服务进行质量审计，首先要对信息沟通质量进行评价。

不论是采用直接分销渠道还是间接分销渠道，生产商总是存在着对渠道反馈市场信息的依赖。尤其是在市场竞争日益激烈的环境中，加强顾客导向或市场导向，对生产商的分销组织来说至关重要。由于分销渠道长期处于商品流通区域，对市场的需求、行情的变化最早接触和感受，因而能够发挥作为生产上的"顺风耳"和市场"触角"的作用。在分销渠道的建设中，生产商要对批发商、零售商或代理商的信息功能进行界定；此外，在分销渠道的运转过程中，还要认真进行监督和控制。

评估营销渠道的信息沟通质量，主要是对渠道成员作为信息使用者或接收者的沟通进行评估，评估的标准是有关信息沟通对信息使用者的生产经营活动和对渠道的合作，是否具有积极的作用，能否让信息接收者或使用者满意。一般来说，市场信息的收集和传送者主要是零售商或批发商，而信息的接收者或使用者是生产商或渠道领袖。主要包括沟通频率、沟通内容、沟通时间和沟通方式等方面因素。

3. 盈利能力与效益评估

（1）分销渠道盈利能力评估

1）分销渠道的成本费用分析：评价分销渠道的经济效益，必须认真分析在分销渠道中发生的各种成本和费用，这些成本和费用的综合称为分销渠道的费用。渠道总费用的大小以及各种费用之间的比例关系直接影响所有渠道成员之间的收益。

评价分销渠道的费用常采用两个原则，一是渠道各项费用比例与渠道功能地位的匹配性；二是费用增长与销售增长的合理性。

2）分销渠道盈利能力的考察指标：取得利润是企业最重要的目标之一，因此盈利能力控制在分销渠道管理中占有十分重要的地位。可以通过销售利润率、费用利用率、资产收益率、净资产收益率、资产管理效率和偿债能力比率等指标来考察渠道成员的盈利能力。

（2）分销渠道的效益评估：企业经理人可运用三种绩效工具对分销渠道进行经济效益的评价，即销售分析、市场占有率分析、企业渠道消费与销售额比率分析。

1）销售分析：销售分析主要用于衡量和评估经理人员制订的计划销售目标与实际销售之间的关系。主要有两种方法：销售差异分析和微观销售分析。

销售差异分析用于决定各个不同的因素对销售业绩的不同作用。

微观销售分析可以判定未能达到预期销售额的特定产品和地区等。假设企业在三个地区销售，其预期销售额分别为5000元、1000元和4000元，总额为10000元。实际销售额为4600元、1500元和2000元。就销售额而言，第一个地区有8%的未完成额，第二个地区超额完成50%，第三个地区50%未完成，主要问题显然在第三个地区。造成第三个地区不良绩效的原因可能如下：第一，该地区管理混乱，销售代表工作不努力；第二，有竞争者进入该地区；第三，该地区的居民收入水平下降。

2）市场占有率分析：企业的销售绩效并未能反映出相对于其竞争者，企业的经营状况如何。如果企业销售额增加了，可能是由于企业所处的整个经济环境的发展，也可能是因为其市场营销工作较之其竞争者有相对改善。市场占有率正是剔除了一般环境的影响来考察企业本身的营销状况，如果企业的市场占有率升高，表明它较其竞争者的情况更好；如果下降，则说明相对于竞争者其绩效较差。

知识链接

企业内部控制

（1）环境控制。 企业的核心是企业中的人及其活动。 人的活动在环境中进行，环境是推动企业发展的引擎，也是其他一切要素的核心。

（2）风险评估。 企业必须对销售、生产、财务等作业进行综合考虑，从而制订目标，必须设立辨认、分析和管理风险的机制，以了解自身所面临的风险，并适时加以处理。

（3）活动控制。 为保证控制目标的实现，企业必须制订控制的政策及程序，并有效地加以实施，以帮助管理者辨认和处理风险。

（4）信息和沟通。 信息和沟通系统使企业内部的员工能够获取他们所需的信息，并交换这些信息。

（5）监督。 整个内部控制的过程必须施以恰当的监督，在必要时对其加以修正。

（二）分销渠道的调整

任何企业的分销渠道都是在动态市场上运行的，一个良好的分销渠道不能放任运行，必须根据其市场上的变化，对不适应市场变化或影响企业营销效果的渠道问题及时调整，不断改进。分销渠道的调整或改进，一般是在对其评估的基础上实施的。

1. 分销渠道调整的原因和原则

（1）分销渠道调整的原因

1）现有分销渠道未达到渠道目标的要求：企业发展战略的实现必须借助营销渠道的分销能力，现有渠道在设计上有误、中间商选择不当、管理不足，均会促使企业调整分销渠道。

2)市场环境的变化:随着市场的环境变化,企业原有的分销渠道难以适应企业发展的需要,只有对现有渠道进行调整和完善,才能适应企业未来的发展。因此,企业有必要定期、经常地对影响分销渠道的各种因素进行监控、检查、分析。另外,企业若能准确预测和把握某些影响分销渠道因素的变化,则应提前对现有分销渠道进行调整。

3)企业的发展战略发生变化:任何分销渠道的设计均围绕着企业的发展战略,企业的发展战略发生变化,自然也会要求企业调整营销渠道。

(2)分销渠道调整的原则

1)渠道覆盖率与企业市场营销战略协调一致:分销渠道调整的主要目的是基于满足目标市场顾客需求的基础上,扩大企业渠道的覆盖率。根据"二八"原理,企业80%的销售额利润或利润额通常是由20%的顾客带来的。企业在扩大渠道覆盖率的同时,要围绕企业市场营销战略目标,同时,要将影响企业收益的重点客户的需要作为渠道调整的重点,尽可能地满足重点客户的特殊需求,同时在不牺牲重点客户的利益的前提下,提高渠道覆盖率。

2)妥善处理渠道冲突:如果生产商同时拥有多条分销渠道,或期望对分销渠道中不同企业所承担的渠道功能进行重新调整,往往容易触及某些渠道成员的利益,渠道调整过程中容易引发渠道之间或渠道成员之间的冲突。新设立的分销渠道可能与原有的分销渠道争夺客户;对于渠道功能的重新安排,也可能会使原有分销渠道中某些渠道成员的利益受损。因此,企业对调整过程中产生的冲突要妥善处理,对于利益受损者做出适当的补偿。

3)渠道增值:增加或减少分销渠道可能会产生的两种效果:渠道转移和渠道增值。渠道转移是指新增或减少的分销渠道使顾客或用户只简单从一条渠道转移到另一条渠道,企业整体分销渠道的覆盖面和渠道成本都没有明显的变化。渠道增值是指新增或减少的分销渠道可能为企业带来新的业务,企业渠道整体的覆盖面增大,或者降低了渠道成本,或者提高了渠道效率。值得注意的是分销渠道调整的目的,不是为了渠道转移,而是为了使渠道增值。

2. 分销渠道调整的时机和调整步骤

(1)分销渠道调整的时机选择:分销渠道的调整时机非常重要。调整过早,问题没有充分暴露,企业各部门和渠道成员对存在的问题缺乏认识,渠道管理者很难进行渠道的变革;过晚,则错过了渠道调整的最佳时机,即使改革顺利,但在变革之后造成的直接损失和间接损失已经无法挽回。

通常,企业在渠道出现以下几种情况时,应当考虑渠道的调整:①随着企业的不断发展壮大,生产规模发生了质的飞跃,原有渠道的辐射能力难以满足市场需要,或者企业希望提高市场控制力时,或者企业为了规避营销渠道中不断加大的经营风险,需要对企业的分销渠道体系进行调整。②消费者或用户对现有渠道服务不满且有上升趋势。消费者或用户对于渠道服务产生的要求,会随着市场环境的变化而变化,一般趋势是越来越高,消费者或用户会变得越来越挑剔。企业如果不对渠道进行改进,势必使渠道运行状况恶化,因而,要求或迫使企业进行渠道调整。③分销渠道未充分利用。由于消费者或用户的需求存在购买行为的差异,单一分销渠道很难适合企业的需要,很多企业不得不采用多渠道策略。然而,渠道类型过多,常常易导致效率低、利用率低,有些渠道甚至是多余的。

为此,企业应该根据不同渠道的效率,对整个渠道进行评估,从而发现问题并进行及时调整。④企业营销战略的改变。企业营销战略的改变对渠道系统提出了新的要求,分销渠道作为企业战略的重要组成部分,一定要与企业发展战略相适应,对原有渠道系统重新评估,根据企业新的战略目标及时调整和制订与之相应的渠道策略。

(2)营销渠道调整的步骤:营销渠道的调整不是随意无序的,总体而言,渠道调整应分为三步:①分析分销渠道环境,确定有无调整的必要。分销渠道是一个有机会的、开放的系统,消费市场、中间商市场、竞争者市场的任何变化,以及渠道网络外部大环境的变化,都会给分销渠道管理带来新的机会或威胁,渠道管理者需要判定环境变化影响企业营销渠道网络正常运转的程度,继而决定是否需要进行渠道的调整。②基于分销渠道选择的限制性因素研究,重新确定渠道目标。对现有分销渠道进行评估,找出限制渠道合理运转的因素,并重新制订新的渠道管理效率目标,甚至是渠道战略目标。如果加强管理能够达到新分销渠道的目标,则无需建立新的分销渠道;反之,则需要考虑建立新的分销渠道。③组织新的分销渠道并管理。根据新的渠道目标的要求,选择适当的渠道调整方式,建立新的渠道规模结构或新的渠道组织关系结构。

3. 营销渠道调整的层次和调整方式

(1)分销渠道调整的层次

1)分销渠道成员的调整:分销渠道的调整最低层次是对成员的调整,主要包括对渠道功能的调整、渠道成员素质的调整和渠道数量的调整三个方面。功能调整,即重新分配分销渠道成员所应执行的功能,使之最大限度地发挥自身潜力,提高整个分销渠道的效率。素质调整,即通过提高分销渠道成员的素质和能力来提高分销渠道的效率。素质调整可以用培训的方法提高成员的素质水平,也可以采用对渠道成员提供协助的方式改善分销渠道成员的素质水平。数量调整,即通过增减分销渠道成员的数量来提高分销渠道的效率。

2)分销渠道广度的调整:生产商往往考虑使用的所有分销渠道能否一直有效。这是因为,企业分销渠道静止不变时,某一重要地区的购买类型、市场形势往往处于迅速变化中,企业可针对这种情况,借助损益分析与投资收益率分析,确定增加或减少某些分销渠道。具体可采用两种方法:一是对某条分销渠道的目标市场重新定位。现有渠道不能将企业产品有效送至目标市场时,首先考虑的不是将这个营销渠道剔除,而是考虑能否在此渠道的基础上进行改进,使其与企业目标市场的发展相适应;二是对某个目标市场的分销渠道重新定位。在目前已有的分销渠道不能很好地联结目标市场时,应重新考虑选择新的分销渠道占领目标市场。

3)分销渠道网络的调整:分销渠道的网络调整即对企业的分销渠道整体进行变革和整合。分销渠道整合是指企业为了达到优化整体分销渠道的目的,将企业的渠道重新分解或分配给适当的渠道或渠道成员间关系类型的重新选择和调整。

对生产商来讲,最困难的渠道调整决策是修正和改进整个营销渠道的网络。这也是分销渠道的最高层次。

渠道网络调整决策通常由企业最高管理层制订,这些决策不仅会改变分销渠道的规模和渠道关系,而且还将迫使生产商改变其市场营销组合和市场营销战略。此类设计面积广,调整复杂,任何与其有关的数量模型都只是帮助管理人员求出最佳估计值而已,但不能直接给出决策方案。

(2)分销渠道调整的方式:分销渠道调整的方式,可以分为下面两种。

1)调整分销渠道结构体系:即将原有的分销渠道的构成方法加以改变。比如,将企业原来以直销渠道为主的渠道结构体系改变为以中间商渠道为主的渠道结构体系。

2)调整渠道中的市场覆盖方式:如原来采用独家代理的方式,为了制约独家代理商的行为,防止其过分扩张,可适当增加代理商的数目,把独家代理方式变为多家代理方式。

(3)调整渠道政策:企业的渠道政策包括价格政策、市场推广政策、信用额度政策、铺货政策、奖惩政策等,他们服务于一定的环境,也要根据环境的变化,做出适时的调整。很多企业经常调整其渠道信用政策,在产品不太好销或需要加大产品的促销力度时,对于经销商采用"先给货,后付款"的政策,而在一些中间商发生信用问题时,为了减少信用风险,则采用"一手钱,一手款,款到发货"的政策。

(4)调整渠道成员的关系:根据渠道成员经营本企业产品的业绩,调整其在营销渠道中的地位,给予一些优惠政策,改变本渠道关系。比如,对于经营本企业产品业绩突出的经销商,企业给予优先供货、价格折扣、提高信用额度(如在提货时,其他中间商需要支付60%的贷款,而业绩突出的经销商,只需支付30%的贷款)等优惠政策或者各种奖励。对于业绩下降的中间商,则可取消或减少原有的一些优惠政策,直至淘汰。

(5)调整区域市场的渠道结构:根据市场结构的变化,在不改变整个企业渠道体系的前提下,改变某个区域市场的渠道结构。比如,在某个区域市场上增加一条新渠道,以满足某些消费者特有的需要;或者缩小某个区域市场的渠道覆盖范围,减少一个渠道中渠道成员的数量。

(6)重组和更新整个渠道:由于自身条件、市场条件、商品条件的变化,企业原有的营销渠道制约了企业的发展,这时就必须对整个营销渠道进行调整。这种调整涉及面广,执行起来很困难,不仅要突破企业原有的营销渠道网络,而且会引发整个渠道功能的重新分配。因此,既可能遭到企业内部某些既得利益者的反对,也可能受到某些渠道成员的抵制。一般而言,这种比较彻底的渠道改造,只有在企业的渠道体系受到外部严重威胁或内部发生重大变化时才可使用。

四、医疗器械渠道新发展——"两票制"

"两票制"于2007年诞生于广东一带,经多家企业抵制后逐渐被搁置,于2009年重新被提出,直到2010年开始在福建推行,并在三明医改中起到一定的积极作用而被国家重视。按照2017年4月国务院办公厅下发了《关于在公立医疗机构药品采购中推行"两票制"的实施意见(试行)》。2017年底,综合医改试点省份和前四批200个公立医院综合改革试点城市所有公立医疗机构全面执行"两票制",鼓励其他地区实行"两票制"。所谓"两票制",是指生产企业到流通企业开一次发票,流通企业到医疗机构开一次发票。

(一)"两票制"相关政策法规

2016年4月,国务院办公厅印发的《深化医药卫生体制改革2016年重点工作任务》明确提出,综合医改试点省份要在全省范围内推行"两票制",积极鼓励公立医院综合改革试点城市推行"两票制"。

2016 年 5 月 12 日,国卫体改发〔2016〕20 号文《关于确定第四批公立医院改革国家联系试点城市及有关工作的通知》要求在药品流通领域推行"两票制"。

2016 年 7 月 19 日,原国家卫计委发布的《关于印发 2016 年纠正医药购销及医疗服务中不正之风专项整治工作要点的通知》再提"两票制",在综合医改试点省和城市公立医院综合改革试点地区的药品、耗材采购中实行"两票制"。

2016 年 9 月 18 日,原国家卫计委发布的《关于做好 2016 年县级公立医院综合改革工作的通知》强调,在公立医院药品采购中执行"两票制"。

2016 年 11 月 18 日,中共中央办公厅、国务院办公厅转发了《国务院深化医药卫生体制改革领导小组关于进一步推广深化医药卫生体制改革经验的若干意见》强化"两票制"——公立医院药品采购逐步实行"两票制"。

2016 年 12 月 31 日,中央全面深化改革领导小组第三十一次会议,会议审议通过了《关于进一步改革完善药品流通使用政策的若干意见》,强调要完善药品、耗材、医疗器械采购机制,推行药品购销"两票制"改革。

2017 年 1 月 9 日,原国家卫计委正式向公众解读《在公立医疗机构药品采购中推行"两票制"的实施意见(试行)》。

到目前为止,先后有 26 个省自治区政府发布了实施医药产品"两票制"的规定和进程表。在医疗器械行业中,先后有福建、陕西、贵州、辽宁、山西、青海、海南、黑龙江,以及三明联盟的 18 个地级市 29 个县等区域明确医药耗材(含高值耗材和一般耗材)和诊断试剂(IVD)明确执行两票制,严格限制配送商数量。其他各省都在拟定医疗耗材"两票制"的落实时间和具体措施。医疗器械产品购销实施"两票制"是医改和降低医药消费的趋势要求。

(二)"两票制"产生的影响

1."两票制"对高值耗材生产企业和代理商的影响 因为目前中国高值耗材招标都以省标为单位,在"两票制"的市场环境中,只有省内一级代理商才能生存下去,高值耗材的市场格局发生改变,高值耗材市场面临洗牌,中小型的代理商出局已成为现实,作为高值耗材生产厂家要对市场布局和价格体系等因素做重新调整。

2."两票制"和配送对普通耗材和检验试剂生产企业和代理商的影响 普通耗材和检验试剂的招标时以市标为主,这就要求以前采取省代模式的医疗器械生产厂家必须渠道下沉,形成以地级市代理商为核心的市场格局。

随着众多中小型代理商的出局会导致中小型普通耗材和检验试剂生产厂家也被淘汰出局,因为每个"市级招标"都会有几千家做普通耗材和检验试剂的企业中标,三家配送商不可能容纳如此多的中标的医用耗材的生产厂家,大部分中小型医用耗材生产厂家也将淘汰出局。

3."两票制"和配送的医用耗材新形势下的受益者 随着中小型代理商的出局,以国药为首的大的商业公司业绩会获得爆发式的增长,在行业的影响力、网络建设、资金、实力会达到新的高度。

随着中小型医用耗材生产企业的出局,知名医用耗材的一线品牌业绩也获得大幅的提升。"两票制"和配送还有利于推动医药和医用耗材第三方物流发展,规范行业秩序。

点滴积累

1. "两票制",是指生产企业到流通企业开一次发票,流通企业到医疗机构开一次发票。
2. 有效分销渠道管理的三大目标可以概括为:货畅其流、价格稳定、市场最大化。
3. 对经销商激励的措施有价格折扣、补贴和其他激励方式(延期付款或分期付款,随货奖励,用赠品券、折价券、抽奖券,销售奖励,陈列附赠)。
4. 分销渠道的评估包括运行质量评估、服务质量评估、盈利能力与效益评估。
5. 分销渠道调整的原则有:渠道覆盖率与企业市场营销战略协调一致、妥善处理渠道冲突、渠道增值。

▶▶ 课堂活动

目前,国内许多中小型医疗器械公司销售渠道混乱,没有科学系统的分销渠道管理办法,销售人员管理也不善,销售费用节节攀升,更压缩了利润空间,某医疗器械公司也毫不例外。该公司在国内销售一向采取的是区域分销体制。一段时间内,华北区的销售产品遍布全国(大部分为漏单产品),华南区"受灾"尤为严重,其他各区代理也是怨声载道。该公司对此非常头痛,由于大范围跨区销售,经过比较,华北区代理已经成为"贡献最大的合作伙伴"。

窜货是渠道冲突的一种具体表现。失去控制的窜货可能会导致企业失去原有的分销渠道策略,造成价格混乱,甚至使得中间商和消费者对品牌失去信心。

在此背景下,该医疗器械公司怎样计划通过对分销渠道的设计及控制来管理分销渠道,解决公司销售通路中的问题。请按照上述资料和以下思路,为该医疗器械公司的分销渠道管理寻求最优化应对的方法?

1. 确定该医疗器械公司的分销渠道管理目标;
2. 制订中间商的激励政策;
3. 采取有效地遏止恶性窜货的措施。

【任务实施】

1. 请同学们进行分组,要求每组 3~4 人,选派组长并根据课堂活动内容,为该公司确定分销渠道管理目标。

(1)小组组建

组长:＿＿＿＿＿＿,任务分工:＿＿＿＿＿＿＿＿＿＿＿＿＿＿＿＿＿＿＿

组员:＿＿＿＿＿＿,任务分工:＿＿＿＿＿＿＿＿＿＿＿＿＿＿＿＿＿＿＿

＿＿＿＿＿＿,任务分工:＿＿＿＿＿＿＿＿＿＿＿＿＿＿＿＿＿＿＿

＿＿＿＿＿＿,任务分工:＿＿＿＿＿＿＿＿＿＿＿＿＿＿＿＿＿＿＿

(2)确定该公司分销渠道管理目标

1)对现有市场环境和市场容量进行调研、分析、预测和潜力资源评估。

2)制订符合实际的企业销售目标,尤其是要根据产品所处的不同的生命周期、分销商的分销能力来衡量销售目标是否合理。

2. 根据课堂活动内容及小组确定的分销渠道管理目标,通过小组讨论,制订该公司各区域中间商的激励措施。

在制订分销激励措施时,尽量为所有中间商创造平等的营销环境,激励措施应当充分考虑合理的促销目标、适度的奖励措施、时间的控制、严格的兑现制度和市场监控,以确保给予的奖励是在受控范围之中。

3. 根据课堂活动内容,通过小组讨论,采取有效遏止恶性窜货的措施。具体措施可以包括以下几个方面:

(1)完善渠道价格政策。企业在确定分销渠道系统策略时,分别明确制订各分销层级的分销体系价格。在对分销网络中的各个层级环节的中间商都可获得相应利润的前提下,对分销网络中各个层级的中间商进行严格的分销管理,使得各地分销商都能在同一价格水平进货,从源头上控制窜货。

(2)提高营销管理水平。在商定与中间商分销协议时,应明确注明"禁止跨区域销售"的条款,将各个分销商的销售活动严格限制在规定的市场区域之内。对企业内部业务人员之间也规定不得窜货,并将销售业绩与是否窜货挂钩,制订出公正、合理的绩效评估和酬赏制度。

(3)采取适当的技术识别手段。如产品包装规格差异化、产品代码、标识"某某区域专供"等手段,以使企业在控制、治理窜货问题上更有主动权。

(4)完善沟通与监管体制。与分销商多沟通,了解产品的销售环境,当企业客观环境发生变化并影响到市场需求时,应及时调整分销计划。在企业承受能力范围内,做好分销商销售协助和服务,最大限度地降低中间商的窜货企图。

学习小结

一、学习内容

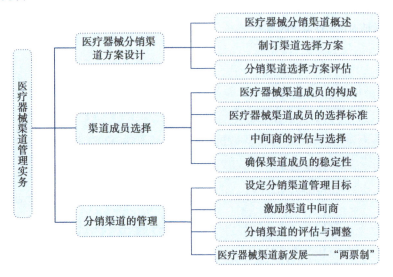

二、学习方法

本章是根据销售经理的渠道管理职能设计的,学生在学习中首先要进行正确的角色定位,即销售经理。之后以渠道管理的工作任务为导向进行渠道方案的设计。基于学生对分销渠道的陌生,有必要先进行系统的理论知识的学习,包括分销渠道的定义、功能、流程、特点、选择原则、类型等。了解分销渠道之后,要紧密结合医疗器械市场和产品特色,在充分考虑影响渠道设计的因素后,进行渠道设计。

分销商是企业的渠道成员,选择合适的能有效执行分销任务的渠道成员是销售经理的渠道管理的一项重要任务。分销商的选择标准不同企业和学者有不同的观点,本教材选用普遍应用的7大标准:市场覆盖范围、财务状况、促销能力、人员、装备和设施、声誉、经营历史、合作意向。学生根据这7大标准通过加权评分法对分销商(中间商)进行评估和选择。当然,也可以采用销售量评估法和销售成本评估法,教材进行了举例说明,应该不难理解和掌握。

分销渠道的管理首先要确定管理目标,是"货畅其流"、"价格稳定"、还是"市场最大化"? 为了实现分销渠道管理目标,非常有必要对中间商进行有效的激励。激励的成效需要通过评估来认定,并进行相应的调整。

整个项目的完成非常强调逻辑的严密性,以任务为驱动,层层递进,注重培养学生发现问题、分析问题和解决问题的能力。

目标检测

一、问答题

1. 分销渠道的主要功能有哪些?

2. 渠道成员的选择标准包括哪几个方面?

3. 根据不同的考核标准,价格折扣又可以分为哪几种方式?

4. 营销渠道调整的方式有哪些?

5. 企业如果进行渠道调整,应当如何选择时机?

二、案例分析题

案例1　亨笛生医疗的分销渠道

亨笛生医疗把产品直接分销给425家独立的医疗器械专营商和从营业面积上看是属于标准规模的50家独立经销商。在全国范围内,这些商人一共为150个市场服务,然而在其中50个市场中,独立的经销商是亨笛生医疗唯一的代理商。根据总裁吴家昊先生的看法,市场区域的大小差距是由于亨笛生早期较难获得足够的销售量的结果。医疗器械专营商人一般经销10种或10种以上的医疗器械产品,而独立经销商则只经营亨笛生医疗的产品。从全国范围来说,独立经销商主要分布于拥有25万人口(或25万人口以下)的销售区内。相比之下,一些具有很大竞争力的同类商品,通过连锁商店和折扣店等大量销售的商品渠道,在拥有100万或更多人口的销售区内售出越来越多的产品。该公司雇佣10名销售代表,每个代表通常负责相当于一个省范围内的销售业务,这些代表主要同独立经销商打交道,平均每月访问两次。

吴家昊先生充分认识到亨笛生医疗同经销商之间紧密关系的重要性。长期以来,公司一直强调经销商是公司的财富,并始终如一地加强同它们的联系。吴家昊先生认为,他要完成亨笛生医疗2011年250 000美元的销售目标,其中一项很重要的措施就是要对这些经销商进行评估,了解它们的特征、人数和所在地区,了解它们是否能使亨笛生医疗的顾客感到满意,并考察它们能为公司完成的业务目标。

其实,公司的管理层中也有一些人员希望对分销渠道进行修正。有一种观点是倾向于发展特约经销的计划,因为在去年已有25个独立经销商显示出它们具有担任这种工作的可能性。根据这个计划,将给予有限数量的经销商在某一特定市场独家销售亨笛生产品的权利,并给予数额不作具体规定的特约经销酬金,交换条件是特约经销商同意进行商品的宣传和推销,并始终如一地按照公司规定的目标以具体的方式为商品提供服务。还有一种观点是主张减少一般经销点的数目,其原因是:通过对公司销售情况的具体分析,发现10%的经销商完成了80%的销售额;经销商数目减少,容易改进推销人员的推销工作,因为他们可以对这些数目较少的经销商提供更好的服务。当然还有一种观点,就是不改变公司目前的分销方式和分销商数目,认为亨笛生医疗应该在现有分销渠道策略下把销售工作做得更好。

案例讨论:

(1)请分析评论亨笛生医疗管理层对于公司分销渠道的三种观点。

(2)你认为亨笛生医疗现有的分销渠道有哪些优、缺点?是否需要改进?如果需要改进,请指出具体措施,并讲明改进的原因。

案例2 扬广公司选择分销商

扬广医疗器械有限公司是一家从事新型家用医疗器械研发、生产与销售的民营企业。公司根据自身情况和产品特点,采用了地区总经销制。以地级城市为单位,在确定目标市场后,选择一家分销商作为该地区独家总经销。为达到立足长远做市场、做品牌、共同发展的目标,扬广公司对总分销商提出了较严格的要求:

1. 总分销商要具有对公司和产品的认同感,具有负责的态度,具有敬业精神。

2. 总分销商要具备经营和市场开拓能力,具有较强的批发零售能力。

3. 总分销商要具备一定的实力。

4. 总分销商现有经营范围与公司一致,有较好的经营场所。

扬广公司与其分销商的关系,不是简单的立足于产品买卖关系,而是一种伙伴关系,谋求的是共创市场,共同发展。

案例讨论:

试评价扬广公司选择分销商的条件,并说明理由。

案例3 恒泰公司的营销模式

由恒泰公司研发的疗效型系列健康用品,一上市就以其独创的全新休闲健康疗法——利用睡眠时间祛病养身,迎合了现代快节奏生活中的各式人群的需求。其广阔的市场空间,以及相当时期内旺盛的产品生命力,正是许许多多持币观望的经销商们所希求的。

该公司从推出产品那一天起,就结合产品特点为一大批有实力、求长远、求发展,同时又有着强烈成长欲望的发展中的经销商,制订了一套低成本的营销模式,以消除经销商的恐惧心理。该模式的最大好处在于不仅确保经销商现在赚钱,更能帮助经销商未来赚钱。

在选择经销商时,该公司尽量在同一地区仅选择少数几家中间商,这几家中间商都是精心挑选的,并且是最适合的。这样公司比较容易控制,并且可以获得足够的市场覆盖面。

对于公司的经销商,为使其尽快地了解这一系列产品的独特个性及营销方式,恒泰公司除了积极履行培训职责之外,还根据经销商的实际需求,将一套独特的营销推广方法提炼成以"贴心服务"为核心,以"模拟演练,实际操作,后续追踪"为主体的营销方法,毫无保留地教给每一位合作伙伴。

公司还为经销商提供了丰厚的折扣制度,规定一次性购买数量达到100套将获赠10套,一次性购买数量达到200套将获赠43套。这一折扣方式极大地提高了经销商的积极性,而对公司来说既可以维持统一的价格秩序,又可以扩大产品的市场覆盖面。

但是,一样的产品和营销推广模式,在各地区的经销商当中却产生了不一样的效果。有的经销商当月进货当月售完当月第二批进货,有的甚至当月收回投资成本。可有的经销商手中的产品却不为消费者所喜欢。产生这种差异的原因何在? 经过追踪调查分析,发现产生差异的根本原因在于部分经销商对这一系列健康用品及其独特的营销推广模式的理解存在问题,在实际操作时自然会有许多不同。有的经销商在恒泰公司培训时,自己亲自到场,但回去操作时,往往因理解不够而产生偏差;有的虽然派来一两个营销骨干,但培训结束回去传达时,就会因认识上的不足而走形。

经过决策层的数次研究,恒泰公司做出了一个在国内企业界堪称创新的营销决策——向经销商输出职业经理人。这个创新的决策引起了经销商的强烈反响,完善了其营销渠道系统。

案例讨论:

(1)恒泰公司为其经销商制订的价格折扣属于什么类型?

(2)恒泰公司在选择分销商时应该考虑哪些因素?

(3)恒泰公司的对经销商的激励措施有哪些?

三、实训题

信程医疗分销渠道设计

信程医疗是一家生产血糖仪的中型企业。产品已上市3年,价格适中,处于成熟期。市场形势比较乐观,整个经济形势景气,目标市场的顾客数量较多且地点分散,购买批量小。企业资金实力一般,计划提高企业技术开发与生产能力,增强企业核心竞争力,所以较多考虑增加和发展批发商、零售商的合作关系,而相应减少流通领域的投入。

企业选择哪种销售渠道类型,既有一些来自医疗器械本身、市场和企业的硬性约束因素,也有相当大的灵活选择的余地。请根据所学知识分析信程医疗的状况,分别为其设计一条直接和间接销售渠道,并说明原因。

渠道,并说明原因。

第五章

ER-05章PPT

医疗器械市场沟通实务

学习目标

学习目的

通过对医疗器械市场沟通实务的学习，医疗器械企业年度促销方案设计、营业推广、广告方案设计、人员推销技巧等技能的训练，培养学生设计医疗器械促销方案的能力，以及从事人员推销工作的各项能力，为医疗器械营销管理类专业课程以及从事医疗器械销售奠定扎实的基础。

知识要求

1. 掌握医疗器械促销方案设计、营业推广及广告活动的策划步骤，推销人员进行自我管理的方法；

2. 熟悉医疗器械企业促销预算方法，医疗器械顾客、经销商及销售人员的激励政策，广告媒体的选择方法，人员推销的技巧和步骤；

3. 了解医疗器械企业促销目标、时间和范围的确定，营业推广方式及如何确定营业推广目标，广告目标的含义、类型和确定的原则，人员推销的原理及方法。

能力要求

1. 熟练掌握医疗器械促销方案设计、营业推广及广告活动策划的技能；

2. 学会设计促销活动方案书，撰写营业推广活动方案书，进行广告宣传策划，熟练运用医疗器械人员推销的各种技巧，能够独立从事医疗器械产品推销工作。

第一节 医疗器械促销方案设计

促销最早出现在美国，1853年美国一间帽子店提出，买帽子的顾客可免费拍摄一张戴帽子的照片，招揽了大批顾客，取得了很好的销售效果。目前，促销在医疗器械行业的战略地位不断提升，促销费用的比例也在逐年加大。

促销即促进产品销售，是指营销者以满足消费者需要为前提，将企业及产品的信息通过各种促销方式传递给用户，促进顾客了解、信赖本企业产品，进而唤起需求，产生购买行为的一系列活动过程。促销的实质是营销者与购买者或潜在购买者之间的信息沟通。医疗器械促销即指所有医疗器械生产及经营企业与医院或普通医疗器械消费者之间的信息沟通。

一、确定医疗器械企业促销目标

促销目标即指医疗器械企业期望从未来一段时期促销活动中所能得到的效果。完善的促销管理,需要所有参与人员都能清晰地认识和了解所要达成的目标,同时也能清楚每个人特定的工作任务,以及这些工作内容对达成企业整体营销目标有何裨益等。

(一)确定医疗器械企业促销目标应遵循的原则

1. 医疗器械促销目标应与国家医疗政策相一致　医疗器械企业设定促销目标时,需仔细研究国家医药体制改革新政策,熟知国家医疗器械发展新方向以及投资重点领域,充分结合医疗器械发展大环境来制订相应的促销目标。例如某医疗集团了解到新医改形势下我国医疗服务模式转变的大方向,改变了目前优质医疗资源主要集中在疾病的中末期治疗现状,将战略重点转向早期疾病的预防和健康生活方式的促进,抢先布局"B2C"市场,率先推出了面向家庭和个人的健康管理解决方案和服务平台。

2. 医疗器械促销目标必须有助于强化并达成营销总目标　广告、营业推广、人员推销及公共关系等个别目标的设定,必须确保营销总目标的达成。由于促销目标是营销目标的细分目标,因此在设定促销目标时,必须能够支持并强化营销总目标。

3. 医疗器械促销目标是具体的,具有可评估性　即设定目标时应尽可能地数字化、具体化。模糊不清的目标界定会影响促销的执行及评估工作。比如可采用"某企业的某型心电监护仪销售额比上期增长5%"或"市场份额较上月提高了0.3%"等表述方式。

4. 医疗器械促销目标应切实可行并明确责任人　促销目标应符合实际、可达成,不应太高或太低,一个有效的目标应该是团队通过阶段性的努力,方可完成。同时促销目标应清楚地书写出来,分别传达给每位负责执行的人,只有每个人职责明确,大家才不会相互推诿,才能协同完成任务。

5. 医疗器械促销目标应定期评估反馈　为了确保促销工作能够按照计划执行,需要定期进行检查和反馈,检查工作以周或月为单位进行,防患于未然,以便在促销任务发生严重偏差之前,及时做出必要的调整或改善。

(二)以消费者为主要考虑因子确定医疗器械企业促销目标

从消费者角度出发进行考虑,顾客实际的购买行为是一个漫长决策过程的最终结果。医疗器械企业不能指望顾客初次接触有关某种商品的信息就立即决定购买,所以促销活动的目标实际是使潜在顾客从目前的心理准备层级进入更接近做出购买决策的下一个层级。为此,促销策划方首先要了解目标顾客现在处于购买准备过程的哪一个层级。然后,促使其转入下一层级成为首要促销目标。

知识链接

工业品采购的类型

工业品的购买类型可分为三种:直接再采购、修正再采购和全新采购。

通常情况下根据消费者购买决策的过程,将医疗器械促销的目标设定为以下五个层次:

1. 认知　如果医疗器械企业推出一款新产品,大多数目标顾客对该产品还一无所知,那么,当前促销的任务就是使他们知晓。换言之,建立认知度也是要花时间的,因此,企业此时的促销目标是建立或提高消费者对产品的认知度,比如企业可以将消费者对产品品牌的认知度从0提升到30%作为促销目标。

2. 了解　目标顾客可能仅仅知晓某医疗器械公司及其产品的名称,而对产品的细节知之甚少,企业此时的促销目标是使目标顾客对产品性能、参数及相比于同类产品的优势等有清楚的了解和认识。如在这个层次医疗器械企业可采用人员推销方式,上门拜访目标医院用户,备份该产品资料,详细介绍产品功能。

3. 偏好　医疗器械用户在对产品有足够的了解之后,此时企业最关心的是他们的感觉如何,喜欢还是不喜欢,或者保持中立,没什么感觉,并针对性地展开促销活动,着重宣传本企业及产品的特色及优点,使用户对该医疗器械企业及产品形成特殊偏好。

4. 确信　目标顾客已经形成了对某个医疗器械企业或产品的偏爱,但不一定会下决心立即购买,此时企业的促销目标是促使目标顾客建立或强化购买的信念。

5. 购买　已下了购买决心的目标顾客仍不一定会马上购买,他们可能还要观望一段时间再采取行动,这时企业的促销目标应是促使购买行为实现,如提供医疗器械产品技术培训、分期付款或延长保修服务期限等促销优惠。

知识链接

工业产品购买过程

工业品的价格都比较高,交易额都很大,所以,企业在购买产品时会反复考察,细细盘算。决策过程不但复杂,而且相对漫长。在排除企业直接重购的情况下,工业品新的购买过程可以分成八个阶段:产生需求、确定需求、产品规格、寻求供应商、筛选供应商、正式签单、绩效评价。

(三) 以企业本身为考虑因子确定医疗器械企业促销目标

从医疗器械企业的角度出发,根据医疗器械企业当前的营销重点来确定促销目标。促销作为企业的经营策略之一,对提升企业的销售额、促进企业的知名度等都具有明显的效果。一般来说,医疗器械企业会有如下几个方面的促销目标。

1. 有效传递医疗器械企业产品信息　医疗器械企业在开展促销活动时,产品信息以各种形式进行传播,有助于用户了解产品的价值、功能、价格以及优惠方式等方面的信息。因此,促销又被誉为"无声推销员"。

2. 加快医疗器械新产品进入市场的进程　人对任何新事物总是需要一定的接受时间,同样医疗器械用户对于新产品的认知程度一般都会落后一些。当新产品上市时,如果企业能够配合采用一些积极的促销措施,可以在短期内迅速将新产品推向市场。例如医疗器械新产品上市时采用新闻发布会这种促销策略可以在短时间内引起用户对该产品的兴趣和了解。

3. 引发医疗器械用户的购买欲望　一般情况下,医院及其他医疗器械用户每年都会有新设备采购的预算,然而很多用户都存在医疗设备虽陈旧但仍然在使用的习惯,这种情况下,医疗器械企业可以凭借各种促销工具来刺激用户,促使他们尝试新技术,淘汰旧产品,加速产品的更新换代。

4. 促使医疗器械用户建立消费习惯,进而提升销量　用户在体验了医疗器械企业提供的某种产品之后,他们就有可能进行再次消费。也就是说即便企业不再进行促销活动,但因为满意的用户已经习惯了该企业以及它的产品,无形中建立了消费习惯,在保持满意度的前提下会不断购买该企业产品,提高非促销效应的购买量。

5. 塑造良好的企业形象,提高品牌知名度　促销的最大效用在于它能够引发消费者的购买行为,但是这样一种效用有可能在促销过程中和促销结束后影响消费者对于品牌的偏好。然而促销是把双刃剑,有正负效应,如果促销得当,会使得消费者对品牌印象向偏好的方向发展,只要促销活动能够给消费者带来益处,就会增加消费者对于企业的好感和忠诚度,在消费者心目中建立良好的企业形象。

二、确定医疗器械企业促销手段

(一)营销传播组合

促销必须通过一定的方法或手段进行,企业在市场营销过程中有计划、有目的地把各种促销方式有机结合为一个策略系统,使企业的全部促销活动相互配合与协调,以最大限度地发挥促销整体效果,顺利实现企业的目标。

一个公司的总体营销传播组合,也称促销组合——由人员推销、广告、营业推广及公共关系四种方式配合形成。

1. 人员推销　人员推销又称人员销售,是企业通过派出推销人员或委托推销人员亲自向顾客介绍、推广、宣传,以促进产品的销售。可以是面对面交谈,也可以通过电话、信函交流。推销人员的任务除了完成一定的销售量、促成当面销售以外,还应当迅速收集消费者的反馈意见,开拓新的市场。

2. 广告　广告是企业以付费的形式,通过一定的媒介,向目标顾客传递信息的过程。它是一种旨在将医疗器械产品、营销构思的有关信息传递给目标受众的大众传播行为。

3. 公共关系　公共关系是指企业为了建立和维护自身的形象而有意识地与社会公众通过直接或间接的渠道进行信息的双向交流的沟通活动。

4. 营业推广　营业推广又称销售促进,是所有旨在迅速激发消费者的购买行为而在短期内采取的各种非常规的刺激需求的特殊促销活动。广告给消费者提供某种购买的"理由",营业推广则是在某一特定的时间内提供给消费者某种购买的激励。

(二)促销的基本策略

企业促销活动有"推动"和"拉引"两种策略(图5-1)。"推动"策略就是以中间商为主要促销对象,把产品推进分销渠道,再由中间商推向市场。此策略的目的着眼于使中间商产生"利益分享意识"。而"拉引"策略,则是以最终顾客为主要促销对象,首先设法引起潜在购买者对某种产品的需求和兴趣,然后由最终顾客向中间商购买该产品,中间商向制造商进货。

"推动"策略和"拉引"策略都包含了企业与消费者双方的能动作用。但前者的重心在推动,着重强调企业的能动性,表明消费需求是可以通过企业的积极促销而被激发和创造的;而后者的重心在拉引,着重强调消费者的能动性,企业的促销活动必须顺乎消费需求,符合购买指向,才能取得事半功倍的效果。

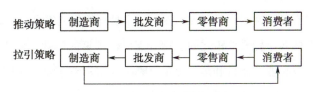

图 5-1　推动和拉引两种促销策略

不同企业对"推动"和"拉引"策略的偏好有所不同,这种策略的选择会影响促销方式的选择。有些小型公司只使用"推动"策略,而有些大型直销公司只使用"拉引"策略,大多数公司则把两种策略结合起来使用。通常情况下,若企业采用"推动"策略,会比较重视人员推销;若企业采用"拉引"策略,则会对广告比较重视。

(三) 各种促销方式的优缺点

每种促销方式都具有其本身的特点,在不同的需求下结合各种促销方式的优缺点,选择合适的促销方式,称为促销组合策略。

人员推销在购买过程的某些阶段是最为有效的工具,特别是建立买主的喜爱、信任和购买行动阶段。人员推销通过观察顾客的需求和特点,从而做出较快的调整。除了销售关系,还可以通过与顾客建立较深的私人关系来达成长期合作。然而,人员推销也是公司最费钱的促销手段。

广告可以用较低的成本,把信息传至散布在各地的买主。覆盖面广,表达力强,可以为企业及其产品建立长期的形象。但广告不像人员推销,它只能与观众进行一种单向的交流,人们并不觉得一定要注意或是作出反应。

营业推广包含各种各样的工具,每种手段都有许多独特的优点。它可以吸引消费者的注意力,诱发快捷的反应,促进短期购买行为。然而,营业推广的效果往往是短暂的,在建立长期的品牌偏好方面效果欠佳。

公共关系主要从事组织机构信息传播,关系协调与形象管理事务的咨询、策划、实施和服务的管理职能,是企业机构用来建立公众信任度的工具。公共关系中的传播是指组织传播媒介向公众进行信息或观点的传递和交流,其目的是通过双向的交流和沟通,促进公共关系的主体和客体(组织和公众)之间的了解、共识、好感和合作;其手段主要有人际传播、组织传播和大众传播等形式。

各种促销方式优缺点比较见表 5-1。

表 5-1　各种促销方式优缺点比较表

促销方式	优点	缺点
人员推销	直接沟通信息,反馈及时,可当面促成交易	占用人员多,费用高,接触面窄
广告	传播面广,形象生动,节省人力	只针对一般消费者,难以立即成交
营业推广	吸引力大,激发购买欲望,可促成消费者及时采取购买行动	接触面窄,有局限性,有时会降低商品价格
公共关系	影响面广,信任度高,可提高企业知名度和声誉	花费力量较大,效果难以控制

（四）影响促销组合的因素

促销决策过程中富有挑战性的问题是如何找到一个最佳的促销组合。确定最佳促销组合，实质上就是企业在促销组合的各个构成要素之间合理分配促销预算的问题。由于四种促销方式各有特点，适用于不同对象，所以企业在制订和运用促销策略时，需综合考虑以下因素。

1. 产品类型　不同类型产品的消费者在信息的需求、购买方式等方面是不相同的，需要采用不同的促销方式。例如技术性较强的产品，适宜采用以人员推销为主的促销方式；价格较低、技术性弱、买主多而分散的产品则适宜采用广告的促销方式。不同的促销方式在工业品和消费品市场上的作用也不尽相同。一般来讲，广告一直是消费品的主要促销工具，而人员推销则是工业用品的主要促销方式。营业推广在这两类市场上具有同等程度的重要性。

2. 市场特点　企业目标市场的不同特征也影响着不同促销方式的效果。在地域广阔、分散的市场，广告有着重要的作用。如果目标市场窄而集中，则可使用更有效的人员推销方式。此外，目标市场的其他特性，如消费者的收入水平、风俗习惯、受教育程度等也会对各种促销方式产生不同的影响。如果目标市场消费者文化水平较高，经济状况较好，可较多地运用广告、公共关系；反之，在乡镇及较落后的地区则应多运用营业推广和人员推销。

3. 促销目标　确定最佳促销组合，还需要考虑促销目标。相同的促销工具在实现不同的促销目标上，其成本效益会有所不同。也就是说，促销目标不同，应有不同的促销组合：若促销目标是为了提高产品的知名度，那么促销组合的重点应放在广告和营业推广上，辅之以公共关系宣传；若促销目标是让顾客了解某种产品的性能和使用方法，那么促销组合应采用适量的广告、大量的人员推销和某些营业推广；若企业总体营销目标是在目标市场上树立企业形象，为其产品今后占领市场奠定基础，则要制订一个较长远的促销组合方案，应建立广泛的公共关系；若企业的促销目标定位是在一个细分市场上迅速增加销量，则应该选择广告和营业推广，扩大企业的市场份额。

4. 产品生命周期所处阶段　在产品生命周期的不同阶段，企业促销的重点和目标不同，要相应制订不同的促销组合（表5-2）。通常，在投入期，要让消费者认识和了解新产品，可利用广告和公共关系广为宣传，同时配合使用营业推广和人员推销，鼓励消费者试用新产品；在成长期，要继续利用广告和公共关系来扩大产品的知名度，同时用人员推销来降低促销成本；在成熟期，竞争激烈，要用广告及时介绍产品的改进，同时采用营业推广来增加产品的销售量；在衰退期，营业推广的作用更为重要，同时配合少量的广告来保持顾客的记忆和信任。

表 5-2　不同时期采用不同的促销方式

产品生命周期阶段	促销重点目标	促销的主要方式
投入期	认识了解新产品	广告及公共关系
成长期	扩大产品知名度	广告和公共关系，配合以人员推销
成熟期	增加产品的销售量	广告介绍产品的改进
衰退期	促成信任购买	营业推广为主

（五）确定医疗器械企业促销手段

1. 家用医疗器械促销组合

（1）家用医疗器械促销模式存在的问题

1）虚假信息较多,虚夸产品功能:企业在促销时人为地夸大产品疗效,对疗效进行百分百承诺。以专家促销和借助康复患者促销模式为例,有些企业寻找一些"托",对企业产品的疗效进行"现身说法",欺骗消费者。由于消费者看病心切,抱着试试总比不试好的心理,多次上当受骗。目前,国家已经出台《医疗广告管理办法》对这类促销方式进行了限制。

2）降价过于频繁:每天都会看到某产品最后大酬宾,可从未见到产品恢复至原价。这种促销模式给人一种虚假的感觉。滥用价格促销,使其在刺激短期销售量方面的作用大打折扣。

3）偏重产品推销,忽视品牌塑造:家用医疗器械产品主要是耐用品,价格一般都比较昂贵,而且治疗效果只有在较长时间使用后才能体现。目前的一些产品采取现场免费试用,过程中急于将产品推销给客户,短期目的性过强,忽视产品的品牌塑造。

4）促销人员专业素质低:很多家用医疗器械促销员是企业临时雇佣的,经过很短时间的产品知识培训就直接上岗。缺乏专业知识及专业的销售技能培训,消费者得不到一对一、有效的导购。

（2）家用医疗器械促销方式选择:我国家用医疗器械市场还处在发展初期,具有进入壁垒低、发展速度快、投资回报率比较高、风险相对较小的特点,正吸引着越来越多的资本进入。各种促销方式都有其优缺点,这就要求企业在实践中能够有计划地将各种促销方式组合起来,制订最佳的市场沟通决策。

1）家用医疗器械应以广告方式为主进行品牌塑造:家用医疗器械面向的家庭用户,市场特点是地域广阔且分散。同时家用医疗器械技术门槛低,相对于医院设备而言,单位价值小,具有广泛的消费者。上述特点决定了家用医疗器械应采用合理的广告方式来宣传企业及产品,树立企业形象。而对于家用医疗器械广告媒介的选择应有取舍,尽量避免报纸或电视媒体等投放大量广告,而应采用专业期刊广告、公益活动广告,或向目标用户发放预防、治疗及生活注意事项的小册子等广告方式,既可降低企业促销成本,同时又能帮助企业树立良好的形象。加强企业品牌塑造的益处显而易见,医疗器械不同于药品和保健品,尽管市场启动慢,但是一旦树立了良好的企业形象,多受益十年不成问题。

2）家用医疗器械应以营业推广方式体现服务优势:与日用消费品不同,家用医疗器械唯有打"专业牌"才能打开医疗器械市场的新天地。所谓"专业牌"的核心内容就是专业化服务,即包括售前免费体验、售中使用方法技术指导、售后上门服务三方面。辅之以折扣促销、赠品促销、专家促销及公益营销等营业推广方式。通过为用户提供专业的营业推广服务来促成产品质量管理的完整性,彻底把简单的买卖关系变成顾问式营销,提升顾客信任度及满意度,形成以顾客需求为导向的服务理念。营业推广活动不受时间地点的限制,大型医疗器械企业可在自营专卖店进行,小型医疗器械企业可在城市乃至乡镇进行。

3）家用医疗器械应以直营连锁为促销新趋势:家用医疗器械促销方式可参考家用电器销售发展方式,由以前的百货大楼转向专业直营连锁,打破多级供货代理,减少层层加价。可以实行三级简短流程,把"厂家——办事处——批发商——零售商——顾客"的模式,转变为"厂家——直营连锁机构——顾客"的简短模式。只有删减掉中间多余的环节,医疗器械企业才能谋求跨越式发展,使家用医疗器械产品价格实现平价常态化。同时,直营连锁机构促销人员均有专业背景,又经过系统的专业知识培训,可以大大提高服务的专业化程度。

2. 机构医疗器械促销组合　与家用医疗器械不同,机构医疗器械面向的是组织市场,该市场具有如下特点:购买者数量少,往往呈地区性集中;技术性强,需要加强产品方面的教育与培训;需求弹性小,波动大;专业人员采购;影响购买的人较多;购买金额大;销售访问多。这些特征显示出机构医疗器械促销必须以人员推销为主要的促销方式,而大众传播促销方式则居于次要地位。因而机构医疗器械的促销组合次序是:人员推销、营业推广、广告、公共关系。

机构医疗器械企业在实际运作时,单独依靠某一种促销方式来实现促销目标是很困难的,只能说是比较偏重于哪一种,更多的是依靠促销方式组合搭配来进行推广。

(1)机构医疗器械促销组合参考因素

1)参照医疗器械产品的分类优化促销方式组合:医疗器械产品按照其使用的安全性主要分为三类,第一类是指,通过常规管理足以保证其安全性、有效性的医疗器械;第二类是指,对其安全性、有效性应当加以控制的医疗器械;第三类是指,植入人体,用于支持、维持生命,对人体具有潜在危险,对其安全性、有效性必须严格控制的医疗器械。类别越高,危险性越大,监管越严格。

医疗器械企业可根据所经营产品的类别选择合适的促销方式组合,例如对于高风险性的医疗器械产品,用户更注重销售商的信誉,以及该产品的可靠性和在业内的口碑,因此企业可以在这些方面多下工夫,注重企业的品牌树立、产品的培训以及业内临床专家的推荐使用等方法。而对于一些基础性的、较为普遍的医疗器械,如手术刀、医用注射管等,所有的基层医院都是其目标客户,这种情况下可以使用宣传面较广的促销方式,如广告和公共关系等。

2)参照医疗器械产品的生命周期选择促销方式:产品处在不同的生命周期阶段,促销目标不同,要相应地选择、编配不同的促销方式组合,制订特定的促销策略。

产品导入期阶段应该采取广告宣传和人员推销相结合的方式。新产品上市初期如果没有广告的告知性宣传,医疗器械用户甚至中间商都对产品一无所知,就无法谈及下一阶段的营销进展了。如果顾客还要求更多地了解产品的性能和特色,这个时候就需要熟悉产品的推销人员多做细致的说明和介绍。

产品成长期促销的重点是树立用户对企业及产品的信任态度。在这个阶段,医疗器械专业期刊广告及会议宣传可以作为主要的促销方式。另一方面,要配合使用人员推销,尽力扩大销售渠道,便利顾客购买。

产品成熟期阶段由于更多的竞争者进入市场,因此促销的总目标是争取在竞争中取胜。这个时期应更多地运用人员推销,让销售人员多访问顾客,进行说服工作,配合以适当的销售促进手段,必要时还要多进行公众关系工作,扩大企业和产品的声誉,全面提高产品的销售量。

产品衰退期阶段需减少促销活动,避免促销费用支出,可以适当地针对一些忠实的老客户,采用提示性宣传;同时为产品的更新换代做好促销铺垫工作。

3)参照国家医疗器械政策优化促销方式:2017年4月26日,国务院明确医改试点省份推广"两票制",所谓"两票制",是指生产企业到流通企业开一次发票,流通企业到医疗机构开一次发票,减少流通环节,同时每个品种的一级经销商不得超过2个。各省执行到位的时间各有不同,但"两票制"是大势所趋。医药和医疗器械行业各方人士一片哗然,倍感生存的压力。医用普通耗材和检验试剂会受到较大影响,大部分中小型医用耗材和检验试剂商家将被淘汰出局。"两票制"的推行对促销方式和预算分配会有一定的影响,例如经销商人员推销的力度会削弱,而更多的促销压力会集中到生产商身上,生产商会将更多的促销重点放到广告宣传和公共关系上。

(2)机构医疗器械促销方式选择

1)机构医疗器械应以人员推销为主:产品类型与市场特点决定机构医疗器械应该多采用人员推销方式,机构医疗器械技术性强,具有确认疗效、绝对安全、不可逆性等特点,采用人员推销可以及时对客户进行技术解答,并对客户提出的要求进行面对面的反馈,通过提供专业服务来满足客户在产品质量及性能上的高要求。机构医疗器械面向的市场较为特殊,均为专业的医疗器械机构,市场狭窄,产品使用群体固定,促销对象受教育程度高,运用高素质人员推销可以弥补其他促销方式的不足,提供优质的服务。

2)机构医疗器械应充分利用营业推广进行促销:医疗器械属于健康产业,医疗器械产品与生命息息相关,企业需要通过各种营业推广活动树立良好的形象,增强用户的信任度,在用户中形成高质量、优服务的良好口碑。例如,医疗器械企业通过以旧换新、买产品送服务等方式,树立企业及产品形象,让用户买得放心,用得安心。另外,医疗器械企业通过协助政府事业、热心公益事业、开展公共关系活动等促销措施来取悦产品的终端用户,促进医院工作的开展。

3)医疗器械会议促销:医疗行业有很多专业的学术会议及医疗器械产品博览会,这两类会议为医疗器械企业开放了较为广泛的展销平台,能够让他们广泛宣传企业形象,推介新产品,很多经销商现场签订采购订单,这种促销是医疗器械行业的一种专属方式,它注重效率,讲究时效和品质,为医疗器械企业及产品的推广创造了良机。

从总的指导思想分析,消费品市场多以"拉引"策略为主,组织市场则以"推动"策略为主,作为组织市场成员之一的机构医疗器械市场,企业应以"推动"策略为主,"拉引"策略为辅,促进产品的推广。

三、确定促销时间和范围

(一)医疗器械促销时间的确定

促销活动的时间选择得当会令促销活动事半功倍。通常消费品的促销时间大多参照节日列表,或者消费者有空闲参与的时间段,与普通消费品不同,因为医疗器械产品面向的是组织市场,销售对象以国家医院为主体,专业性较强,因此在促销时机的选择上具有一定的特殊性。

医疗器械较有规律的促销活动是会议展销,主要分为两类,第一类是医疗器械博览会,比如中国国际医疗器械博览会(CMEF),每年春秋两届,通常在上半年的4月份和下半年的10月份,一般有20个以上的国家参展,国内大多数医疗设备生产商也会参加,展会面积通常在10万平方米以上,提供企业展位5000多个,是亚太地区最大的医疗器械及相关产品、服务展览会。第二类是各种医学会议,以国家或省级为单位举办,例如2017年4月于广州市召开的第十九届南方心血管病学术会议,提供数百个参展位,属国家级医学会议。这类会议为医疗器械企业开放了较为广泛的展销平台,使得各医院的参会代表能够在很短的时间内获取大量的促销信息,为医疗器械企业及产品的推广创造了良机。

医疗器械广告、人员推销等促销活动时间规律性较弱,随意性大,比较有弹性。例如医疗器械广告,企业可根据自身需要定制。人员推销则取决于销售人员自我的时间安排和计划,更多时候需要尊重医生的允许约谈时间。

(二) 医疗器械促销范围的确定

医疗器械促销范围的确定可以参照以下几个标准:

1. 地区划分 不同的地理位置表现出不同的市场需求。各地区的经济水平决定着其医疗器材产品的需求层次。如东部沿海地区经济发达,可以选择多进行高端产品的促销活动;而对于欠发达地区,中低端医疗器械产品的促销活动较为普遍。以低价解决库存积压问题,销售一些功能落后但却能满足落后地区医院使用的器械。同样,地区的气候也影响着医疗器械的需求方向。例如北方冬季寒冷,昼夜温差较大,为心血管疾病的高发区域,各类心血管产品,如心脏起搏器、心血管支架等生产厂家均应重视北方区域的促销。医疗器械企业可根据地区来划分促销对象和范围,可以使工作重点突出,有的放矢。

2. 医院等级划分 我国根据医院的功能、任务、设施条件、技术建设、医疗服务质量和科学管理的综合水平对医院进行分级管理。医院等级分为一、二、三级。一级医院是直接为社区提供医疗、预防、康复、保健综合服务的基层医院,是初级卫生保健机构。其主要功能是直接对人群提供一级预防,在社区管理多发病及常见病,并对疑难重症做好正确转诊,协助高层次医院搞好中间或院后服务,合理分流疾病患者。二级医院是跨几个社区提供医疗卫生服务的地区性医院,是地区性医疗预防的技术中心。其主要功能是参与指导对高危人群的监测,接受一级转诊,对一级医院进行业务技术指导,并能进行一定程度的教学和科研。三级医院是跨地区、省、市以及向全国范围提供医疗卫生服务的医院,是具有全面医疗、教学、科研的医疗预防技术中心。其主要功能是提供专科(包括特殊专科)的医疗服务,解决危重疑难病症,接受二级转诊,对下级医院进行业务技术指导和培训人才;完成培养各种高级医疗专业人才的教学和承担省级以上科研项目任务;参与和指导一、二级预防工作。

医疗器械企业可根据各等级医院不同的职能,总结它们各自的需求特征,从而进行相应的促销活动。例如三级医院医疗水平高,注重前沿科技,医疗器械企业可借鉴国外技术,根据其临床需要研发并销售高端产品,并注重后期促销。总之,医疗器械企业可根据医院的等级规模来确定促销对象及范围。

3. 临床专业划分 医院有不同的专业科室划分,各科室对于医疗器械的需求也不尽相同。而对于综合型医疗器械企业而言,由于经营产品类型多,各个科室均需要使用的医疗器械设备和耗材,此时可根据临床专业类别来进行促销范围的确定。

四、编制促销费用预算

促销预算是医疗器械企业面临的最难做的营销决策之一。行业之间、企业之间的促销预算差别相当大。例如在化妆品行业,促销费用可达到销售额的 20%~30%,甚至 30%~50%,而在很多机械制造行业中仅为 10%~20%。据了解,国内大型医疗器械企业促销投入的平均水平为 8% 左右,与 10% 以上的研发投入相比,略低一点。而规模较小的医疗器械企业往往在促销方面的投入比例略高。

(一) 制订促销预算的方法

1. 量力支出法　该法是指企业确定促销预算的依据,是企业所能拿得出的资金数额。企业根据其财力情况来决定促销支出,方法简单易行,但很多时候这种方法会忽略促销与销售之间的因果关系,忽略了促销对销售的影响。所以,严格说来,量力支出法在某种程度上存在着片面性,不利于企业制订长期的市场开拓计划。目前很多小型的医疗器械私营企业会采用这种方法,量力支出法也可以理解为企业负责人是靠感觉来支出促销费用,缺乏科学依据,只为图方便。

2. 销售额比例法　这种方法是指企业按照销售额(销售实绩或预计销售额)或单位产品售价的一定百分比来计算和决定促销支出。也就是说,企业按照每完成 100 元销售额(或每卖 1 单位产品)需要多少促销费用来计算和决定促销预算。

销售额比例法能够保证促销费用在一个合理的区间浮动,不会过高或过低,既符合科学预算的方法,又简易可行。采用这种方法,各医疗器械竞争企业都默契地同意让其促销预算随着销售额的某一百分比而变动,有利于保持竞争的相对稳定。

采用销售额比例法相对简便,且预算方法客观,很多医疗器械企业都愿意参照这种方法进行促销预算。

例如,某医疗器械企业上年度的销售总额为 1000 万元,今年拟投入的促销费用占销售总额的 9%,那么,今年的促销预算费用为:

$$促销预算费用 = 1000 万元 \times 9\% = 90 万元$$

3. 竞争对等法　这种方法是指企业比照竞争者的促销支出来决定本企业促销支出多少,以保持竞争上的优势。在市场营销管理实践中,不少企业都喜欢根据竞争者的促销预算来确定自己的促销预算,形成与竞争者旗鼓相当、势均力敌的对等局势。

采用竞争对等法的前提条件是企业必须能获悉竞争者确定促销预算的可靠信息,只有这样才能随着竞争者促销预算的升降而调高或调低。

但是事实上,上述前提条件很难具备。因为企业没有理由相信竞争者所采用的促销预算确定方法比本企业的方法更科学,同时各企业的促销信誉、资源、机会与目标并不一定相同,可能会相差甚多,因此,某一企业的促销预算不一定值得其他企业效仿。即使本企业的促销预算与竞争者势均力敌,也不一定能够稳定全行业的促销支出。

4. 目标任务法　目标任务法的具体步骤见图 5-2。

企业在编制总的促销预算时,先要求每个经理按照下述步骤准备一份促销预算申请书:

(1)尽可能制订详细的促销目标,该目标最好能用数字表示;

（2）列出为实现该目标所必须完成的工作任务；

（3）估计完成这些任务所需要的全部成本。目标任务法的缺点是没有从成本的观点出发，来考虑某一促销目标是否值得追求，可能会造成入不敷出。

图 5-2　目标任务预算法的步骤

（二）医疗器械企业如何制订预算

上述每种方法都有其优缺点，对于医疗器械企业来说，应该综合考虑，结合企业实际情况制订促销预算。

1. 专业人员进行专业的预算　这里强调两个"专业"，前者是指医疗器械企业应派专人负责每次促销活动的所有成本预算；后者是指负责预算成本的员工必须"深入一线"，随时了解当时当地的各种资源支配和价格情况。医疗器械企业负责促销预算的专业人员需要了解的专业动态包括：期刊广告收费标准、展台展位展架等各项开支、宣传手册开支、促销礼品开支等。

2. 预算促销成本时，需充分考虑促销的预期收益　一般而言，绝大多数企业的促销预算方案都会重点阐述此次促销活动的主题、宗旨、形式和内容，但对于最关键的预期收益却很少讲述。众所周知，企业举行促销活动，最终目的不外乎是提高销量和提升品牌知名度。这些都是预期产生的收益，也是企业最关心的问题，完美的预算方案不应该忽略这个关键点。

3. 目标任务法是最务实的预算方法　医疗器械企业设定好促销目标之后，统计达成该目标所需完成的工作任务，并根据具体工作任务估算全部成本。这种预算方法可以保证企业的促销任务围绕着促销目标展开，能够确保企业顺利达成促销任务目标，并保证企业的支出及活动以促销目标为中心，按阶段目标循序渐进发展。根据医疗器械企业的促销特点，大多以人员推销为主，辅之以营业推广和广告，促销活动以地区为单位进行，因此可以推荐目标任务法，由各地区负责人报区域预算，进行叠加统计，这种方法使得促销预算能够落到实处，并且简单可行。

4. 销售额比例法是最简单科学的预算方法　销售额比例法简便易行，医疗器械企业采用这种方法的前提是企业能够量力支出，保证不会过度开支，预算费用在一个合理的区间浮动。这种方法可以促进竞争格局稳定，避免破坏市场秩序。

5. 竞争对等法是较安全的预算方法　竞争对等法是最捷径也最安全的一种方法，对于医疗器械企业来说，如果企业的现有资源、综合实力以及促销目标都接近的话，可以采用此法。然而如果企业的实力差距较大，面向的目标市场也不同，这种方法并不适用。

企业在确定总预算之后，通常可以参照促销方式进行预算分配（表 5-3）。

表 5-3　医疗器械企业预算分配

促销方式	预算额度（万元）	分配依据
人员推销		
营业推广		
广告		
公关关系		

五、编制促销方案

医疗器械企业应采用组合促销活动的策略思路,把广告、人员推销、营业推广及公共关系四种基本促销方式组合为一个策略系统,使企业的全部促销活动互相配合、协调一致,最大限度地发挥整体效果,从而顺利实现促销目标。因此,本书介绍的促销方案并非单次促销活动的方案设计,而是指医疗器械企业在一个固定的时间周期内如何进行宏观的促销安排,本文以一年为周期。

在设计促销方案之前,医疗器械企业首先需要做促销的背景分析,即市场状况分析,包括多项参数,如产品的市场容量、竞争品牌的销售量及市场占有率分析,竞争品牌的促销活动分析,公司产品的财务损益分析等。

编制促销方案可遵循的步骤:

1. 确定目标市场　所谓确定目标市场,是指医疗器械企业为自身及产品确定所处的位置,进而确定产品针对的消费者。在潜在市场中,哪些顾客需要你的产品,哪些人会在使用你产品的过程中受益,那么这部分人就是你的目标市场所在。只有认准了目标客户,才能采取最有效的促销手段,与他们进行营销沟通,并在沟通过程中传达最适合于他们的营销信息。

2. 确定促销目标　医疗器械企业在各阶段都会有对应的发展战略目标,促销目标应服务于企业战略目标。总的来说,企业所希望实现的促销目标就是其期待目标市场对促销活动所做出的反应,促销目标是一切促销活动的出发点和落脚点。如果企业希望通过促销活动提高企业的品牌影响力,或是激发消费者的购买欲望,提升销售量,那么就需要更准确地确定所采取的各项促销方式与手段。促销目标的设定通常有一些具体的参数:

(1)销售额增长率:根据上一年度的销售数额,按照一定比例增长,比如销售额相比于去年增长15%。同时可以将总的增长目标进行细分,安排到每个地区、每项产品、每个月份中,拟实现的销售额增长如表5-4所示。

表5-4　医疗器械销售额增长计划表

产品	片区	负责人	1月	2月	……	12月	合计	备注
A	××地区							
	××地区							
B	××地区							
	××地区							
C	××地区							
	××地区							
合计								

(2)市场占有率:很多医疗器械企业都会以市场占有率的变动来衡量自己在行业内的竞争状态。因为市场占有率是最具有参考价值的一项参数,能够确保企业在一个宏观的发展环境中保持前

进。例如美国 500 强之一的一某大型医疗器械公司,总销售额在 2016 年较上年度增长了 15%,但其市场份额却有所下滑,这个数据告诉企业形势不容乐观。

(3)扩大企业知名度,提升品牌影响力:品牌对于市场的影响是无声而又巨大的,营销学家霍尔及布朗曾指出,消费者在采取购买行动之前,心中就已经有了既定的品位和偏好,也就是受到品牌偏好的影响。因此品牌的推广对于企业销售的影响至关重要。良好的品牌形象会给企业带来事半功倍的效果。许多发展到一定规模的医疗器械企业,会将促销的战略重点转移到品牌影响力上来。例如深圳某医疗器械公司进入到第二个发展阶段后,除稳定发展外,非常注重品牌的推广,而进入第三阶段之后,战略重点也相应转移到品牌的维护及国际推广上。

> **知识链接**
>
> ### 品 牌 价 值
>
> 品牌价值是品牌管理要素中最为核心的部分, 也是品牌区别于同类竞争品牌的重要标志。 迈克尔·波特在其品牌竞争优势中提到: 品牌的资产主要体现在品牌的核心价值上, 或者品牌核心价值也是品牌精髓所在。

3. 确定促销信息 促销信息实质上就是医疗器械企业在与目标市场沟通时用以吸引目标市场所采用的文字和形象设计,或者说企业理念和思想向促销对象的传达。当在与目标市场进行促销沟通时,必须在促销信息中以充足的理由向潜在的客户表明,为什么他们应该对你所传达的促销信息做出反应。所提供的产品能够给用户带来的最大的益处是什么,这是促销信息中最为关键的内容。例如美国某医疗器械公司的促销宣传语:"每 4 秒钟,世界上就有一位患者的生命因为我们的产品或治疗而得到挽救或改善。"该公司于成立 50 周年之际,推出了全新的口号——"医疗科技,生命所系"。这一新口号体现了公司的发展动力源于对生命的尊重,一切先进的医疗科技都是以生命及健康为先导的理念。

4. 选择促销手段 促销必须通过一定的方法或手段进行,企业在市场营销过程中有计划、有目的地把各种促销方式有机结合为一个策略系统,使企业的全部促销活动相互配合与协调,以最大限度地发挥促销整体效果,顺利实现企业的目标。

医疗器械企业促销手段的选择在前面已有介绍,家用医疗器械与机构医疗器械的促销组合所应遵循的原则不同,医疗器械企业应以各自促销目标为出发点,综合考虑多方面因素,对各种促销方式进行合理的取舍。

5. 促销预算及控制 确定促销总预算的方法在前面已经有简单介绍。在此,以一年为周期,先确定年度总预算,在将总预算进行分配的时候可以采用预算清单,将各项促销手段的支出单独列出,最后进行统计。

某医疗器械企业年度促销总预算初定为__万元,其按促销项目分配情况参考"年度促销项目安排及实施进度表",其按费用项目分配情况如表 5-5 所示。

表 5-5　年度促销项目安排及实施进度表

实施项目	负责人	预估费用	项目实施进度			
			1月	2月	……	12月
商业性会议（医疗器械博览会）						
学术推广会						
客户研讨会						
杂志、网络宣传会议						
资料印刷						
公司礼品						
期刊广告						
网络广告						
人员推销费用						
……						
合计						

在确定促销预算分配之后,还需在促销过程中控制促销费用。首先,根据活动进展情况分批次对物资、费用等进行准备和发放;其次,充分利用现有的物资,从节约角度出发,在保障年度促销效果的前提下,最大限度地降低公司实际投入成本。

6. 确定促销总体方案　这里提到的促销总体方案是指医疗器械企业年度促销计划,涵盖促销目标、促销组合、促销预算分配、促销活动安排列表等,促销总体方案拟定后,需要经过审核,根据公司高层及促销相关人员的反馈意见,进行不断调整和修订后,形成最终稿。

7. 评估促销绩效　对促销活动进行评估,有利于经验总结,找出活动的不足之处,为企业改进促销工作提供依据,也为企业以后的促销工作提供宝贵的经验。通常采用对比法、市场调查法、观察法及单位成本法等来进行评估。

六、促销效果测定

对促销活动进行效果评估,是促销工作的一项重要内容,有利于医疗器械企业总结经验,找出促销安排、预算分配及促销实施的优缺点,扬长避短,为企业改进促销工作提供依据,考虑到各种促销方式效果的测定方法略有差异,因此本节将分别介绍营业推广和广告的促销效果测定方法。

(一) 营业推广效果评价

营业推广效果评价不仅需要对推广方案本身进行评价,更重要的是在事前设定目标并努力执行,事后追踪促销成效,将实际成果与设定目标进行比较,评价实际促销效果,采取修正行动,以保证企业按计划高效率执行。

1. 市场评价指标

(1)销量浮动评价:销售量是衡量企业经营绩效的重要指标,也是最常用的促销效果评价参数。

该指标的测定必须有具体的、量化的统计数据,并根据营业推广活动前后数值的变化进行比较分析。例如,某医疗器械企业在参加医疗器械博览会之前每月平均销售 A 产品 300 套,展会之后的当月销售量为 390 套,从短期促销效果来看,说明这次促销活动对 A 产品短期销售量的提升起到了一定的作用。然而对于促销效果的评估,我们还需关注相对长期销售量,从而做出比较科学的判断。采用此法时,可参照表 5-6,我们对 A 产品的甲乙丙丁四个销售区域进行测定。

表 5-6 销量浮动评价表

区域	销量浮动情况			判定结果
	促销前	促销中(数量/增长比例)	促销后(数量/下降比例)	
甲地区	300	390/30%	285/5%	很好
乙地区	300	390/30%	255/15%	良好
丙地区	300	390/30%	255/15%	有效
丁地区	300	360/20%	225/25%	无效

(2)参与者人数:根据销售漏斗原理,促销受众越多,客户成交的数量会同步增长,成正比例关系。因此,参与者人数的多寡,也是促销效果的评价重点。如医疗器械企业举行新产品发布会时,若能邀请到更多的经销商和潜在顾客参与,则会更有利于促销目标的达成。

知识链接

销售漏斗原理

销售漏斗,也叫做销售管道(sale pipeline),它是一个形象的概念,是对销售过程控制的重要分析工具。 销售漏斗通过对销售阶段的分析能够掌握销售的进展情况,是量化的对销售过程的管理方法。它适合销售流程比较规范、周期比较长、参与的人员比较多的复杂销售过程的管理。 比如,它一般为销售人员直销、系统集成商和增值服务高分销时普遍采用。

销售漏斗的顶部是有购买需求的潜在用户,漏斗的上部是将本企业产品列入候选清单的潜在用户,漏斗的中部是将本企业产品列入优选清单的潜在用户(如两个品牌中选一个),漏斗的下部是基本上已经确定购买本企业的产品只是有些手续还没有落实的潜在用户,漏斗的底部就是我们所期望成交的用户。

(3)市场份额:市场份额是指一个企业的销售量在市场同类产品中所占的比重,直接反映消费者对企业所提供的商品和劳务的满足程度,表明了企业的产品在市场上所处的地位,对市场的控制能力。市场份额越高,表明企业经营、竞争能力越强。因此市场份额也是衡量促销效果的又一重要指标。市场份额除了可以反映企业市场地位之外,更重要的是它能够帮助企业掌握竞争对手的状况。因此该指标更多的关注点在于对手方面。在掌握竞争对手的销售数据,统计出市场总量和各自市场份额之后,以此来研究企业促销力度对市场份额的变化程度。例如,某医疗器械产品在经过学术推广会议宣传之后,市场份额有了一定的攀升,而且持续周期很长,说明该营业推广活动取得了良好的效果。

(4)企业和产品的认知度:通过企业组织有关人员进行市场调查分析来确定营业推广的效果测定。因为企业和产品认知度属于长期效果测定,所以采用调研法更符合客观事实。具体做法是寻找随机抽样选取一组消费者,和他们进行面谈,了解究竟有多少消费者还记得促销活动,样本群对该推广活动的印象如何,是否觉得产品可信,对未来的品牌选择有何影响等。通过分析这些问题的答案,可以了解到消费者对于企业和产品的认可度,进而掌握促销活动的效果。

2. 经济效益评价

(1)投入产出比评估法:此方法主要反映促销投入和销售产品的平衡关系,即单位投入所获得的销售回报。计算公式为:促销投入/销售产出=投入产出比。

例如:为开发 A、B 两个市场,某医疗器械销售主管决定对两个市场各投入 2 万元组织推广活动。经过精心策划、实施后,A 市场当月实现 20 万元销售额,投入产出比为:2 万/20 万=10%;B 市场当月实现 12 万元销售额,投入产出比为:2 万/12 万=16.67%。从投入产出比来看,A 市场促销效果优于 B 市场,见表 5-7。

表 5-7　A、B 市场投入产出比

市场	投入费用(万元)	销售额(万元)	投入产出比
A	2	20	10%
B	2	12	16.67%

投入产出比评价方法的优点是简洁、直观。缺点是过于笼统,无法很好地反映促销资源的内在实际使用效果。适用于没有市场基础,或市场基础非常薄弱,重新启动市场及新产品导入期。

(2)销售额增量回报比评估:此方法主要反映营业推广投入与销售额增长的平衡关系,即单位投入所获得的销售额增长。计算公式为:1-(促销费用/促销前后的销售额差值)=销售额增量回报比。

例如:A、B 两个市场每月销售额分别为 15 万元、5 万元左右,为提升业绩,销售主管决定对每个市场各投入 2 万元组织推广活动。经过精心策划、实施后,A 市场当月实现 20 万元销售额,增量回报比为:1-2/(20-15)=60%;B 市场当月实现 13 万元销售额,增量回报比为:1-2/(13-5)=75%。从增量回报比来看,B 市场的促销效果优于 A 市场,见表 5-8。

表 5-8　A、B 市场销售额增量回报比

市场	投入费用(万元)	投入前销售额(万元)	投入后销售额(万元)	销售额增量回报比
A	2	15	20	60%
B	2	5	13	75%

销售额增量回报比评估法能体现促销资源对销售额增长的贡献情况,但无法体现促销活动对企业利润的贡献情况。适用于维护市场、深度开发等,或对单一产品或产品毛利率相差不大的促销活

动评估。

(二)广告效果评价

医疗器械企业的广告方式主要为期刊广告和网络广告,同时在广告促销上的投入也很有限,因此在这里我们只做简单探讨。

广告效果有狭义和广义之分,狭义的广告效果是指广告所获得的经济效益,即通过广告传播促成产品销售的增加程度,即广告带来的销售效果。广义的广告效果是指广告信息在传播过程中所引起的直接或间接变化的综合,它包括广告的经济效益、心理效益和社会效益。

广告效果测定通常包括下面几项参数:首先是统计广告信息的到达率,例如医疗器械企业在专业期刊上连续刊登六期广告后,通过调查统计,期刊上的该广告被多少潜在顾客所留意;其次是顾客咨询率,即广告刊出后,有多少顾客会关注企业和产品,并进行了相应的咨询;最后就是销售量的浮动。

广告效果测定的方法有实验法、问卷法及产品销售效果分析法。

(1)实验法:采用实验法必须选择与目标销售区域或对象具有类似特征的实验范围与对象。对于接受实验者来说,一切必须是全新的,最好是一无所知地接受实验,这样才能使所获结果尽量接近事实。

(2)问卷法:可以通过邮寄或人员上门访问进行。如果能够许诺消费者某种切实的好处,反馈率应该是相当可观的。虽然这种方法费时、费力,但获得的都是一手资料,可以较全面、真实地了解广告效果。

(3)产品销售效果分析:这是从医疗器械企业内部来说的,这种方法是广告投入方最常拿来衡量广告效果的尺度。以产品销售额与广告费用之比,大致可以看出广告运动最为直接、最为短期的效果。这当中需排除其他影响销售额的因素。

促销活动成功的关键在于事前计划、费用预算、事中控制。效果测定只是用于对活动结束后的总结,目的是为以后开展促销活动提供可资借鉴的经验与教训。因此应注意评估周期和促销费用的控制。

由于客户消费选择日益理性、信息传播相对滞后等原因,当月组织实施的促销即使在活动结束之后几个月仍然能够发挥一定的销售促进作用。同时,营业推广活动负责人能够在一定程度上控制促销结果,例如压货等,容易造成销售上升的假象。因此,在实施效果评估时,建议采取短期、中期相结合的方法,这样才能使效果评估更加合理、公平。

点滴积累 V

1. 医疗器械促销的目标的五个层次:认知、了解、偏好、确信和购买。

2. 促销组合——由人员推销、广告、营业推广及公共关系四种方式配合形成。

3. 促销的基本策略有"推动"和"拉引"两种策略。

4. 影响促销组合的因素有产品类型、市场特点、促销目标、产品生命周期所处阶段。

5. 编制促销方案可遵循的步骤:确定目标市场、确定促销目标、确定促销信息、选择促销手段、促销预算及控制、确定促销总体方案、评估促销绩效。

▶ 课堂活动

作为一家专业的超声仪器销售公司，广西某医疗器械股份有限公司 2017 年总销售额为 2600 万元人民币，相比于 2016 年销售收入增长幅度超过 30%，公司销售团队一致认为，获得骄人业绩的原因除良好有序的市场大环境外，还与公司在 2017 年度市场促销活动的井然有序密切相关。 公司计划在 2018 年加大促销力度，预计投入本年度销售额的 10% 进行促销宣传，同时公司 2018 年的促销目标有三方面：

1. 销售额增长幅度要达到 30%；

2. 重点推介新型彩超，该产品销售额要达到公司总销售额的 20% 以上；

3. 公司知名度进一步提高。

为了帮助公司顺利实现既定目标，请你根据该公司的销售现状，以及未来一年的发展规划，结合以下思路，为该公司量身定制一套 2018 年度促销方案，其中包括针对企业设定切实可行的促销目标，帮助企业制定销售人员、潜在客户及经销商的激励政策。

1. 制定企业的促销目标，促销目标合理且可执行、可衡量；

2. 编制促销方案费用预算清单，费用清单详细、合理；

3. 合理选择促销方式、促销媒体；

4. 编写促销方案策划书。

【任务实施】

1. 请同学们分为若干小组,每组 3~4 人,选派组长并根据课堂活动内容,将该医疗器械股份有限公司作为本项目实施的主体,讨论各自的任务分工。

小组组建

组长：_____,任务分工：_____

组员：_____,任务分工：_____

　　　_____,任务分工：_____

　　　_____,任务分工：_____

2. 以小组为单位,完成该医疗器械股份有限公司 2018 年度促销方案书。

第一步:确定公司目标市场

目标市场 1：_____

目标市场 2：_____

目标市场 3：_____

第二步:确定公司促销目标

(1)各小组列举医疗器械企业的促销目标：

目标 1：_____

目标 2：_____

目标 3：_____

(2)影响促销目标制订的因素包括：

因素 1：＿＿＿＿＿＿＿＿＿＿＿＿＿＿＿＿＿＿＿＿＿＿＿＿＿＿＿＿＿＿＿＿＿

因素 2：＿＿＿＿＿＿＿＿＿＿＿＿＿＿＿＿＿＿＿＿＿＿＿＿＿＿＿＿＿＿＿＿＿

因素 3：＿＿＿＿＿＿＿＿＿＿＿＿＿＿＿＿＿＿＿＿＿＿＿＿＿＿＿＿＿＿＿＿＿

（3）结合课堂活动内容,确定公司 2018 年度的促销目标,可以为具体数据目标：

目标 1：＿＿＿＿＿＿＿＿＿＿＿＿＿＿＿＿＿＿＿＿＿＿＿＿＿＿＿＿＿＿＿＿＿

目标 2：＿＿＿＿＿＿＿＿＿＿＿＿＿＿＿＿＿＿＿＿＿＿＿＿＿＿＿＿＿＿＿＿＿

目标 3：＿＿＿＿＿＿＿＿＿＿＿＿＿＿＿＿＿＿＿＿＿＿＿＿＿＿＿＿＿＿＿＿＿

第三步:确定促销信息

促销信息：＿＿＿＿＿＿＿＿＿＿＿＿＿＿＿＿＿＿＿＿＿＿＿＿＿＿＿＿＿＿＿

＿＿＿＿＿＿＿＿＿＿＿＿＿＿＿＿＿＿＿＿＿＿＿＿＿＿＿＿＿＿＿＿＿＿

第四步:公司的促销组合

（1）各小组通过网络、图书馆或其他查询方式,了解各种促销手段的优缺点：

1）人员推销

优点：＿＿＿＿＿＿＿＿＿＿＿＿＿＿＿＿＿＿＿＿＿＿＿＿＿＿＿＿＿＿＿＿＿＿

缺点：＿＿＿＿＿＿＿＿＿＿＿＿＿＿＿＿＿＿＿＿＿＿＿＿＿＿＿＿＿＿＿＿＿＿

2）营业推广

优点：＿＿＿＿＿＿＿＿＿＿＿＿＿＿＿＿＿＿＿＿＿＿＿＿＿＿＿＿＿＿＿＿＿＿

缺点：＿＿＿＿＿＿＿＿＿＿＿＿＿＿＿＿＿＿＿＿＿＿＿＿＿＿＿＿＿＿＿＿＿＿

3）广告

优点：＿＿＿＿＿＿＿＿＿＿＿＿＿＿＿＿＿＿＿＿＿＿＿＿＿＿＿＿＿＿＿＿＿＿

缺点：＿＿＿＿＿＿＿＿＿＿＿＿＿＿＿＿＿＿＿＿＿＿＿＿＿＿＿＿＿＿＿＿＿＿

4）公共关系

优点：＿＿＿＿＿＿＿＿＿＿＿＿＿＿＿＿＿＿＿＿＿＿＿＿＿＿＿＿＿＿＿＿＿＿

缺点：＿＿＿＿＿＿＿＿＿＿＿＿＿＿＿＿＿＿＿＿＿＿＿＿＿＿＿＿＿＿＿＿＿＿

（2）各小组通过网络、图书馆及其他查询方式,阐述影响医疗器械企业促销方式选择的因素：

市场特点：＿＿＿＿＿＿＿＿＿＿＿＿＿＿＿＿＿＿＿＿＿＿＿＿＿＿＿＿＿＿＿

＿＿＿＿＿＿＿＿＿＿＿＿＿＿＿＿＿＿＿＿＿＿＿＿＿＿＿＿＿＿＿＿＿＿

产品类型：＿＿＿＿＿＿＿＿＿＿＿＿＿＿＿＿＿＿＿＿＿＿＿＿＿＿＿＿＿＿＿

＿＿＿＿＿＿＿＿＿＿＿＿＿＿＿＿＿＿＿＿＿＿＿＿＿＿＿＿＿＿＿＿＿＿

促销目标：＿＿＿＿＿＿＿＿＿＿＿＿＿＿＿＿＿＿＿＿＿＿＿＿＿＿＿＿＿＿＿

＿＿＿＿＿＿＿＿＿＿＿＿＿＿＿＿＿＿＿＿＿＿＿＿＿＿＿＿＿＿＿＿＿＿

产品生命周期：＿＿＿＿＿＿＿＿＿＿＿＿＿＿＿＿＿＿＿＿＿＿＿＿＿＿＿＿＿

＿＿＿＿＿＿＿＿＿＿＿＿＿＿＿＿＿＿＿＿＿＿＿＿＿＿＿＿＿＿＿＿＿＿

（3）通过组内讨论,确定公司 2018 年度的促销组合：

1）＿＿＿＿＿＿＿＿＿＿＿＿＿＿＿＿＿＿＿＿＿＿＿＿＿＿＿＿＿＿＿＿＿＿＿

2)＿＿＿＿＿＿＿＿＿＿＿＿＿＿＿＿＿＿＿＿＿＿＿＿＿＿

3)＿＿＿＿＿＿＿＿＿＿＿＿＿＿＿＿＿＿＿＿＿＿＿＿＿＿

(4)以月份为单位,列出公司 2018 年度促销活动安排表:

促销方式及月份	1	2	3	4	5	6	7	8	9	10	11	12
人员推销												
营业推广												
广告												
公共关系												

第五步:各小组通过组内讨论,制订公司 2018 年度促销预算

(1)确定总预算,并阐述理由:

1)你们组更倾向于采取哪种预算方法? 为什么?

＿＿＿＿＿＿＿＿＿＿＿＿＿＿＿＿＿＿＿＿＿＿＿＿＿＿＿＿＿＿＿

2)总预算额:＿＿＿＿＿＿＿＿＿＿＿＿＿＿＿＿＿＿＿＿＿＿＿＿＿

3)设定总预算的理由:＿＿＿＿＿＿＿＿＿＿＿＿＿＿＿＿＿＿＿＿＿

＿＿＿＿＿＿＿＿＿＿＿＿＿＿＿＿＿＿＿＿＿＿＿＿＿＿＿＿＿＿＿

(2)预算分配:根据促销目标及年度促销组合计划,确定预算分配如下:

序号	预算项目	分配金额(万元)
1		
2		
3		
4		
5		
……		

第六步:各小组设定公司拟达成的促销效果目标,并结合相关知识与技能,给出本组所认为的最佳效果测定指标组合。

拟达成的促销效果:＿＿＿＿＿＿＿＿＿＿＿＿＿＿＿＿＿＿＿＿＿＿＿

＿＿＿＿＿＿＿＿＿＿＿＿＿＿＿＿＿＿＿＿＿＿＿＿＿＿＿＿＿＿＿

效果测定指标组合:＿＿＿＿＿＿＿＿＿＿＿＿＿＿＿＿＿＿＿＿＿＿＿

＿＿＿＿＿＿＿＿＿＿＿＿＿＿＿＿＿＿＿＿＿＿＿＿＿＿＿＿＿＿＿

3. 根据以上完成任务,各小组参照医疗器械促销方案编制相关知识,结合医疗器械行业动态,设计并撰写该医疗器械股份有限公司 2018 年度促销方案书,内容包括:

(1)选择公司目标市场;

(2)确定公司促销目标;

（3）确定促销信息；

（4）确定促销组合；

（5）促销预算分配；

（6）促销效果预评估。

第二节 医疗器械营业推广方案设计

营业推广也称销售促进，是一种适宜于短期推销的促销方法，是企业为鼓励购买、销售商品和劳务而采取的除广告、人员推销和公共关系之外的所有企业营销活动的总称。广义的促销包括广告、人员推销、营业推广及公共关系，而狭义的促销则指的是营业推广即销售促进。

营业推广的方式繁多，主要分为三类。第一类是面向消费者的营业推广，包括赠送样品、优惠券、有奖销售、现场示范、组织展销、包装兑现、提供赠品、折价券、会员制及会议促销等。第二类是面向中间商的营业推广，包括批发回扣、推广津贴、销售竞赛、业务会议及扶持零售商等。第三类是面向销售人员的营业推广，包括有奖销售、比例分成、免费培训、技术指导等。

医疗器械企业可以积极采纳上述营业推广的各种方式来进行促销，并在此基础上推陈出新，摸索出更多适用于医疗器械产品推广的方法，例如企业大学、顾客阶梯培训班、客户出国培训、手术器械模拟操作及网络推广等。

一、制订医疗器械营业推广目的

营业推广方案的设计是从确定活动目标开始的，医疗器械企业的营业推广目的应该与企业整体营销目标以及该阶段促销目标相配合。企业针对不同类型的目标市场，要实现的营业推广目标各不相同。例如，对普通用户来说，营业推广目标可以确定为鼓励经常购买和重复购买，吸引新购买者使用，建立品牌知名度，引起用户的兴趣，树立和改进公司及品牌形象等。对制造商来说，营业推广的特定目标可以确定为促使中间商购买新的产品项目，提高中间商的购买水平，鼓励中间商的非季节性购买，对抗竞争者的促销活动，建立中间商的品牌忠诚等。对销售人员来说，营业推广目标可以确定为鼓励对新产品或型号的支持和推广，鼓励更高的销售水平等。下面从不同角度出发来确定营业推广目标。

（一）从性质角度出发划分营业推广目标

营业推广目标从性质上可分为市场目标和财务目标，二者存在一定的内部联系。市场目标重在市场发展、市场巩固和市场竞争方面，出发点是市场；财务目标重在财务核算方面，出发点是进行经济效益评估。

1. 市场目标 市场目标一般涉及销售业绩、销售增长、市场规模、市场份额、市场地位、消费者购买情况、市场网络触及、产品接受程度、企业形象等方面。

常见的量化指标有销售量及增长率、市场规模、市场占有率及增长率、市场知名度及增长率、指名购买率及增长率、销售网络覆盖率、新产品接受程度、重复购买率等。不易量化的指标有市场打入成功、产品促销成功、购买习惯改变、消费者生活观念和方式改变、竞争对抗成功、企业与品牌形象提升等。

2. 财务目标 财务目标主要涉及销售收入、销售费用和投入产出比。

常见的指标有销售额、促销费用、销售毛利、毛利率,以及按不同时间阶段、不同产品、不同地区、不同细分市场等确定的分类核算指标。

(二) 从时效角度出发划分营业推广目标

从促销的时效上,营业推广目标可划分为短期促销和长期促销目标。营业推广与广告作用不同,在某种意义上,广告是战略性的,营业推广则是战术性的。它是一种战术性的市场工具,因此必须先确定营业推广活动的短期目标;同时,营业推广活动还应考虑巩固品牌形象、提升美誉度、维持市场占有率等长期促销指标,虽然营业推广的长期效果不如短期促销效果明显,但企业可借助于营业推广策略实现长期销售增长的目标。

1. 短期营业推广目标 短期推广目标包括:吸引消费者注意力、促成首次试用和购买、促进重复购买、吸引竞争品牌的使用者购买本品牌、增加平均购买频率和数量、促进提前购买等。

常见的量化指标有:销售量、铺货率、重复购买率、品牌转换率、新客户数量、促销广告到达率等。不易量化的指标有消费者关注程度、中间商接受程度、销售人员士气等。

2. 长期营业推广目标 长期推广目标包括:建立品牌形象、增加品牌认知、巩固和提升品牌形象、教育消费者、培训中间商和销售人员等。

常见的量化指标有品牌忠诚度、品牌认可度。不易量化的指标有使用习惯改变、购买习惯改变等。

(三) 六种基本目标

在具体的营业推广活动中,一般需要进一步明确以下六种基本目标。

1. 吸引潜在消费者 许多营业推广计划的目标是吸引新使用者,通常给使用竞争产品的顾客某种激励,鼓励他们试用本企业产品。另一个目标是针对那些尚未使用某个产品任何品牌的潜在消费者。虽然也有成功的案例,但是,第二个目标较第一个目标更为艰难。

2. 保持现有顾客 大多数产品都有一批稳定的使用者为基础,这些使用者是企业大部分收入的来源,赢得这部分消费者也就占据了稳定的市场份额。因此,保持现有顾客和吸引新顾客同等重要。当竞争者设计营业推广活动吸引新试用者,或企图夺走现有顾客时,营销者就应推出一个新的营业推广计划,以保持住现有的顾客。

3. 促使目前的使用者大量购买 保持顾客的一种方法是"促使他们大量购买某产品",或者"使他们离开某个市场一段时间"。对此,营业推广要鼓励现有顾客提高库存量,其数量足以让他们在较长的时间内不再购买此类产品。这样做可以达到两个目的:第一,因顾客仓库里有大量的产品,从而保证其不间断使用该产品;第二,因为顾客有足够的该产品可资利用,他们对竞争对手的营业推广政策会不感兴趣,没有大的反应。

4. 增加产品的使用 许多营业推广计划的主要目标之一是增加产品的使用。在消费者数量增长缓慢的情况下,对许多医疗器械产品而言,一定要寻求新的用途以增加消费者。企图从竞争者那里继续不断地取得市场份额,是要付出很大代价的。同时,从长期来看,消费者经常不断转换品牌,往往会导致任何品牌的销量或市场份额只有微不足道的增加。较好的长期策略,应为增加某产品或服务使用者的人数。通俗点讲,就是把蛋糕做大。一项最普通的增加产品使用的方法,是通过增加产品其他的用途。例如,除颤仪同时带有心电监护功能就增加了其使用范围以及用户的购买需求。

5. 对消费者实施产品升级,以达到更高品质或更高价位 使消费者使用产品不断高级化,或购买比他们之前使用的产品更为昂贵的品牌或型号,是许多医疗器械企业的目的。为此,通过提供减价优惠的实效促销方式可以在一定程度上实现这一目的。例如,很多医疗器械企业在展会上会提供最新的、功能最全的产品给客户试用,其目的在于使顾客们习惯于这种最高端产品,下次购买时愿意以更高价格成交。

6. 强化品牌的广告 提高品牌知名度或增强目前的品牌广告也至关重要。医疗器械企业配合广告宣传做相应的营业推广活动,借助广告的宣传力度推出一系列相关产品,都是对于广告的强化。

二、制订营业推广的政策

营业推广政策是一项引导性、激励性的销售措施。它的目的就是促进销售,给销售带来保障和轻松。所谓保障,就是通过给出一定的条件来激励、约束中间商和销售人员的行为,为完成销售目标服务;所谓轻松,就是充分发挥销售政策的吸引力,促使客户与销售人员产生内驱力,自主地去完成销售目标,从而给销售带来一些便利和轻松。销售促进措施是销售活动中至关重要的策略,甚至可以说是起到决定性作用的措施。医疗器械企业的营业推广政策主要包括对内《销售人员的激励政策》和对外《消费者的优惠及激励政策》以及《经销商激励政策》。

(一) 销售人员的激励政策

医疗器械企业对销售人员进行促销的主要目标是:提高销售人员的工作绩效;鼓励销售人员大力推销新产品,开拓新的市场,寻找更多的潜在顾客;顺利完成对消费者、中间商的销售促进活动;解决企业面临的销售难题,提高销售人员的工作积极性,促使其高效率完成任务等。主要的方法有销售竞赛、销售赠奖及销售任务达成三种。

1. 销售竞赛 销售竞赛即在规定的时期内,在销售团队及个人之间展开形式多样的竞赛活动,对竞赛成绩突出者进行相应等级的奖励,这是企业最常用的一种销售人员激励方法。销售竞赛以前多在汽车、化妆品、保险等行业中使用,而如今这种方法已被大多数企业采用,实践证明,其激励效果颇佳。目前,很多大的医疗器械企业也实施了销售竞赛,例如美国某医疗器械公司针对其优秀的销售员工,即被评为第一类员工的职员,全部可以得到股票期权,它们不仅重视物质奖励,同时也很看重精神鼓励。销售竞赛的有效方法主要有:

(1)人员与团队相互之间的竞赛:这种竞技的主要目的在于提高销售组织的团队精神及归属感。通过销售竞争的过程,达成销售业绩的目标。

(2)奖励销售人员:凡完成销售任务,达到一定销售目标的雇员,予以特定的奖励。

(3)设立销售标兵:对于绩效明显高于平均水平的优秀人员进行长期奖励,设立"销售明星"或"销售标兵",作为组织的"一盏明灯"来引导整个销售队伍。

在销售竞赛项目的设计上,可以以销售总额、销售增长率、销售目标达成率等参数为基础项目展开竞赛。在设计销售竞赛项目及标准时,需对员工进行科学评估,例如应根据区域差异设定不同的业绩目标,不应片面追求销售额,应建立科学全面的评估机制。

销售竞赛的奖励形式可以是物质层面的,例如给予奖金、奖品、股票期权等实际的物质利益,又如向骨干员工提供股票期权等长期激励计划;也可以是精神层面的,例如颁发奖杯、奖状,授予称号,职位晋升等。还可以是综合层面的,例如带薪假期、免费旅游、教育培训等。正如某医疗公司总裁所强调的,物质奖励和精神鼓励都很必要,两者缺一不可。

知识链接

股票期权激励计划

股票期权,是指一个公司授予其员工在一定的期限内(如10年),按照固定的期权价格购买一定份额的公司股票的权利。行使期权时,享有期权的员工只需支付期权价格,而不管当日股票的交易价是多少,就可得到期权项下的股票。期权价格和当日交易价之间的差额就是该员工的获利。如果该员工行使期权时,想立即兑现获利,则可直接卖出其期权项下的股票,得到其间的现金差额,而不必有一个持有股票的过程。究其本质,股票期权就是一种受益权,即享受期权项下的股票因价格上涨而带来的利益的权利。

例如,美国某知名医疗器械公司对销售人员设立两重销售指标——基本指标和更高一点的指标,对达到更高指标的员工,有机会去夏威夷、巴黎等地旅游,除基本费用全包外,还给予1万元的旅游零花钱,全公司每年有200多员工拥有这样的机会,这样的殊荣对销售人员来说比物质奖励还要有效得多。

同样经典的案例还有某知名化妆品公司的"粉红色轿车计划",通过向业绩优异的女性奖励粉红色轿车,帮助她们实现追求事业的梦想,以激励销售队伍。截至2010年7月全球已经有超过900位女性经销商达成粉红色轿车挑战计划,不仅为销售队伍实现财务独立的机会,同时也提供了能够实现自我价值的事业,粉红色轿车不仅体现了女性美丽的一面,同时也彰显了她们在事业上的不懈追求与卓越成就。

2. 销售赠奖 销售赠奖是指在销售人员薪金制度之外按照特定条件,根据事先约定的奖励规则,根据其销售业绩的目标完成情况支付一定奖励的促销方法。其目的在于:规定销售人员于特定时期内,集中全力在销售工作上,以提高绩效;激励销售人员,积极开展工作,以打破销售业务的单调,使销售活络有朝气;业务繁忙期的特别津贴,可以提高经销商的进货量或消费者的购买量。

(1)奖金:满足一定条件,支付奖金。这种方法很多见,并无创新之处,但经久适用,对组织内不论任何人均有激励效果。

(2)奖品:奖品的目标明确,例如,有些医疗器械企业规定达成150%业绩者,均赠商用笔记本电脑一台。

（3）旅行：凡具备特定资格的销售人员，准许旅游假期，并提供一定金额的旅费，以刺激其竞争意欲。有些跨国医疗器械公司会奖励业绩突出的销售人员带部分老用户去国外总公司参观学习，安排境外游。随着生活水平的提高，通过旅游方式奖励优秀员工正在成为许多公司销售赠奖的主要形式之一。

3. 销售任务达成　每年年初，多数医疗器械公司会按照历史销售完成情况，给各销售区域和销售人员分配一定比例的任务。如果到年底，所有人都完成了基本任务，那么公司就可以实现其年度目标。因此公司会对任务达成的员工进行奖励，并按照完成的比例进行奖励递增。

例如某医疗器械公司销售任务达成奖励政策如下：

完成基本任务：提成＝年销售额×3%；

超额完成20%：提成＝年销售额×4%；

超额完成50%：提成＝年销售额×5%；

完成任务超出的部分越多，奖金的比例也就越高，进而可以更好地激发销售团队的工作热情，完成销售目标。

（二）消费者的优惠及激励政策

通常情况下，通过提供给消费者一些营业推广的促销方法，医疗器械企业能够使他们获得经济利益、心理需求、性能使用等方面的满足。下面将分别叙述医疗器械企业经常使用的消费者激励方法。

1. 以旧换新　所谓以旧换新，即医疗器械企业利用用户曾经购买的旧产品作为优惠凭证，用以购买新产品的促销方式。当医疗器械产品更新换代后，有些企业鼓励医院用旧的医疗设备抵一部分现金去购买新产品。这样做一方面促进了企业新型设备的销售，促进医院设备的更新换代，提高医疗水平，另一方面也为用户解决了存放旧产品的麻烦，能树立起节约资源的环保形象。

例如2009年底，在家用医疗器械市场，国内最大的家用医疗器械连锁商宣布，率先在医疗器械领域响应商务部提出的"鼓励生产和零售企业开展收旧售新、以旧换新业务，带动新产品销售和资源节约"的号召。

2. 免费试用　对于很多新上市的医疗器械产品，先提供样机，让顾客免费试用一段时间，顾客在亲身感受到产品的性能和质量，确信设备的诊断及治疗效果良好后，才能引发他们的购买欲望。由于无需客户付出任何代价，因此这种方法是促使潜在顾客试用和购买产品的最有效手段。尤其当医疗器械产品具有差异性或明显优于竞争品牌，而且医生使用后能够直接感受到它的各项优点时，免费试用更能取得良好的效果。

3. 公益赞助　公益活动的最大特征是不以营利为目的。医疗器械企业主动承担起社会责任，倡导良好的社会风尚，为提高公众整体素质和改善公众医疗条件，免费赞助贫困地区卫生机构或无力支付医疗费用的患者医疗器械，回馈社会，塑造企业良好的公众形象，增强品牌的亲和力，增加消费者对品牌的信心，从而最终促进产品销售。

4. 服务促销　医疗器械服务促销通常涵盖售前服务、售中服务及售后服务三种常见的促销形式。售前服务即在医疗器械产品销售之前,企业为医院提供的各种服务,一般包括培训指导、进修学习、需求评估及定制服务等;售中服务则指的是销售过程中医疗器械企业所提供的各项服务,例如大型设备CT及核磁共振的安装、放射室的布置等,小型器械如心脏起搏器植入过程中的参数检测等,以及使用中的现场指导,可为客户提供便利,解决他们的后顾之忧。售后服务在日常生活中随处可见,已经成为商品必须提供的服务项目,最典型的是设备维修、保养、产品升级,此外还有定期拜访,解决客户的使用难题。

5. 分期付款及全付优惠 消费者分若干次付清产品总额的方式叫做分期付款。这种方式对于资金较紧张的医院来说,缓解了其一次性支付的财务困难。分期付款实际上是由医疗器械企业提供首付款以外部分金额的无息商业贷款,这部分剩余款项会按照合同的约定期限全部付给医疗器械经营商。另外还有一种促销方式为全款奖励,如果医疗器械产品用户能够在规定时间内一次性付完所有款项,厂家会给予一定的优惠,以折扣或赠送医疗器械耗材如心电图打印纸、检验仪器试剂等方式体现。

6. 科研支持 给予客户一定的学术及科研支持也是一种有效的激励方式。这种方式的使用范围较窄,多为客户是学术机构的企业所采用。医疗器械行业所面向的客户除了作为服务机构外,同时也是学术科研组织,很多大型医院都承担着国家的各类科研项目,同时作为本科、硕博研究生的教育机构,因此也需要医疗器械企业提供一定的科研支持。例如某医疗器械跨国公司开创了企业大学,成立初中高级培训班,为客户提供专业的临床知识及产品使用培训。部分医疗器械企业提供最前沿的医疗诊断及检测技术给医院,医院可以进行临床试验和统计,了解设备的功能对于患者疾病如何提供有效的解决方案。跨国医疗器械公司在客户使用设备的同时,会提供出国进修学习的机会,使得客户能在较短时间内学习到国际较前沿的医疗技术知识。

(三)经销商激励政策

中间商是医疗器械企业的客户之一,企业在制订经销商政策时,需要了解并努力满足客户的需求。中间商关心的问题同样很多,例如供货商所提供的医疗器械产品是否具有吸引力,产品在技术上是否可靠,品牌是否被消费者认可,厂家的服务如何,以及是否能够给自己带来足够的利润等。企业在制订经销商政策时,要站在经销商的立场上,设身处地地为对方考虑,必须树立双赢理念。

依靠中国各个城市的医疗器械代理商进行分销,是目前医疗器械普遍的销售模式,直销还只停留在试行阶段,因此对医疗器械企业而言,如何正确处理与经销商之间的关系,对于经销商进行合理的激励至关重要。下面将分别从结算、折扣、市场管理、新产品销售奖励和特殊激励五部分来介绍医疗器械中间商激励政策的制订。

1. 结算 结算主要包括:现款现货、赊欠、铺底、承兑汇票期限等。货款结算方式是医疗器械厂家和经销商交往关系中争夺控制权的风向舵,如果厂家的产品在市场上的号召力大于经销商的通路影响力,就可以做到现款现货,甚至是先打款后发货;如果厂家的产品在当地市场的号召力逊色于经销商的通路影响力,就只能铺底,甚至被迫全部赊销。因此,结算方式的选择与企业的知名度和产品是否具有特色有直接的联系。

知名医疗器械公司的结算方式大多是经销商先付款,厂家后发货。而对于中小型企业,为了实现在结算中扭转市场劣势,根本对策是制造出更满足目标顾客的产品,或者是通过期刊广告、会议推广等手段使消费者认为你的产品更可信,更能帮助他们解决问题,调整消费者的购买选择方向,才能有助于通路畅通。

当产品品牌和影响力在短期内无法改变,不得不选择赊欠或铺货等方式时,医疗器械企业要明确规定授权的范围与期限标准,否则将造成应收账款偏大。

2. 折扣政策　折扣指的是医疗器械企业给予经销商的销售返利、销售奖赏,是经销商所得的额外劳务费用。

从营销渠道的功能而言,所有的职能都应由生产商承担,若将其中一项或多项职能分给其他成员,就得为此支付一定的费用,经销商承担相应的职能,赚取劳务费用。严格讲,经销商经营产品靠价差来获取利润,不需要额外的折扣。但是医疗器械生产厂家充分利用政策的激励性,来引导、激励经销商多销售自己的产品。

以前的折扣政策只有一项,就是按经销商销售本公司产品的净销售额的 x% 作为奖赏。分为现金折扣和实物折扣(通常是货物),每一年兑现一次。随着市场环境的变化及竞争的加剧,厂家对经销商的期望提高了,对经销商的要求也随之增加,为使这些要求能在市场中得到实施与落实,厂家只有拿出更多的折扣。现在的折扣已经分成许多单项折扣,如:现款折扣、专营折扣、销售增长折扣、市场秩序折扣等。

(1)现款折扣:该折扣是对结算的保障,按净销售额的 x% 作为标准。在各医疗器械公司,这种折扣对所有客户是一样的,是双方合作的基本条件。

(2)销售增长折扣:给予这种折扣的前提是市场竞争的逐步加剧,在医疗器械产品供大于求的局面下,每个企业为了得到更多的市场份额而产生的现金折扣。一般都是销售增长 y%,按净销售额的 x% 再多给予返利。

任何行业市场消费量的扩大速度都是有限的,医疗器械行业也是如此。而市场供应量的增长速度是高速的,因为每个厂家都在想,市场消费量那么大,只要我们多生产、多销售,我们获得的市场份额就大一些,竞争力就强一些,就可以赢利更多。出现供大于求的局面后,生产厂家只有从销售上找出路。生产商将销量压力转嫁给销售中心,销售中心将压力分解给每个办事处、每个经销商,要求经销商销量增加,就运用销售增长折扣来激励经销商努力销售,共同完成销售目标。

(3)专营折扣:营销学中市场防御策略有一条是渠道封锁,封锁方法之一就是签订排他性协议,具体就是指专营。在医疗器械市场操作中,有许多经销商不愿意专营,理由很简单,就是风险大,且可提供给自己客户选择的医疗器械产品有限。在这种情况下,医疗器械厂家给出专营折扣。选择专营,就享受该折扣;多营,就不享受该折扣。同时专营折扣也为培养经销商的忠诚度有很大帮助。

(4)市场秩序折扣:市场秩序是令很多医疗器械商家头痛的事情。市场上经常出现倒货、窜货、低价倾销的现象,厂家也很难查出结果。市场价格混乱,恶性竞争是销售的一大忌。

产品销售的特点是:只要有一家经销商的货物开始低价销售,很多经销商为了不影响自己的市场,会选择跟随低价,将问题抛给厂家。如果问题解决不了,经销商的利润就会下降,丧失继续进货销售的信心。医疗器械厂家只有保证价格稳定和合理的价差,才能与经销商持久合作。所以专门为此设了一项折扣来引导经销商共同遵守、维护市场秩序。有的是具体数目,有的是净销售额的百分比。如果经销商违规,处以对应奖励的翻倍罚款,甚至取消其经销权。

3. 市场管理　医疗器械企业的市场管理主要是市场秩序管理,包括价格稳定管理和市场秩序管理措施。

(1)价格稳定管理:价格稳定管理是为保证产品市场价格稳定,并有合理的价差。通常医疗器械厂家要对畅销品种、销量大的品种,规定一级商、二级商的出货价底价,经销商不得低于规定的底价销售产品,否则查实则按市场管理措施处罚。规定出货底价的好处,一是保证经销商获得合理价差,对经营产品有信心,也愿意投入人力、物力开发市场销售产品;二是规范市场秩序,有利于货物正常流通,维持整个市场的稳定发展。

(2)市场秩序管理:市场秩序管理措施通常包括罚款、提价、限量供应、销售支持、取消经销资格、终止解除合同等。目的是共同建立、遵守、维护一个公平竞争的医疗器械市场秩序,以有利于货物销售,使整个医疗器械销售体系共赢。

4. 新产品销售奖励　注重产品开发与产品组合的医疗器械企业,经常会根据客户需求,推出新产品,从而也给经销商提供更好的盈利机会。但经销商往往认识会有偏差,有的愿意销售新产品,认为能够迎合医疗技术的新发展,同时利润空间大;但有的却不情愿销售新产品,认为有风险,推广新产品需要投入更多人力物力。为了解决这个矛盾,医疗器械企业需要实行新产品销售奖励,毛利水平高于畅销产品及大众化产品。这样在新产品的推广过程中,经销商才会大力支持,积极销售新产品。

5. 特殊激励(评优)　这是偏重于精神奖励的一种激励方式。以多个考核因素综合评出"优秀经销商"。每年或隔几年评选一次,选中的经销商不仅可以获得额外的补贴,还有一种荣誉感。通过这种活动,医疗器械厂家可以树典型,促使大学共学习,同努力,增强经销商的凝聚力。

医疗器械企业要从与经销商建立战略伙伴关系的高度、以战略家的风范审定经销商政策。在执行经销商政策的过程中,厂商双方在共同发展的过程中不断磨合、融洽,从中寻找可建立长期友好关系的经销商。充分发挥经销商的社会资源优势,建设品牌,促进企业的发展。同时,在实践中对经销商政策不断修正、完善,使之逐步形成健全科学的经销商政策,从而促进经销商与企业长久、稳定、双赢的合作。

三、确定营业推广费用预算

医疗器械营业推广费用预算通常包括总预算和个别预算。前者是指一定时期内所有促销费用总额,后者是指某项促销活动的花费总额。总预算可以采用前面介绍过的促销预算的方法,这里我们着重介绍促销活动费用即个别预算。

医疗器械营业推广活动包括多种,例如代理商折扣,代理商产品销售技巧培训,销售人员奖励,医疗器械产品用户售前培训、售中指导、售后服务,参加医疗器械展览会及各种学术会议等,大部分活动预算工作都是比较简单的,在此,选取其中最典型的、预算工作最复杂的医疗器械会展活动来进行讨论。

促销活动费用总预算确定以后,还须进一步确定总费用下的每一项费用的构成和金额大小。下面以参加医疗器械展览会为例,确定营业推广费用的预算。与普通会议不同,医疗器械展览会需要考虑进去的预算项目较多,通常包括以下几方面预算内容。

1. 交通费用　即参加会议人员的交通支出。交通费用可以细分为:

(1)出发地至会务地的交通费用:包括航班、铁路、公路、客轮,以及目的地车站、码头、机场至会务住宿地的交通支出。

(2)会议期间交通费用:主要是会务地交通费用,包括住宿酒店至会议地点、餐饮地等的交通,以及其他与会人员可能使用的预定交通。

(3)欢送交通及返程交通:包括航班、铁路、公路、客轮,以及住宿地至机场、车站等的交通支出。

2. 会议场地租赁费　医疗器械行业的会议主要分为两类,医疗器械博览会和医学学术会议。如果展览会在标准的展览场地进行,那么展览场地的租赁预算通常按展位计算。国际标准展位面积通常为3m×3m,如果在其他公共场所举办展览(体育馆或酒店等),那么场地租赁的预算按照每平方米单价乘以所占的平方米数来计算。根据会议级别及会议内容的不同,展位费用有很大差别。国家级医学会议影响范围广,展览宣传力度大,因此展位费用也较高。而省级和地区级的会议展位费用投入较低。这项费用由会议承办方在开会之前通知到有意向参加的各医疗器械企业。

需要提及的还有会展布置费,如果不是特殊要求,通常而言这部分费用包含在会场租赁费用中。如果有特殊要求,可以与专业部门合作进行装修布置工作,但需将此项预算考虑在内。

3. 赞助费　这项费用并非普遍支出,而是特定学术会议,通常是国内比较受关注的大型学术会议设置项目,通过医疗器械企业赞助一定的费用,大会将提供各种展览服务,通常包括标准展位1~2个,时间长短不同的卫星会(产品推广、企业介绍会),会议论文汇编免费刊登广告及赠送会议资料等。赞助费用的多少可以参照会务组的要求,例如中华医学会第十一次全国心血管病学术会议,赞助费分为金、银、铜赞助三级,各级赞助费用分别为30、20、5万元人民币。需要医疗器械企业明确的是,这项费用取决于企业的选择,并非必需支出。医疗器械企业可以根据当前的发展战略来决定是否进行会议赞助。

4. 住宿费用　正常的住宿费用预算较简便,主要在于统计人员数、单日住宿费及预计住宿天数。需要注意的是,单日住房费与酒店的星级标准有直接关系,同时需考虑淡旺季差异,以及酒店客房提供的各项服务,如长途通讯、无线网络、衣物洗换等。

5. 餐饮费用　通常早餐是酒店自助餐,午餐可以在会务组按就餐人数定工作餐。需要考虑进去的还有会场茶歇,医疗器械企业需准备饮料、茶水、糖果及点心等,以方便客户到展位参观时享用。

6. 其他杂费　杂费是指会展过程中一些临时性安排产生的费用,包括宣传资料印刷、会编广告、打印、临时运输及装卸、纪念品、传真及其他通讯、快递服务、翻译与向导、临时商务用车等。杂费的预算很难提前计划,通常给出一定的费用作为机动预算(表5-9)。

表 5-9　医疗器械企业会展预算一览表

支出项目	数量	预算（万元）
交通		
会议场地租赁		
赞助		
住宿		
餐饮		
其他杂费		
合计		

四、编制营业推广方案书

营业推广方案书是对所策划的促销活动各环节工作的规范性书面描述，是针对某项具体的促销活动，例如公司欲参加某一地区医疗器械展览会，进行现场展销。其目的在于将策划人员对本次促销活动的策划规划思想转变为具体的行动方案，统一促销工作人员对本次活动的认识和理解。可以说，它既是整个促销活动的行动指南，又是促销工作人员的工作指导手册。

（一）营业推广书的撰写原则和写作要求

1. 撰写原则

（1）目标明确：在促销策划阶段，首先需要为促销活动确定一个明确的目标。同样，在促销方案书中，也应将促销活动要达到的总体目标明确地表示出来。明确的目标有助于统一所有参与人员的认识，达到行动方向上的一致。

（2）分工协作：营业推广方案书还应将各项要素的分工协作体现出来。例如，方案中的不同方法与媒介的各自优势和目标，每个工作小组的职能和工作程序等，也就是说，方案书同时还是有机联结各项促销要素，以达成统一目标的指导性文件。

（3）方案审核：清晰明确的计划方案是成功实施推广活动的基本前提。因此，运用一定的方法对方案进行严格审核，能够进一步明确行动计划，避免和减少可能发生的差错。将同时进行的作业在一张图表内表示出来，明确每项作业的截止日期，明确每项作业延迟对整体计划的影响程度，以防止延迟的发生。

2. 撰写格式要求

（1）封面：方案书的封面应含有该方案书的名称、文号、策划组织名称和日期等。其中，名称应具体、明确、完整、规范，例如"2008 年 6 月某某医疗器械公司上海办事处成立活动方案书"。

（2）目录和摘要：在方案书的内容较多时，应加上目录，以方便读者阅读。摘要是对方案书正文的概括性说明，读者可以从摘要中了解营业推广活动的大致思路和内容。

（3）正文：方案书正文包括一系列项目，详见本书"营业推广方案书正文主要项目"的介绍。

（4）附录：附录包括数据来源、调查原始资料、参考文献，以及其他需要注明的问题。

（二）营业推广书正文主要项目

1. 活动目的 这里的营业推广目标包括市场目标和财务目标两方面,对市场现状及活动目的进行阐述。市场现状包括整个产品在当前市场的规模,竞争对手产品的促销现状等。开展这次活动的目的是什么? 是提升销售量? 是新品上市? 还是提升品牌认知度及美誉度? 只有目标明确,才能使活动有的放矢。

2. 活动对象 活动针对的是目标市场的每一个潜在顾客还是某一特定群体? 哪些人是营业推广活动的主要目标? 是设备科负责人还是科室负责人? 或者医院的普通医生都作为促销对象? 这些选择的正确与否会直接影响到促销的最终效果。

3. 活动主题 确定活动主题,同时清晰表达沟通信息。一个好的主题要尽可能淡化促销的商业目的,使活动更接近于消费者,更能打动消费者。同时要便于理解,具有很强的吸引力。例如某款药物支架的推广宣传为:"柔顺性与支撑力的完美结合"。把一个简单的促销活动包装成与医生手术艺术的完美结合,信息传递清晰明了,深入人心。

4. 活动方式 这一部分主要阐述活动开展的具体方式。例如医疗器械展销会主要的参与方式是专家推荐、设置展台、产品演示、宣传资料发放等。

5. 活动时机和地点 促销活动的时机和地点选择得当会事半功倍,选择不当则会费力不讨好。例如会展中,医疗器械企业的介绍尽量安排在医生的休息时间,展览地点的选择也尽可能方便到达。不仅时机和地点很重要,持续多长时间效果会最好也要深入分析。

6. 宣传配合方式 一个成功的营业推广活动,需要全方位的宣传配合。医疗器械营业推广活动,因为使用人群的特殊性,更需要对于营业推广活动进行细致的宣传,可以采用专业期刊广告及推销人员上门派发邀请函的方式进行。这些都意味着不同的受众抵达率和费用投入。

7. 营业推广前期准备

(1)人员安排:在人员安排方面,要做到"人人有事做,事事有人管",无空白点,无交叉点。谁负责与媒体沟通,谁负责现场管理,谁负责礼品发放,各个环节都需要考虑清楚,否则会造成临阵时顾此失彼,秩序混乱。

(2)物资准备:在物资准备上,要进行细致核对,所需物资一应俱全。

(3)试验方案:尤为重要的是,由于活动方案是在经验的基础上确定的,因此有必要进行试验来判断促销工具的选择是否正确,刺激程度是否合适,现有的途径是否理想。试验方式可以是询问消费者,填调查表或在特定的区域试行方案等。

8. 营业推广中期控制 中期的任务主要是活动纪律和现场控制。规则是战斗力的保证,是方案得到完美执行的先决条件,在方案中对应对参与活动人员各方面纪律做出细致的规定。

现场控制主要是把各个环节安排清楚,要做到忙而不乱,有条有理。

同时,在实施方案过程中,应及时对促销范围、强度、额度和重点进行调整,保持对促销方案的控制。

9. 费用预算 做好预算,明确每个环节应该有多少支出,做到心中有数。对促销活动的费用投入和产出应做出详细列表。

10. 效果预估 预测这次活动会达到什么样的效果,以利于活动结束后与实际情况进行比较,从刺激程度、促销时机、促销媒介等各方面总结成功点和失败点。

以上十部分是促销活动方案的一个框架,在实际操作中,应大胆想象,敢于创新,小心求证,进行分析比较和优化组合,以实现最佳效益。有了一份有说服力和操作性强的活动方案,才能确保方案得到完美执行,使促销活动起到良好的效果。

点滴积累 ∨

1. 营业推广也称销售促进,是一种适宜于短期推销的促销方法,是企业为鼓励购买、销售商品和劳务而采取的除广告、人员推销和公共关系之外的所有企业营销活动的总称。

2. 市场推广的市场目标市场目标一般涉及销售业绩、销售增长、市场规模、市场份额、市场地位、消费者购买情况、市场网络触及、产品接受程度、企业形象等方面。

3. 销售赠奖是指在销售人员薪金制度之外按照特定条件,根据事先约定的奖励规则,根据其销售业绩的目标完成情况支付一定奖励的促销方法。

4. 针对经销商激励政策有结算、折扣、市场管理、新产品销售奖励和特殊激励。

5. 医疗器械企业的市场管理主要是市场秩序管理,包括价格稳定管理和市场秩序管理措施。

▶▶ 课堂活动

广东某医疗设备股份有限公司是一家专业的影像设备生产厂家,公司市场部正在策划下月的营业推广方案,计划从三方面着手,分别针对消费者、中间商及公司销售人员进行营业推广。 同时,公司收到了一份会议邀请函,大致内容如下:

中华医学会放射学分会儿科学组第 X 届全国年会将于 XXXX 年 X 月在长沙市召开,会议将探讨我国影像学发展趋势,将最新的研究进展、学术信息和科研创新呈现给来自全国各地的参会者。 会议诚邀广东该医疗器械股份有限公司作为代表参会。

收到邀请函后,公司决策层经过商讨,一致同意参加此次会展,并邀请公司的中间商和顾客参会。 届时需提前拟好活动安排,即营业推广方案书,对此次会议展览活动进行细节安排。

附:

中华医学会放射学分会儿科学组第 X 届全国年会招展函(样例)

各有关公司(厂商):

中华医学会放射学分会定于 XXXX 年 X 月 XX 日至 XX 日在湖南长沙召开中华医学会放射学分会儿科学组第十届全国年会。本次大会到会代表预计 4000 人左右,参会对象为我国从事放射医学研究的专家及专业人士。此次会议是企业展示形象、扩大影响,推广产品的一个专业平台,我们热情欢迎贵公司参会、参展或在会议资料上宣传企业和产品。现将有关事项通知如下:

一、展览时间、地点:

时间:XXXX 年 X 月 XX 日—X 月 XX 日(XX 日布展,XX 日撤展)

地点:湖南长沙

二、参展赞助方案及有关规定:

(一)首要赞助单位:赞助金额 20 万元人民币,享受权益:

1. 举办 1 个卫星会(20 分钟以内,场租由会议负责),可优先挑选时间段;

2. 免费提供产品展位 2 个,位置和面积可首选;

3. 免费在大会论文汇编上刊登广告(彩色双面一页,自备广告胶片或电子版);

4. 可邀请代表参加会议,费用自理;

5. 会议可代发宣传资料。

(二) 主要赞助单位:赞助金额 15 万元人民币,享受权益:

1. 举办 1 个卫星会(15 分钟以内),可在首要赞助单位之后优先挑选时间段;

2. 免费提供产品展位 1 个,位置和面积可第二选择;

3. 免费在大会论文汇编上刊登广告(彩色单面一面,自备广告胶片或电子版);

4. 可邀请代表参加会议,费用自理;

5. 会议可代发宣传资料。

(三) 一般参展单位:展位费 30 000 元/个。

以上参展单位均可免费获得大会论文汇编及代表通讯录各 2 套。

(四) 广告(论文汇编用):

彩色封二/8000 元、彩色封底/9000 元、彩色插页单面/6000 元、双面/10 000 元。

三、住宿:

会议期间参展单位住宿费用自理。如您通过会议订房,可在会议期间享受会议酒店、宾馆的优惠房价。

中华医学会放射学分会务组

【任务实施】

1. 请同学们分为若干小组,每组 3~4 人,选派组长并根据课堂活动内容,将课堂活动中的公司作为本项目实施的主体,讨论各自的任务分工。

小组组建

组长:_____,任务分工:_____

组员:_____,任务分工:_____

　　　_____,任务分工:_____

　　　_____,任务分工:_____

2. 各小组讨论医疗器械企业的营业推广方式包括:

(1)家用医疗器械

1)针对消费者的营业推广方式:

_____

_____

2)针对中间商的营业推广方式:

_____

_____

3)针对销售人员的营业推广方式:

（2）机构医疗器械

1）针对消费者的营业推广方式：

2）针对中间商的营业推广方式：

3）针对销售人员的营业推广方式：

3. 各小组借助互联网或图书资料,结合相关知识与技能,通过组内讨论,制订广东该医疗设备股份有限公司此次营业推广即会议展览方案书。

背景信息:在本次年会上,公司预计全面展览自主生产经营的多种产品:CT、X 射线机、核磁共振、数字减影仪、洗片机、图像记录仪和图像处理系统等。重点推介最新产品 SM-2 型 CT 机,该机器的设计充分考虑扫描速度、覆盖范围、图像质量和辐射剂量四个重要因素,优化各要素达到最佳平衡性能。临床使用上能够在最短的时间内得到最优的诊断图像,同时最大限度地降低对病人的辐射剂量。

第一步:通过互联网或图书资料查询,确定医疗器械会议展览目的:

目的 1:

目的 2:

目的 3:

第二步:确定会议的推广政策:

（1）针对医院的参会者,包括院长、设备科科长、放射科主任和医生,公司可以采用哪些推广政策?

1）

2）

3）

（2）针对中间商,公司可以采用哪些推广政策?

1）

2）

第三步:确定会展主题:

各小组通过组内讨论,结合医疗器械行业动态及医学会议特点,确定该公司会展的主题。

会展主题:_____

_____

第四步:确定会展安排及预算:

假定公司指派各地区共 10 位销售主管参加此次会展(假设会议时间为 3 月 17 日到 3 月 19 日),请各小组制订会议安排及预算。请同学们完成下面两个表格。

会展活动安排表

时间	工作任务	参与人员
3 月 16 日下午	会议筹备、布展等	全体与会销售人员
3 月 17 日上午		
3 月 17 日下午		
3 月 18 日上午		
3 月 18 日下午		
3 月 19 日上午		
3 月 19 日下午	撤会	

预 算 表

项目	数量	预算(万元)
交通		
会议场地租赁		
赞助		
住宿		
餐饮		
宣传资料		
易拉宝展架		
礼品		
糖果点心		
……		
合计		

第五步:各小组进行任务分工,根据所学知识及上面完成任务,撰写并提交此次会展方案书。

第三节　医疗器械广告方案设计

广告是医疗器械企业整体营销策略的重要组成部分,是医疗器械企业与客户之间沟通的桥梁和纽带,好的广告可以激发客户的需求欲望。某公司有一句格言:"成功在于广告"。广告最基本的功能是传播信息。在如今买方市场的市场环境下,广告活动是一个不断输送企业各种信息和获得客户信息反馈的过程。一方面,医疗器械企业通过广告把企业的生产、销售和服务方面的信息传递给广大客户,便于客户了解各种市场行情及产品,以决定其购买行为。另一方面,医疗器械企业也通过广告等手段获得市场信息,为企业制订决策和计划提供了依据。

一、确定医疗器械广告目标

广告目标规定着广告活动的总任务,决定着广告活动的行动和发展方向。成功的广告活动必须有明确的目标,即广告目标,它是广告活动的核心。广告目标是指医疗器械企业通过广告活动所要达到的目的,即通过广告宣传要得到什么预期结果。广告宣传的总体目标是传播企业信息,扩大社会影响,提高企业知名度,树立企业产品的品牌形象,增加客户认可度,激发客户购买欲望,扩大产品市场占有率。广告目标是企业一切广告活动的出发点,广告活动的各项工作包括广告媒体的选择和广告预算的制订等都是围绕广告目标来展开的。

不同的医疗器械广告虽然有共同的、最终的目的和目标,但是医疗器械企业不同的营销策略、市场供求关系的影响、产品的不同生命周期阶段、销售对象的不同都影响着广告目标的确定,广告目标的类型也有所不同。

(一)医疗器械广告目标的类型

1. 树立企业形象 通过广告,医疗器械企业将本企业的企业名称、企业文化和企业理念等相关性信息传递给客户,使客户了解和知晓企业。这种广告的目的是提高企业的知名度,以便于推销人员的推销工作。例如,某公司在某杂志上的一个广告的内容是:"如果有一样东西物超所值,那就是某公司的全自动生化仪。"广告中对仪器未作具体的描述,仅让用户知道这个公司有这种产品,其目的在于使客户对公司品牌有一个很好的印象,从而为产品推销打下良好的基础。

2. 传递产品信息,沟通产需 医疗器械企业通过广告,能帮助客户认识和了解企业产品的商标、性能、用途、使用特点以及购买方法、价格等各项内容,从而提高企业产品知名度。客户看了或听了产品广告之后,对产品性能和特点有一个比较清醒的认识,从而能起到传递企业产品信息,沟通产销的作用。

3. 激发客户需求,增加企业销售 好的广告,能起到诱导客户的兴趣,引起客户购买欲望,促进客户购买行动的作用。特别是介绍新产品、新技术和新服务的广告,既可以巩固现有的市场和客户,又可以在此基础上进一步开发潜在市场和客户,效果更加明显。

4. 说服客户改变态度 有些医疗器械企业或产品因为种种原因,给客户留下了不好的印象,企业希望通过广告把客户对企业和产品的态度改变过来,从而促进产品的销售,提高企业产品的市场竞争力。广告信息能通过提升客户对企业的好感程度来改变客户对企业和产品的看法,说服和引导客户从购买其他品牌的产品转向购买本企业产品。

5. 加强客户购买信心 当某款医疗器械产品已处于相对成熟期,虽然企业产品已有一定的知名度,客户也较稳定,但客户对于不断涌现的新产品,可选择的范围也越来越大,此时需要企业投入一些提醒性广告,其目的在于使客户确信他们购买企业产品的选择是正确的,更能起到"强化"作用,加强客户重复购买与使用的信心。

6. 增强产品竞争力　通过宣传企业产品较其他同类产品的优异之处,加深客户对产品的认可度,提高产品的市场竞争能力。

(二)影响确定医疗器械广告目标的因素

医疗器械企业在制订医疗器械广告目标时,必须结合企业现状、企业产品和市场情况,不能教条、僵化。将确定的广告目标具体化、客观化、数量化,要有针对性。一个广告不可能同时突出企业多个想达到的目标,这就要求企业在确定广告目标时应有所取舍,全面评估,设定最为核心的目标。

1. 以广告对象心理目标来确定广告目标　广告对象心理目标是指广告本身对于广告对象所产生的直接作用及影响,也是广告的直接目标,它表现在企业及产品的知名度、认可度、信任度、偏爱度等。广告的重心应在企业的形象、企业的实力、企业和社会的关系。可以用一段时间内企业知名度提升的百分比来测定广告目标完成的情况。

2. 以企业经济目标来确定广告目标　企业经济目标是指企业的销售目标和盈利目标,也是广告的间接目标,它表现为销售量、销售额和企业产品的市场占有率等。广告的重心应在企业产品的性能、产品的功效、产品的优势上。可以用一段时间内企业销售额增长的百分比来测定广告目标完成的情况。

医疗器械广告的直接目标即广告对象心理目标可以依靠广告本身来实现,而间接目标即企业经济目标的实现,一方面要受到直接目标的影响,另一方面还要通过产品质量、供求关系等因素的配合才能实现。因此许多情况下医疗器械企业的经济目标和广告往往难以一致,销售业绩的好坏并不能说明广告的优劣。

(三)确定医疗器械广告目标的原则

1. 广告目标应符合企业整体营销目标　医疗器械企业的广告活动与企业的整体营销活动密不可分,是其中的一项具体内容,因此医疗器械企业广告目标的制订必须在企业目标和营销目标的指导下进行,不得损害企业的整体利益。

2. 广告目标应有具体的量度要求　医疗器械企业应事先制订好日后用来测量广告目标完成度的评估方法。可以设立一个基准值,把广告播出后企业知名度、销售额、市场占有率提高的百分比等心理目标和经济目标以量化的形式表现出来,以便能直观、具体地测量广告目标达到的效果。

例如,某企业为其生产的电子血压计制作广告,在设定广告目标时,应明确广告应达到的效果是:希望1年时间内企业产品销量增加5%;在3年时间内,使推销对象对企业的认知度提高20%。

3. 广告目标应切实可行　企业在向广告商提出广告目标的要求时,要充分考虑各种条件的限制,广告目标应符合实际、切实可行,不可好高骛远,追求不能达到的广告目标。

4. 广告目标应有明确的指向性　单次广告活动的广告目标应单一、明确,若目标过多,不分主次,广告活动就难以达到应有的效果。

二、选择医疗器械广告媒体

医疗器械广告媒体是医疗器械企业向目标客户传递医疗器械广告信息的工具和物质手段,也是企业与医疗器械使用者之间的桥梁。广告活动必须借助于媒体来表达,媒体的选择直接决定着广告目标能否实现、广告效果能否达到。

(一)医疗器械广告媒体的类型

广告媒体种类繁多,不同的广告媒体有不同的优势和不足,没有一种完美的广告媒体。广告媒体可以划分为以下几种不同的类别。

1. **报纸媒体**　传播发行量大,触及面广,传播速度快。特别是报纸具有特殊的新闻性,从而能增加企业广告的可信度。

2. **杂志媒体**　时效性长、传阅率高。专业性杂志针对性强,发行面广,目标读者群体明确、稳定,且具有较高的权威性,可取得较为理想的宣传效果。杂志编辑精细,印刷精美,图文并茂,能逼真地展现产品外观形象,而且可以给读者带来视觉上美的享受,使读者获得更直观的感性认识,增加读者心理上的认同感。杂志还具有可保存性,因而广告宣传效果持久。

3. **电视媒体**　覆盖范围广,收视率高,受众范围广泛,声形兼备,具有较强的表现力和感染力。电视节目娱乐性强,在所有媒体中是最具强势的大众传播媒体。电视广告能促进家庭购买决策的形成,因而有利于家用医疗器械产品的宣传。

4. **广播媒体**　迅速及时、方便灵活、覆盖面广、亲切悦耳、通俗灵活、费用低廉,不受地区、交通、路程、气候条件的限制。

5. **户外广告媒体**　形象鲜明,形式多样,容易引人注意,并可起到反复强化的作用。户外广告通常有路牌广告、霓虹灯、灯箱广告、交通广告等,如擎天柱、电子显示屏等,主要分布在交通要道、商业闹市、旅游胜地、机场车站和公共娱乐场所等行人较多的地方。但是户外广告面对的是流动性的观众,不能选择观众类型。

6. **网络媒体**　覆盖范围广泛、视听效果好、信息容量大。医疗器械企业可以把产品广告投放到有相应目标客户的网络站点上去,广告投放准确,目标市场明确,并且可以直接将广告宣传和销售活动一体化运作,还能达到和客户互动的目的。

7. **直邮广告(DM广告)**　是指医疗器械企业将广告函、产品说明书、彩页、产品样品、目录、企业刊物等通过邮寄途径有选择地送到客户手中。直邮广告针对性强,目标客户明确,可以不受篇幅限制详细地介绍企业产品和服务,还能巩固既有的客户群体,并有方向性地拓展新的客户。

此外医疗器械广告媒体还有POP广告、手机广告、楼宇视频广告等媒体形式。

(二)医疗器械广告媒体的选择

医疗器械企业在进行广告活动时,应科学、合理地选择广告媒体,这将直接影响到广告活动内容的安排、广告费用的多少以及广告效果的好坏。

医疗器械广告媒体的选择是指企业根据广告目标的要求,通过比较各类广告媒体的特征,以最少的投入来选择合适的广告媒体,达到把广告信息传递给预定客户的目的。

选择医疗器械广告媒体的方法如下:

1. 根据目标市场选择媒体　不同的医疗器械企业其产品都有特定的目标市场。如果企业产品的目标市场是全国范围,或者为树立企业和产品形象时,就应选择影响面大、覆盖范围广的广告媒体,在全国范围内进行广告宣传。可以选择全国性的广播、电视、报纸、杂志和网络等媒体,力争将广告信息传递到所有广告目标对象。如果企业产品的目标市场是特定的细分市场,则只需选择在细分市场有影响力的广告媒体。

2. 根据产品特性选择媒体　对于价格较贵、技术性较强、只面向少量特定目标客户的产品,医疗器械企业可选择专业性较强的杂志和报纸,也可选择医疗器械展览会的现场媒体;对于价格适中、技术性一般、客户数量较大的产品,特别是面对的目标客户是家庭消费者时,医疗器械企业可选择广播、电视和一般性的报纸、杂志,也可选择直邮广告和户外广告等媒体。

3. 根据销售渠道选择媒体　医疗器械企业要考虑产品的销售形式,如果是通过经销商销售,则可以配合经销商来选择经销商熟悉的当地媒体;如果企业产品是推销员直接向目标客户推销,则企业还是要自己来选择媒体。

4. 根据目标客户对媒体的接触习惯选择媒体　医疗器械企业产品的目标客户如果主要是医疗卫生单位和经销商,则可选择医疗器械类和卫生类的专业杂志和报纸,或直邮广告;目标客户如果主要是家庭消费者,则可选择一般报纸、杂志、广播、电视等媒体。

5. 根据广告预算选择媒体　医疗器械企业在推出广告活动前,应预先制订广告预算,广告的投入必须在企业广告预算之内,根据广告预算再确定对媒体的选择。

6. 根据广告效果选择媒体　医疗器械企业应经常通过多种方式来测评广告投入和广告效果之间的对比关系,进而筛选出投资少而效果好的广告媒体。

(三) 医疗器械企业选择广告媒体的步骤

1. 医疗器械传播媒体的调查研究　分析广告媒体的特点、作用及其在广告行业内的地位和影响力,传播的数量和质量,目标客户对媒体的认可度,大致的广告成本。

2. 医疗器械媒体的沟通与接洽　在媒体调查研究的基础上,选择合适的传播媒体,就广告项目与媒体服务供应商沟通洽谈,达成项目意向书,并签署项目合同。

3. 制订媒体策划方案　与媒体一起协商、制订广告方案。

4. 项目执行　按照合同要求,在确定的媒体上发布信息,支付广告费用,监督广告施行。

5. 评估广告效果　通过信息反馈来对广告的传播效果做出评估。

三、编制医疗器械广告预算

(一) 医疗器械广告预算概述

医疗器械广告预算是指医疗器械企业对企业广告活动所需费用的计划和匡算,它规定了企业在广告计划期内开展广告活动所需要的经费总额、使用范围和使用方法。

科学地编制医疗器械广告预算,是为了使医疗器械企业通过合理地使用广告费用,达到企业希望的广告效果。对医疗器械企业而言,广告费用既不是越少越好,也不是多多益善,必须考虑广告费用与企业利益之间的关系。医疗器械企业投入广告费用的大小,应与企业的生产和销售规模相适应,在促进企业发展中讲实效、求节约。

(二)医疗器械广告预算的内容

广告预算的内容主要包括广告市场调研费、广告设计制作费、广告媒体费和广告管理费及广告活动所需的其他费用。

1. 广告市场调研费　占广告费用总额的5%左右。包括广告调研费、咨询费,购买相关统计部门和调研机构资料的费用以及广告效果检测费用等。

2. 广告设计制作费　占广告费用总额的5%~15%。包括广告设计人员的报酬、广告设计制作的材料费用、运输费用等。

3. 广告媒体费　是指购买广告媒体的时间和空间使用权的费用。这部分费用占广告费用的主要部分,达到总费用的65%~75%,也是影响企业决定是否做广告的关键因素。

4. 广告管理费　是指企业广告机构的办公费用、业务费和人员工资等,约占总费用的10%。

5. 广告活动所需的其他费用　是指企业用于应付突发事件的费用,一般占广告总费用的5%左右。

(三)广告预算额度的确定

广告预算额度也就是医疗器械企业一年内或一个时期内准备投入广告的费用总额。通常有以下几个方法来确定企业的广告预算额度。

1. 销售额百分比法　销售额百分比法是按医疗器械企业一个时期内(通常为一年)销售额的一定比例来计算出广告费用总额的方法。这种方法是企业最常用的一种确定广告预算总额的方法,它分为两种:

(1)上一年度销售额百分比法:根据医疗器械企业上一年度销售额情况来确定本年度广告费用的一种方法。

(2)下一年度销售额百分比法:医疗器械企业以上一年度销售额情况为基础,根据企业发展状况预测出下一年度的销售额,再以一定比例计算出广告费用总额。

2. 目标达成法　是指医疗器械企业依据企业的销售目标,确立广告目标,根据广告目标制订出广告计划,再具体确定广告预算的总额。这种方法可以灵活地适应市场形式的变化,比较科学,尤其能促进医疗器械企业新产品的广告宣传。

3. 总额包干法　医疗器械企业的广告部门根据本年度广告宣传计划一次性地估算出广告预算总额,经企业领导批准同意后,总额就不再变动,广告费用的专项开支也不做他用。企业广告部门人员在这个总额范围内支付全年的广告宣传活动的各项经费,超支不再追加,留有节余可转下年度使用。

4. 项目费用汇总法　医疗器械企业广告部门对本年度计划中的各个广告宣传活动所需费用进行计算汇总后,上报领导批准。但这个预算只是概算,实际花费的广告费用总额要到年底,经全部结算后才能确定多少。

5. 利润抽成法　按照医疗器械企业本年度预测利润的一定比例,来确定广告费用总额。

6. 产值抽成法　根据医疗器械企业本年度预测达到的总产值确定一个合适的比例,来确定广告费用总额。

7. 竞争对抗法　医疗器械企业根据行业内竞争对手的广告宣传费,来确定本企业广告费用,从而保证企业在与对手的竞争中处于有利地位。

8. 任意增减法　医疗器械企业以上年度的广告费用总额作为基数,根据企业发展状况和市场需要来对数额进行增减,做出本年度广告预算总额。

(四) 广告预算的分配

医疗器械企业一旦确定了广告预算额度后,就要将预算落实到具体的每项广告活动中,即进行广告预算的分配。分配的方法有以下几种:

1. 按广告的媒体进行分配　按照广告媒体的不同来分配广告预算是医疗器械企业经常采用的方法。包括在不同类型媒体的广告预算分配和在同一类型媒体的广告预算分配。

2. 按广告的时间进行分配　包括年度广告费用的分配,季度、月度、某一阶段广告费用的分配。

3. 按广告的地区进行分配　医疗器械企业根据市场需要在各销售地区间摊分广告费用,实行区域分配。

4. 按广告的产品进行分配　医疗器械企业根据企业产品的特点、产品的生命周期、市场形式与竞争状况等来分配广告费用。

5. 按广告的目标群体进行分配　医疗器械企业的销售目标群体比较集中和专业,企业可以根据组织、参加各种医疗器械展览会、学术推广会、渠道推广会和意向客户推广会等来分配广告预算,这种方法针对性强,广告宣传效果明显。

6. 按广告的不同机能进行分配　医疗器械企业也可以按广告媒体费、广告设计制作费、管理费和广告调研费等来进行广告预算分配。

(五) 编制医疗器械企业广告预算

1. 预测和确定企业广告预算额度　医疗器械企业通过对市场变化趋势的预测和企业整体营销计划的分析,提出具体的广告目标要求,制订相应的策略,合理地确定广告预算总额。

2. 安排预算分配　医疗器械企业通过分析上一年度的销售额,确定本年度广告费用总额的分配方法,按季度或月份来分配广告经费开支,同时将广告费用分配到不同的产品、地区和媒体,把广告活动和营销活动紧密结合起来,有主有次,合理地分配广告费用。

3. 控制和评价广告开支　医疗器械企业在完成了广告费用的分配后,应同时确定各项广告活动要达到的效果,及时检查各项广告活动的进度,记录各项广告活动的开支,从而有控制地合理使用广告费用,并对每项广告活动的效果进行评价,如有问题,可随时调整广告计划。

4. 编制医疗器械企业广告预算表　广告预算表是对广告预算的开支、计划和分配进行具体说明的书面报告。医疗器械企业广告预算表的基本格式如表5-10所示。

表 5-10　医疗器械广告预算表

广告预算表				
预算委托单位：			负责人：	
预算单位：			负责人：	
广告预算项目：			期　限：	
广告预算总额：			预算员：	
广告预算时间：			预算表编号：	
项目	开支内容	费用执行	时间	备注
市场调研费				
广告设计费 广告制作费				
媒体租金				
公关促销费				
管理费				
其他杂费				
总计				

点滴积累

1. 医疗器械广告目标的类型有：树立企业形象，传递产品信息、沟通产需，激发客户需求、增加企业销售，说服客户改变态度，加强客户购买信心，增强产品竞争力。

2. 医疗器械广告媒体的类型有报纸媒体、杂志媒体、电视媒体、广播媒体、户外广告媒体、网络媒体、直邮广告。

3. 直邮广告（DM 广告）是指医疗器械企业将广告函、产品说明书、彩页、产品样品、目录、企业刊物等通过邮寄途径有选择地送到客户手中。

▶ 课堂活动

　　安徽某医疗器械有限公司是一家专业性研发、生产、销售肺功能检测仪的医疗器械企业，2017 年公司实现销售收入 800 万元。随着公司的发展壮大，公司产品知名度的提升，公司决定将 2018 年销售额扩大到 1200 万元。因此需要增加广告投入，加强广告宣传力度，同时做到科学合理地使用广告费用。

　　要求学生根据该医疗器械有限公司 2018 年的销售计划，确定公司的广告目标，同时根据公司产品特点选择广告媒体，最后编制公司广告预算表。

　　1. 编制该医疗器械有限公司 2018 年的销售计划及依据；

　　2. 制订该公司 2018 年广告目标；

　　3. 选择肺功能检测仪相适合的广告媒体；

　　4. 编制广告预算清单及费用。

【任务实施】

1. 请同学们进行分组,要求每组 3~4 人,选派组长并根据课堂活动内容,确定肺功能检测仪产品作为本项目实施的依据。

(1)小组组建

组长:＿＿＿＿＿＿,任务分工:＿＿＿＿＿＿＿＿＿＿＿＿＿＿＿＿＿＿＿＿＿＿＿＿＿＿

组员:＿＿＿＿＿＿,任务分工:＿＿＿＿＿＿＿＿＿＿＿＿＿＿＿＿＿＿＿＿＿＿＿＿＿＿

＿＿＿＿＿＿,任务分工:＿＿＿＿＿＿＿＿＿＿＿＿＿＿＿＿＿＿＿＿＿＿＿＿＿＿

＿＿＿＿＿＿,任务分工:＿＿＿＿＿＿＿＿＿＿＿＿＿＿＿＿＿＿＿＿＿＿＿＿＿＿

(2)项目产品的背景了解与产品认识

请通过互联网、图书馆或其他手段,了解有关项目产品的基本信息。

产品的目标群体是:＿＿＿＿＿＿＿＿＿＿＿＿＿＿＿＿＿＿＿＿＿＿＿＿＿＿＿＿＿＿＿＿

产品的功能是:＿＿＿＿＿＿＿＿＿＿＿＿＿＿＿＿＿＿＿＿＿＿＿＿＿＿＿＿＿＿＿＿＿＿

产品的使用场合:＿＿＿＿＿＿＿＿＿＿＿＿＿＿＿＿＿＿＿＿＿＿＿＿＿＿＿＿＿＿＿＿＿

产品有什么样的特点:＿＿＿＿＿＿＿＿＿＿＿＿＿＿＿＿＿＿＿＿＿＿＿＿＿＿＿＿＿＿＿

其他信息:＿＿＿＿＿＿＿＿＿＿＿＿＿＿＿＿＿＿＿＿＿＿＿＿＿＿＿＿＿＿＿＿＿＿＿＿

2. 根据课堂活动内容及小组选择的产品,通过小组讨论,确定该医疗器械有限公司的广告目标为:激发客户需求,加强客户购买信心,增加企业销售额。

3. 请通过互联网、图书馆或其他手段,选择广告媒体,明确下述内容:

(1)可选择专业性杂志媒体:

＿＿

(2)网络媒体:

＿＿

(3)会议广告:全国医博会,高教会,其他学术会议,其他:

＿＿

(4)直邮广告:向全国各医院、疾病预防控制中心、社区卫生中心邮寄公司产品资料,其他:

＿＿

4. 根据公司 2018 年度销售额 1200 万元的 5%,确定公司 2018 年广告预算总额为 60 万元。

5. 根据各项广告活动分配广告预算。网络推广费用 13 万元;杂志广告费用 8 万元;公司网站宣传维护费用 2 万元;参加各种会议的广告支出费用 15 万元;资料印刷费用 8 万元;资料邮寄费用 10 万元;其他费用 4 万元。

6. 编制公司广告预算表。

第四节　医疗器械人员推销

一、医疗器械人员推销概述

(一) 医疗器械人员推销的含义

医疗器械人员推销是指医疗器械生产企业和经营公司的推销人员运用一定的推销手段,与医疗器械的使用单位、经销商和个人等客户直接接触,传递医疗器械产品的信息,促使客户采取购买行为的过程。推销人员泛指销售代表、业务代表、营销代表、客户开发代表、销售顾问、销售工程师、地区经理等。医疗器械的使用单位指各级医疗卫生单位,包括医院、保健院、防疫站等。

(二) 医疗器械人员推销的三要素

医疗器械人员推销的三要素是指在医疗器械产品和服务推销活动中的推销人员(推销主体)、医疗器械产品(推销客体)及客户(推销对象)这三个基本要素。推销活动就是医疗器械产品在推销人员(推销主体)和客户(推销对象)之间的一个转移过程。

1. **推销人员**　是推销活动的主体。推销人员是三要素中的核心要素,是推销活动的灵魂。统计数字表明,71%的人之所以从某个推销人员那里购买产品,是因为他们喜欢、信任、尊重这个推销员。推销员的诚意、热情、自信、毅力和敬业精神深深影响着客户,使客户乐意与他交流,听他介绍产品,进而可能接受他的产品,建立起合作关系。因此推销医疗器械产品前应先学会推销自己。

推销人员要相信自己,对自己充满信心,并借此感染客户,增强客户购买的信心。推销人员要信任自己的企业,发挥主人翁的工作热情,激励自己产生爱岗敬业的动力。推销人员对自己所推销的产品应当充分相信,相信它给能客户提供使用价值,满足客户的需求。

推销人员要知晓自己公司的文化理念,熟悉公司产品的性能、类型、结构、应用科室、技术指标、产品优势和市场定位等情况。同时要了解行业内竞争对手及产品的信息,做到知己知彼,百战不殆。

在推销活动中,推销人员对外代表着企业,推销人员的一举一动都会影响客户对其所代表企业的看法和印象,他们是企业形象的代言人。推销人员的工作态度、服务质量和推销业绩直接影响到企业的经济效益、社会效益和发展前景。医疗器械企业在销售产品之前,应安排对推销人员进行产品知识、社交礼仪和沟通能力等的系统培训。

2. **医疗器械产品**　是推销活动的客体。医疗器械产品是指单独或者组合使用于人体的仪器、设备、器具、材料或者其他物品,包括所需要的软件。医疗器械产品的推销既包括有具体实物形态和用途的物理学意义上的产品和软件的推销,也包括服务和观念的推销。因此,推销人员的推销活动是对整体产品的推广,包含了向客户推销产品使用价值,向客户提供服务,向客户宣传、倡议一种新观念等。

3. **客户**　是推销活动的推销对象。医疗器械产品的客户主要指各级医疗卫生单位(主要是医院)、经销商以及个人。推销对象是推销人员进行推销活动的目标,也直接参与推销活动的全过程。

医院是推销人员重要的推销对象,是医疗器械产品的重要购买者,其采购程序有独特的模式。

推销人员应了解医院级别的划分和主要科室的临床功能,熟悉医院采购医疗器械产品的流程,懂得医院购置医疗器械的模式,把握医院购置医疗器械产品的环节。

医疗器械经销商是指将医疗器械产品以批发的形式通过自己拥有的分销渠道向零售商、医院等医疗机构或个人进行销售的独立的医疗器械经营公司。向医疗器械经销商推销产品是国内外医疗器械生产企业销售产品的重要渠道。

医疗器械产品种类众多,除了向医院和经销商推销的医疗器械产品外,还有许多直接面向个人的医疗器械产品,尤其是保健、康复、诊断类医疗器械产品。伴随着中国医疗器械产业的发展和居民生活水平的提高,个人及家庭医疗器械市场将会迎来较大的发展机遇。

(三) 医疗器械人员推销的原则

医疗器械人员推销的原则是互利双赢。每一次成功的推销活动,要求推销人员从把握客户实际需要、解决客户实际问题出发,既要推销出产品,获得利润,又要满足客户的需要,达到双方都能满意的推销效果。同时医疗器械产品可以治病救人,造福社会,也能给经销商带来盈利。对社会越有利,赢家越多,这种互利、双赢乃至多赢的推销活动就越能持久,推销双方的合作关系就越稳定。如果推销人员和客户只考虑自身利益,不顾对方利益,不能达到共赢的效果,推销活动就不可能完成或不能持久。

(四) 医疗器械人员推销的一般过程

医疗器械人员推销是推销人员与客户打交道的过程,如同下棋要一步一步地下,推销活动也要一步一步地推。医疗器械人员推销的一般过程包括:确认客户、推销准备、拜访客户、推销洽谈、异议处理、成交与服务。

1. **确认客户**　医疗器械产品有其特殊性,客户群体范围也相对较为固定和特殊,主要是前面提到的医院和医疗器械经销商。但这些较为固定的客户只是潜在客户,只是有可能购买产品,而真正的客户是目标客户。目标客户必须具备三个条件:购买需求(need)、购买能力(money)和购买决策权(authority)。推销人员通过发现符合这三个方面条件的潜在客户,来确认目标客户,从而确定推销对象,这也称作推销中的 MAN 法则。

2. **推销准备**　推销前的准备工作是为了获得更多的推销机会,获得更高的成功率。俗话说,不打无准备之仗。就准备而言,首先是心理准备,推销人员应充分估计到在推销中可能发生的各种情况,乐观地迎接每次挑战。推销人员可以通过各种渠道了解客户的基本情况,分析客户的类型,拟定推销计划。其次,推销人员除了要熟悉本企业及产品的优势和不足之外,还要了解同类产品竞争对手的特点、长处及短处,并加以归纳和总结,防止客户询问时不能圆满解答。还要随身携带好产品资料、计划书、价格表、名片、小样品和行程表等。总之,推销中的每一个细节都会影响推销的成败,推销人员应充分做好各种准备,才能在推销活动中把握主动权,增加推销成功的机会。

3. **拜访客户**　推销人员在正式拜访客户之前,最好通过电话、邮件或委托熟人的方式与客户进行约见,以免被拒绝,不能达到拜访的目的。同时推销人员应根据客户的工作特点和生活习惯,在方便客户的前提下来确定拜访时间和拜访地点。拜访客户是推销人员开始正式接触客户,标志着双方进入沟通阶段。推销人员应遵守"推销产品之前先推销自己"的原则,通过展示良好的第一印象、语言魅力、赞美客户、利益吸引、有效倾听、问题接近、寻找共同话题、虚心请教等一系列推销手段来引起客户对自己和产品的关注,唤起客户的兴趣,获取客户的好感,成功地接近客户。

4. 推销洽谈　医疗器械推销人员在完成推销约见、推销拜访并成功地接近客户后,与客户开始进行正式的当面洽谈,即推销洽谈。推销洽谈是为了进一步强化客户对产品的兴趣,并促使客户将兴趣转化为购买欲望,做出购买决定。推销洽谈是整个推销过程中的一个关键环节,能否说服顾客,最后达成交易,关键在于推销洽谈是否成功。因此,推销人员应运用各种洽谈技巧,积极向客户传递产品和企业信息,包括产品的功能、质量、价格、服务、市场地位以及企业的文化、理念和发展前景。推销人员应牢牢把握互利双赢的推销原则,通过洽谈让客户尽快了解产品的性能及其所能带来的利益,感受到合作带来的好处,不能有战胜客户、勉强客户的想法。推销人员在洽谈中要以诚实来争取客户的信任,同时采取针对性、鼓动性、灵活性的各种方式和手段来引导客户做出购买决策。

知识链接

中国人洽谈的特点

中国人喜欢要面子,希望对方把自己看作掌握大权的或关键性人物;怕承担责任,常把许多专家带到谈判中来,防止受骗,同时减少个人责任;崇尚"礼尚往来"的规矩,喜欢送礼与收礼;喜欢在宴请或娱乐活动中谈业务。

5. 异议处理　客户异议是指客户在接收到推销人员传递的有关信息后,提出的不明白、不同意的看法甚至反对意见。推销人员应正确认识客户异议,冷静面对,不能搁置异议,要学会分析异议的原因,坦然化解异议。虽然有时客户是用异议来作为拒绝购买的理由,异议阻碍了推销的进程,但多数情况还是因为推销人员所传递的信息不全面,客户对产品知识不太了解,或是因为客户购买过同类型产品,对产品经验丰富,需要仔细斟酌、思考、比较,这反而表明客户对产品感兴趣,越是对产品求全责备的客户越有可能诚心要买。推销人员应尽可能多地掌握产品的相关知识,解答客户提出的各种问题,妥善处理异议,因势利导,帮助客户加深对产品的认识,努力消除客户的疑虑,赢得客户的信任,顺利达成交易。

6. 成交与服务　成交是指客户接受推销人员的购买建议,决定购买产品的行动过程。成交是推销的根本目标。首先,成交是客户对推销人员及其产品推销建议的一种肯定,此时推销人员应积极地向客户发出正确的成交信号,就客户所提出的条件表明成交意愿,帮助客户做出最后的购买决定;其次,成交是客户采取购买行动的过程,这时推销人员要起草合同文本,签订合同,促成交易,务必要善始善终完成成交手续。成交并不意味着推销过程的结束,推销人员和企业还要做好客户服务工作,包括产品的发货、使用人员的培训、产品的安装和调测、零配件的供应及售后服务的完善等。推销人员应保持与客户的联系,经常访问老客户,听取他们的意见和建议,进一步维护和发展双方建立的合作关系。这样可以促进客户更多地购买产品,并且防止竞争对手介入,抢走客户。同时,利用老客户的介绍,推销人员可以认识更多的新客户,不断扩大自己的客户群。

（五）医疗器械人员推销的模式

推销模式是指推销人员根据推销活动的特点和对客户购买活动各阶段的心理演变应采取的策略，归纳出的一套程序化的标准推销方式。推销模式来自于推销专家多年的推销实践总结，具有很强的可操作性。推销人员可以依据推销模式的理论、步骤与法则进行推销活动，减少自己积累经验的时间和成本，提高推销效率。现代推销理论应用最广泛的几种推销模式有：爱达（AIDA）模式、迪伯达（DIPADA）模式、埃德帕（IDEPA）模式、吉姆（GEM）模式、费比（FABE）模式。

根据医疗器械产品的特点，我们介绍费比（FABE）模式。

费比模式是由美国奥克拉荷马大学企业管理博士、台湾中兴大学商学院院长郭昆漠教授总结出来的一种推销模式。"费比"是英文 FABE 的中文译音，而 FABE 则是英文单词 Feature（特征）、Advantage（优点）、Benefit（利益）和 Evidence（证据）第一个字母的组合。费比模式将推销过程分为四个步骤。

1. 将产品特征详细地介绍给客户 费比模式要求推销人员在见到客户后，要以准确的语言向客户介绍产品的特征。介绍的内容应当包括：产品的性能、结构、作用、使用的简易性及方便程度、耐久性、经济性、外观优点和价格等，如果是新产品则应更详细地介绍。如果上述内容多而难记，推销人员应事先打印成宣传材料或卡片，以便在向客户介绍时将材料和卡片交给客户。

2. 充分分析产品的优点 费比模式要求推销人员在介绍产品特征时，指出产品的特殊功能和独特优势，并给予重点分析。如果是新产品，则务必说明该产品的开发背景、目的、设计时的主导思想、开发的必要性以及相对于老产品的区别和优势等。医疗器械产品的客户一般都具有较高的专业知识水平，因此医疗器械推销人员应尽量以专业术语进行介绍，并力求用词准确，言简意赅。

3. 尽数产品给客户带来的利益 这是费比模式中最重要的一个步骤。推销人员应在了解客户需求的基础上，把产品能给客户带来的利益，尽量多地列举出来。不仅要讲产品外表的、实质上的优势，更要讲产品给客户带来的内在的和附加的利益。把经济利益、社会利益、工作利益和社交利益，都一一列举出来。在对客户需求了解不多的情况下，应边讲解边观察客户的专注程度和表情变化，找出客户最关注的需求并重点加以讲解。

4. 以证据说服客户 推销人员应该用真实的数据、案例、实物等证据打消客户的各种疑虑，证明前面的介绍都是真实可靠的，促使客户购买。推销人员在推销中要避免用"最便宜"、"最合算"、"最耐用"等字眼，因为这些话没有说服力，而且可能会令客户反感。

医疗器械推销人员在运用费比模式时，应事先把产品特征、优点、能带给客户的利益以及各种行之有效的推销用语等列出来，印在纸上或写在卡片上，牢记在心，达到随时能脱口而出的熟练程度。这样能在推销过程中使客户更准确地了解产品的相关内容，减少客户的疑问，降低客户提出异议的可能，节省推销时间，尽快取得客户信任，促进客户采取购买行动。

二、医疗器械人员推销的形式

（一）医疗器械上门推销

上门推销是最常见的医疗器械人员推销形式，是由推销人员携带产品样品、说明书和资料等走访客户，推销产品。这种推销形式对推销人员素质要求较高，但能针对客户需要提供有效服务，方便客户,是目前医疗器械企业广泛采用的推销形式。

知识链接

医院级别的划分

医院按其功能、任务不同划分为一级、二级、三级三个等级。

一级医院:是直接向一定人口的社区提供预防、医疗、保健、康复服务的基层医院、卫生院。

二级医院:是向多个社区提供综合医疗卫生服务和承担一定教学、科研任务的地区性医院。

三级医院:是向几个地区提供高水平专科性医疗卫生服务和执行高等教育、科研任务的区域性以上的医院。

各级医院经过评审,按照《医院分级管理标准》确定为甲、乙、丙三等,其中三级医院增设特等,因此医院共分三级十等。

1. 向医院客户推销医疗器械

(1)拜访准备:在拜访医院有关人员前,推销人员必须做好前期准备工作。首先要搜集医院和要拜访人员的信息。对于一个生疏的医院,可以上网查询或向同事打听医院的情况,以便决定要访问医院的哪些科室、哪些人员。尽可能地了解被访对象为人如何、有何爱好、发表过什么学术文章、在社会团体中有什么任职。当然也可以从其他医院的熟悉客户那里了解,从一个医院了解另一个医院是个不错的办法。

其次将自己所要带的材料检查一遍,比如产品彩页、技术资料、实施方案、预算、名片等。同时推销人员还要注意自己的衣着装扮,提高医院客户对自己的认可度。

推销人员应提前进入医院,注意观察医院宣传栏上人物的介绍,通常在这里可以找到要拜访人员的简介,更主要的是能看到对方的照片,这样在见面时可一眼认出对方,以免出错。

(2)拜访临床科室主任:临床科室是医院医疗器械产品使用和提出采购的部门。临床科室主任会根据临床诊断治疗和科室经营的需要,通过判断医疗器械产品的临床价值和经济价值,来对医疗器械产品的采购提出申请。

拜访临床科室主任应达到的目标:向对方介绍所推销的医疗器械产品、服务和企业情况,取得对方信任,了解医院采购此类产品的相关程序和规则,尽可能获得对方的个人资料,听取对方对后续推销工作的建议,帮助对方书写采购申请报告,共同应对竞争对手和说服医院决策层,建立合作关系。决定因素是医疗器械产品的临床价值和能否给科室带来经济效益。

临床科室主任是领进门的人,在推销过程中扮演着重要角色,推销人员必须给予足够的重视。拜访临床科室主任将占用推销人员大部分的时间,是个连续多次拜访的过程。推销人员在拜访中要有计划、有针对性地进行,并要控制好节奏。每次拜访回来要做好记录,每次拜访前要根据上一次拜访记录做好本次拜访的计划和准备。

拜访要点:推销人员必须把使用企业产品所能带来的临床效果和经济效益等相关信息传递给临

床科室主任,唤起对方购买欲望,进而说服对方采取购买行动。

> **知识链接**
>
> 首次拜访的六个步骤
>
> 第一步 打招呼。"李主任,早上好!"在客户未开口之前,以亲切的语调向客户打招呼问候。
>
> 第二步 自我介绍。介绍公司名称及自己姓名,双手将名片递上,对客户抽空会见自己表达谢意。"这是我的名片,谢谢您能抽出时间!"介绍时要面带微笑,精神饱满,给予对方足够的尊重。
>
> 第三步 营造良好氛围。借此拉近彼此之间的距离,缓和客户对陌生人来访的紧张情绪。"王主任,我是您部门的张医生介绍来的,听他说,您是一个很随和的领导。"
>
> 第四步,开场白。提出推销产品的事项;陈述产品对客户的价值;拜访需要多长时间,询问对方是否接受。"李主任,今天我是专门来向您了解咱们医院对监护仪产品的需求情况,大概占用您五分钟时间,您看可以吗?"
>
> 第五步,适时引出产品。介绍产品特性及能带来的利益,询问对方的利益需求。在介绍产品时,恰当地使用宣传资料和医学文章,消除对方疑问。精心准备产品资料,标记重要的地方,让对方了解你的用心及专业水平,同时可促使对方阅读这些信息,节省对方时间。
>
> 第六步,约定下次来访时间。在结束初次拜访时,推销员应该再次确认本次来访目的是否达到,然后向客户表达下次拜访的目的、约定下次拜访时间。"李主任,很感谢您今天用这么长的时间给我提供了这么多宝贵的信息,根据您今天所谈到的内容,我回去后将好好地做一个计划方案,然后再来向您汇报,我下周二上午将方案带过来让您审阅,您看可以吗?"

(3)拜访器械科长:器械科是医院拟定采购计划、执行采购任务的部门,也负责产品的维护保养。器械科长负责将临床科室提出的产品购买申请列入采购计划,在院长或分管院长批准采购计划后,会根据情况选择一家或多家产品供应商进行商务谈判。器械科长要审核产品的资质,商谈价格,提出服务要求,确定合同细节,也负责产品验收和回款。

拜访器械科长应达到的目标:向对方介绍所推销的医疗器械产品、服务和公司情况,取得对方信任,落实采购计划,掌握采购进度,协商价格,制订合同。决定因素是产品能否列入采购计划。

拜访要点:说服对方将临床科室的产品购买申请列入采购计划,并尽快实施采购。

(4)拜访院长:院长或分管院长是对采购医疗器械产品有最终决策权的人。院长或分管院长考虑的是整个医院的全局,在对各临床科室上报的采购申请综合研究后,关心的是医疗器械企业实力如何,采购申请项目可以给医院及科室带来多少效益,何时可以收回成本,社会效益又如何。决定因素是企业的实力以及产品的经济效益和社会效益。

拜访院长应达到的目标:推销人员必须把公司实力、品牌、售后服务和价格等优势向院长解释清楚,重点宣传企业、产品的社会价值和带来的经济效益。

拜访要点:赢得对方对自己和企业的好感和认可。

(5)组织采购是医院采购医疗器械产品的主要方式,采购周期往往较长,通常需要 4~10 个月,大型医疗器械产品的采购周期更要 1~2 年,推销人员需要持续拜访临床医生、临床科室主任、器械科长、分管院长、院长。在拜访过程中推销人员和医院相关人员相互了解,建立感情,取得认可,如果拜访进展顺利,会进一步洽谈合作和购买事宜,直至签订购买合同。这期间,推销人员还要就对方提出的各种价格异议、交易条款异议等一一加以说明和解决。

知识链接

医院采购医疗器械的一般程序

1. 组织结构　医院中提出采购申请的是使用医疗器械的临床科室或医疗器械的使用医生;申请方式有口头要求,也有书面陈述,但都要填写采购申请。决策部门是院长(分管院长)或者是院长办公会。执行部门是器械科或设备科、设备处、物流中心(以下简称器械科),少数是科室自己采购,到器械科报账。

2. 采购程序　低值耗材采购,对正在使用的耗材,使用人做计划,报器械科采购。新品牌的耗材进入医院,需要使用人建议,使用人所在科室领导同意,报给器械科或者呈报院长,由院长批准后,小批量采购试用。

常规使用的小设备采购(万元以下的设备)。由科室做计划,报器械科采购。

大设备的采购。通常是由临床科室医生、主任提出需要申请,经器械科列入采购计划,由院长审批,经过招标采购。

---

2. 向医疗器械经销商推销医疗器械产品

医疗器械经销商是指将医疗器械产品以批发的形式通过自己拥有的分销渠道向零售商、医院等医疗机构或个人进行销售的医疗器械经营公司。向医疗器械经销商推销产品是医疗器械生产企业推销产品的重要渠道。

(1)拜访准备:

1)寻找目标经销商:推销人员可以通过熟悉的经销商介绍、参加医疗器械展览会、查阅经销商名录、经销商的主动求购等方式了解、寻找目标经销商。

2)考察目标经销商:推销人员需要通过考察来掌握目标经销商的资金实力、经营能力、经营方式、市场信誉、与医院的关系等各方面情况,做到知己知彼,避免被不诚信的经销商蒙骗。

(2)拜访要点:推销人员要向经销商重点介绍企业产品的卖点和优势,宣传企业实力和发展前景,树立经销商的信心,同时要用企业良好的销售政策、价格政策和促销政策来吸引经销商。在与竞争对手及其产品进行比较时,推销人员应从地域、品牌、价格、性能、功能、缺陷等方面着手,突出自己产品的优势。

医疗器械经销商最关注的是产品进价和市场售价的"差价",多数经销商不具备售后服务能力,因此也看重产品质量和售后服务保障。

经销商通常对当地医疗器械市场较为熟悉,有较好的人脉关系和稳定的医院客户。推销人员经过拜访、洽谈取得对方对企业和自己以及产品的认可后,双方建立起合作关系,推销人员还应定期走访经销商,了解经销商的销售情况,帮助经销商及时解决遇到的问题。此外,推销人员可以多向经销商介绍其他区域市场上的成功经验,以及企业新的销售政策、用户反馈、竞争对手在产品、价格、渠道、促销、人员变动等方面的信息,推动经销商的销售工作,保证双方互利共赢的合作能持续长久。

知识链接

第一印象

第一印象是指人与人初次交往中所获得的关于对方表情、姿态、仪表、服饰、谈吐、眼神等方面的一个综合印象。它虽然零碎、肤浅,但在先入为主的心理影响下,却往往形成双方日后交往的依据。心理学研究表明,人们对他人7秒钟之内形成的第一印象可以保持7年。给他人留下的第一印象一旦形成,就很难改变。如果彼此留下的是美好的、积极的、正面的第一印象,那么双方的交往就会很顺利。相反留下的是不好的、负面的第一印象,就会给今后的交往蒙上阴影,阻碍交往的进程。

推销人员在第一次与客户交往中,一定注意要给客户留下良好的第一印象,它对推销成功起着关键作用。客户的拒绝理由有三种:第一是对推销人员本人没有好感,第二是对推销人员的企业或产品没有信心,第三是客户自身有问题。相关统计资料表明,推销的失败,80%的原因是因为留给客户的第一印象不好。很多时候,推销人员还没开口介绍产品,客户实际上就已经对推销人员的第一印象做出判断,决定不再进行进一步的沟通了。

(二)医疗器械柜台推销

又称门市推销、店堂推销,是指医疗器械生产企业和经营公司在适当地点设置固定门市(较多放在药店里),由推销人员(营业员)接待进入门市的客户,推销产品。与上门推销正好相反,柜台推销是等客上门式的推销方式。柜台推销的产品一般是低值的理疗、康复、保健、辅助及一次性医疗器械,面对的客户多为个人消费者,购买需求较为明确,但多缺乏医疗器械的专业知识。这就要求推销人员熟悉产品性能、功效、特点、使用方法,并以专业者的身份给客户介绍、展示产品。同时用良好、诚恳的服务态度和接待礼仪,引导客户准确表达自己的需求,激起客户的购买欲望,达成交易。

(三)医疗器械会议会展推销

会议会展推销是指推销人员利用公司参加各种医疗器械展览会和学术会议的时机,向参观人员和参会人员宣传和介绍公司产品,开展推销活动。如区域经销商订货会、全国和地方的医疗器械展览会、各种专业学术团体的学术会议等。参观医疗器械展览会和学术会议的人员一般都是专业人员,有医疗卫生单位的潜在客户,也有医疗器械经销商,这种推销形式接触面广、推销集中,可以同时向多个推销对象推销产品,宣传面大,推销效果较好。推销人员应做好充分的准备工作,展示良好的企业形象,积极接待每一位参展、参会者,尽可能地留下对方的联系方式,为今后发展新客户做准备。

（四）医疗器械电话推销

电话推销是指推销人员通过电话向潜在客户了解信息、介绍、宣传、推销公司产品、达成交易的一种推销形式。电话这种方便快捷的现代化通讯工具已成为现代人的主要交流工具之一。与其他几种推销形式不同，电话推销不是面谈，而是靠声音传递信息，这就要求推销人员具有良好的电话礼仪、语言技巧、清晰的表达能力和一定的产品知识，并能通过电话与客户建立信任关系。推销人员应事先设计好电话推销方案，合理选择打电话的时间，保持良好的心情，用有感染力的声音打动客户，了解和发现客户的需求，达成交易。目前很多公司采用电话推销和人员上门推销相结合的方式，更有推销效果。

三、医疗器械推销人员自我管理

（一）建立信心

1. 热爱自己的推销事业　中国医疗器械市场发展潜力巨大，而且维持快速增长的态势。中国经济的稳定发展，国家对医疗卫生事业投入的增加，城乡居民收入的提高和健康意识的提升，都推动着中国医疗器械行业的快速发展。因此，医疗器械推销工作是一项非常有潜力的职业，前景美好。

2. 相信自己的企业和产品　推销人员应对公司的优势、潜力和发展前景充满信心，恪守企业的经营理念和文化，忠诚于自己的企业，处处发挥主人翁作用，以企业为后盾，爱岗敬业，将自身的发展融入到企业的发展之中。

医疗器械产品不但能满足客户的需求，给客户带来经济效益，还有巨大的社会效益，更是推销人员事业发展的载体。推销人员应在全面熟悉自己产品的基础上，相信、喜欢自己的产品，在推销工作中满怀热情，并用自己的热情感染客户。记住别推销连自己都不相信的产品。

3. 对自己充满信心　推销人员应全面深入地了解自己，认识自己的优势和不足，善于总结以往的成功经验和失败教训，经得起挫折和打击，学会用自我激励的方法调整心态，学会"扬长避短"。推销人员充满信心的工作态度可以影响客户，感染客户，改变客户，树立客户对推销人员和产品的信心。

（二）培养能力

1. 沟通能力　推销人员推销产品就是与客户由陌生人变熟人，由熟人变关系，由关系变生意的过程。这个认识客户、建立关系的过程需要推销人员充分展示自己的沟通能力。沟通能力不是能说会道，实际上它包括了推销人员从着装打扮到言谈举止等一切行为能力。具有良好沟通能力的推销人员，可以将自己所拥有的专业知识及专业能力进行充分发挥，并能给客户留下"这个人真行"的深刻印象。

2. 语言表达能力　"好口才是所有成功推销员的共同特点"，推销人员在向客户推销产品、彼此交流感情时，要求语言使用清晰、准确，言简意赅。客户很难接受一个语言贫乏、词不达意的推销人员，也不会接受他推销的产品。推销人员还应学会用肢体语言如手势、眼神、表情等来配合语言表达,增强感染能力和说服效果。

3. 观察能力　推销人员要善于捕捉有利于推销的每一个有用信息,如市场的变化,行业的进展,国家有关医疗器械的新政策,客户的社会背景、个人爱好、人际关系、购买中担任的角色和所处的地位等。在与客户交流时,能从客户的语气、谈话用词、眼神、表情、神态、心境的微妙变化,洞察对方的心理变化,揣摩对方心中所想,及时调整话题,增进双方感情交流。

4. 应变能力　推销人员虽然在推销前做好了各种准备,但在推销中还会经常遇到意想不到的事情,也会遇到客户情绪的变化,这就要求推销人员学会随机应变,遇事不惊,冷静分析,能及时提出对策应对突发状况的发生,调整推销的策略和方法,尽量缓解、消除突发状况带给自己的不利处境。

(三) 丰富知识

1. 专业知识　推销人员应该熟悉自己产品的技术性能和临床用途,了解医疗器械市场产品的供求状况,自己企业处于什么样的竞争地位。推销人员还必须掌握竞争对手的相关信息,包括有哪些竞争对手,竞争对手产品的优势、劣势、价格,自己产品与竞争对手产品之间的差异,竞争对手有哪些客户,竞争对手的推销策略等。努力把自己塑造成"产品专家""市场专家""行业专家",在说服客户时,增加客户的信任感和认可度。

2. 社会知识　推销工作面对的是整个社会,是不断变化的各类人和事,推销人员要与不同层次、不同性格、不同爱好、不同需求的客户打交道,这就需要有广博的社会知识和社会阅历。推销人员在日常工作和生活中,要有意识地积累有关热点新闻、财经评论、文体娱乐、风土人情等方面的知识,此外还要搜集一些关于客户当地的人文、历史、地理方面的知识。这些知识为推销人员与客户的沟通提供了很多交流"话题",营造出一个和谐的氛围,拉近双方之间的心理距离,有利于推销业务的开展。

3. 礼仪知识　包括仪表着装礼仪、行为举止礼仪、交谈礼仪、送访礼仪、宴请礼仪、赠送礼仪等。推销人员应培养仪表端庄、举止文雅、作风正派、谦虚礼貌、平易近人等良好的气质和风度,给客户亲切、愉快和满意的直观感觉,营造洽谈气氛,赢得客户好感,促进推销工作的顺利展开。

> **知识链接**
>
> **仪表与人际关系**
>
> 美国有个行为学家曾做过这样一个有趣的实验:他以不同的仪表装扮,出现在同一个地点,遇到的情形大不相同。当他穿着西装以绅士的面孔出现时,无论是向他问路还是打听事情的陌生人都显得彬彬有礼,教养有加;而当他装扮成流浪汉的模样时,接近他来借火点烟或攀谈的人,也多是无所事事的流浪汉、无业游民等。可见仪表着装在人际交往中表达出的意义胜过了言语。

(四) 时间管理

1. 制订计划　推销人员通过制订日常时间安排和工作时间安排表,并不断调整、改进,来合理安排自己的时间,提高工作效率,使时间这一资源的配置达到最优,从而实现其价值的最大化。

2."二八"法则　推销人员应学会使用"二八"法则来管理客户,即用80%的时间去应对20%的重点客户,用20%的时间去应对80%的非重点客户。"二八"法则在推销行业中,意味着20%的重点客户可能会给推销人员带来销售总收入的80%。推销人员将主要时间和精力集中在这一小部分但却又是十分重要的客户群及其需求的相关产品上,是非常重要的。

3.做好时间任务安排　将自己的工作按轻重缓急分为:A(紧急、重要)、B(次要)、C(一般)三类;安排各项工作的优先顺序,粗略估计各项工作的时间和占用百分比;在工作中记载实际耗用时间;每日计划时间安排与耗用时间对比,分析时间运用效率;重新调整自己的时间安排,更有效地工作。

4.利用八小时之外的时间　由于客户工作忙碌,推销人员可充分利用客户下班后的时间,通过共同参与一些活动的方式,来达到与客户见面、拜访客户的目的,可以节约推销时间,推销效果也好。

点滴积累　∨

1. 医疗器械人员推销是指医疗器械生产企业和经营公司的推销人员运用一定的推销手段,与医疗器械的使用单位、经销商和个人等客户直接接触,传递医疗器械产品的信息,促使客户采取购买行为的过程。

2. 医疗器械人员推销的三要素是指在医疗器械产品和服务推销活动中的推销人员(推销主体)、医疗器械产品(推销客体)及客户(推销对象)这三个基本要素。

3. 医疗器械人员推销的一般过程包括:确认客户、推销准备、拜访客户、推销洽谈、异议处理、成交与服务。

4. 现代推销理论应用最广泛的几种推销模式有:爱达(AIDA)模式、迪伯达(DIPADA)模式、埃德帕(IDEPA)模式、吉姆(GEM)模式、费比(FABE)模式。

5. 推销人员要向经销商重点介绍企业产品的卖点和优势,宣传企业实力和发展前景,树立经销商的信心,同时要用企业良好的销售政策、价格政策和促销政策来吸引经销商。 在与竞争对手及其产品进行比较时,推销人员应从地域、品牌、价格、性能、功能、缺陷等方面着手,突出自己产品的优势。

6. 推销人员应学会使用"二八"法则来管理客户,即用80%的时间去应对20%的重点客户,用20%的时间去应对80%的非重点客户。

▶ 课堂活动

　　穆特尔是某医疗器械公司的销售员,主要负责公司生产的便携式多参数监护仪的产品销售工作。该医疗器械公司获悉某医院需要添置便携式多参数监护仪5台。 公司销售经理要求穆特尔抓住机会,尽快与院方接洽,争取获得订单,实现产品销售。

　　任务要求学生根据医疗器械人员推销的一般过程,通过模拟情境,学会在展示良好第一印象的基础上,由介绍产品开始,训练向医院和医疗器械经销商推销医疗器械产品的技能。

1. 制订拜访计划、确定拜访对象;

2. 准备拜访资料;

3. 实施拜访;

4. 与客户洽谈;

5. 成交与客户服务。

【任务实施】

1. 请同学们进行分组,要求每组 3~4 人,选派组长并根据课堂活动内容,确定一款医疗器械产品作为本项目实施的依据。

(1)小组组建

组长:_____,任务分工:_____

组员:_____,任务分工:_____

　　　_____,任务分工:_____

　　　_____,任务分工:_____

(2)项目产品的背景了解

请每组学生先通过互联网、图书馆或其他手段,了解有关项目产品的基本信息。同类产品有哪些生产厂家,比较不同厂家的实力和产品的特点,归纳总结并记录。

2. 自我介绍训练

每组学生依次进行自我介绍。介绍时学生的言谈举止要有风度,精神状态要饱满,带有自信,并学会突出介绍自己的长处。

3. 训练学生向医院推销医疗器械产品的技能。

(1)小组可以事先经过讨论,设置几种异议,模拟安排几类不同性格的医院客户。

(2)模拟推销情境,扮演推销员的一名学生向另一名学生(扮演客户,如医院临床科室主任、器械科长)按照人员推销的一般过程展开推销,其余学生进行观察和评价。在推销中大家共同商讨解决问题的策略和方法。

(3)小组内学生轮换进行,选出最佳学生,再在班级内模拟推销,最后教师点评,选出全班优秀者。

4. 训练学生向医疗器械经销商推销医疗器械产品的技能。

(1)选定某省作为一个推销区域,上网查询当地有哪些主要的经销商,比较它们的实力和信誉度,选择出三家。

(2)模拟推销情境,扮演推销员的一名学生向另一名学生(扮演经销商)按照人员推销的一般过程展开推销,其余学生进行观察和评价。小组可以事先经过讨论,设置几种异议,模拟安排几类不同性格的经销商,在推销中大家共同商讨解决问题的策略和方法。

(3)小组内学生轮换进行,选出最佳学生,再在班级内模拟推销,最后教师点评,选出全班优秀者。

学习小结

一、学习内容

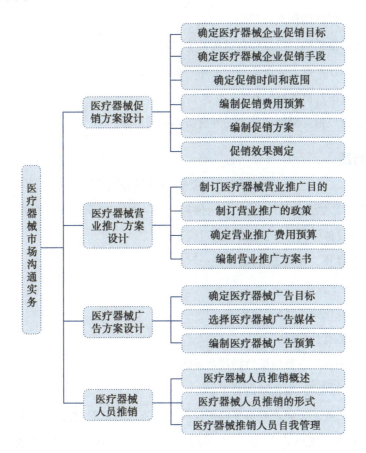

二、学习方法

（1）学习编制促销总方案时，需从宏观的视角出发，考虑与企业发展总战略相一致的前提下，在固定时期内企业如何做促销规划。促销目标应简洁清晰，知识部分作简单了解。重点是结合促销预算的制订方法，制订合理的预算；同时应熟练掌握医疗器械促销方案设计的原则及方法，对于学会为医疗器械企业做促销总方案有很大帮助。

（2）营业推广活动的策划是针对某次独立的促销活动，进行即时性的促销方案设计。因此要求促销目标更明确，促销安排更具体。学习这部分内容时，需带着具体任务，并寻求答案的思路来学习。在进行活动安排遇到疑惑时，可从本节相关知识与技能中寻找答案，按照一个由具体任务到学习，再由学习到执行任务的闭环学习方式会很大程度提高学习效率。

（3）学生通过编制广告预算表，参与模拟推销情境的训练，将理论知识应用到实践中，在激发学习兴趣的同时，能更好地掌握理论知识，提高实际应用能力。

目标检测

一、问答题

1. 医疗器械广告媒体的种类有哪些?

2. 医疗器械人员推销的一般过程包括哪几个阶段?

3. 请分别解释医疗器械企业促销"拉引"和"推动"策略。

4. 医疗器械营业推广活动有哪些?

5. 医疗器械企业经销商激励政策中的专营折扣如何解释?

二、案例分析题

案例1 一次失败的推销拜访

王宏是一家医疗器械公司的推销员,这天他来到了某医院准备拜访设备科长。进了医院后,他跑步上了三楼,看到设备科长的办公室后,推门就进去了。

王宏:"您好,李科长。我叫王宏,是来……"

科长:"这里没有李科长。"

王宏:"对不起,我记错了,请问您贵姓?"

科长:"我姓刘,你有什么事?"

王宏:"哦,我是来介绍一款母婴监护仪产品的。"

科长:"医院刚买过几台,现在不需要了。"

王宏:"是这样的,我们公司这款母婴监护仪和其他公司的不同,是公司才开发的新产品。这是产品彩页。"(王宏将彩页放到了科长的桌上,随手掏出了香烟和打火机)"您抽支烟?"

科长:"我不抽烟,医院里也不准抽烟。"

王宏:"……"

请分析王宏拜访失败的原因。

案例2 成功推销的小技巧

张斌负责向一家医疗器械经销商推销产品,几次拜访公司的王经理都感觉很难沟通,没有机会进一步交流。后来张斌通过熟人得知这位王经理喜欢钓鱼,他便买来渔具学习钓鱼。过了一段时间,再次拜访王经理时,张斌选择了一个合适的机会讲到钓鱼这个话题,并且谈话头头是道,显得很专业,一下引起了王经理的兴趣。张斌还向王经理推荐了一个不错的鱼塘,并诚挚邀请他有空一起去。经过几次拜访和邀请,王经理盛情难却。张斌也终于和王经理因为钓鱼成了好朋友,双方也建立了稳定的合作关系。

请分析张斌推销成功的原因。

案例3 新品闪耀Medica

XXXX年X月XX～XX日,来自全世界60多个国家的几千多家医疗设备厂商齐聚德国杜塞尔多夫,参加全球规模最大的医疗设备展会Medica。某医疗器械股份有限公司携生命信息与支持、数字超声、放射影像系列产品，以全新品牌形象亮相 9 号主展馆，向全球专业人士展示创新成果。

　　该公司集中展示了生命信息与支持、数字超声、放射影像等系列产品。新品 V61 监护仪一经亮相就以美观独特的外形吸引了众多观众，V61 是一款高端的模块化监护仪，具备友好的用户界面、出众的易操作性、强大的监测和网络传输功能。在手术室解决方案展示区，新成员 Hy-LED 系列手术灯集合了尖端照明和机械控制技术，具有优异冷清照明效果，为临床业务带来高效卓越的全新体验。在医学影像区，全面展示了 DC-7 全数字彩超、D5 便携式彩超等超声家族产品，并首次在 Medica 上发布了放射影像的最新成果——Mag-Sense 360 双模磁共振成像系统，吸引了众多专业观众的高度关注。

　　借着 Medica 这个重要的国际性窗口，该公司呈现了多款新品，与全球客户分享了中国在研发创新上持续获得的成果。该公司将以更坚实的步伐开拓创新，让高端科技服务大众，让生命关怀亲近更广泛人群。

试讨论分析：

1. 案例中该公司采用了哪些营业推广方式？

2. 在此次会议展览中，该公司传达的主要信息有哪些？

3. 试总结该公司于本次会展中成功推销可供借鉴的经验。

ER-05章习题

第六章

医疗器械招投标与融资租赁

ER-06章PPT

学习目标 ∨

学习目的

通过对医疗器械招投标概念、特点、范围、形式,医疗器械招投标的流程,招标书的结构、内容和要求,医疗器械招投标合同的签署和履约及医疗器械融资租赁的特点、流程、方案设计,融资租赁合同的签署、实施的学习,掌握医疗器械招投标书的制作要求、策略及技巧,融资租赁方案设计,具备医疗器械招投标文件编写的能力,为走上医疗器械营销岗位做知识和技能准备。

知识要求

1. 掌握医疗器械招标公告、招标文件及投标文件的编制的原则、格式、内容和呈现形式;医疗器械融资租赁方案设计的内容和结构。

2. 熟悉医疗器械招投标流程、招投标文件编制的格式要求,招投标策略技巧,招投标资质文件的编写和合同签署,医疗器械融资租赁流程和合同签署。

3. 了解医疗器械招投标的概念、种类和特点,招投标投递、送达及标书制作规范,融资租赁的概念、特点,租赁公司、采购方、供应商三方的权利义务,租赁合同、销售合同的关系,医疗器械融资租赁的资质要求及与其他融资方式的区别。

能力要求

1. 熟练掌握招投标书的制作,包括投标函、投标保证金缴纳证明、投标报价表、技术规格偏离表、售后服务承诺书、货物合格证明文件、投标人资格证明文件、投标人认为有必要提供的其他有关材料、法人授权委托书、部分客户名单、厂家授权书、产品的配置清单和融资租赁方案设计等文件的编制,培养学生分析问题和解决问题的能力。

2. 学会医疗器械招标合同、融资租赁合同的签署,并按合同履约。

第一节 医疗器械招投标流程与文件的编制

一、医疗器械招投标种类、范围与形式

(一)医疗器械招投标的法律依据

1.《中华人民共和国招标投标法》 根据《中华人民共和国招标投标法》第一条规定:"为了规范招标投标活动,保护国家利益、社会公共利益和招标投标活动当事人的合法权益,提高经济效益,保

证项目质量,制定本法。"招标投标法是国家用来规范招标投标活动、调整在招标投标过程中产生的各种关系的法律规范的总称。

其目的在于规范招标投标活动,提高经济效益,保证项目质量,保护国家利益、社会公共利益和招标投标活动当事人的合法权益。

2.《中华人民共和国政府采购法》　根据《中华人民共和国政府采购法》规定:政府采购,是指各级国家机关、事业单位和团体组织,使用财政性资金采购依法制定的集中采购目录以内的或者采购限额标准以上的货物、工程和服务的行为。

3.《政府采购货物和服务招标投标管理办法》和《政府采购信息公告管理办法》规定了政府采购的招标管理机构信息公告公开的管理规定。

4.《卫生部关于进一步加强医疗器械集中采购管理的通知》[2007 年 6 月 21 日卫规财发〔2007〕208 号)〕就医疗器械招投标的组织原则、采购的品目与范围、集中采购的方式、采购的程序和措施、评标专家管理、医疗器械应用评价与选型及采购成本等做出了详细的规定。

5. 各级地方政府制定的关于医疗器械招投标的法律规范、条例、实施细则。

（二）医疗器械招投标的适用范围

1. 招投标的空间适用范围　根据《中华人民共和国招标投标法》第二条:"在中华人民共和国境内进行招标投标活动,适用本法。"《中华人民共和国招标投标法》只适用于在中国境内进行的招标投标活动,包括国家机关(各级权力机关、行政机关和司法机关及其所属机构)、国有企事业单位、外商投资医院、私营医院等各类主体进行的各类招标活动,不适用于国内医院到中华人民共和国境外投标。

2. 招投标的项目、资金来源适用范围　凡大型基础设施、公用事业等关系社会公共利益、公众安全的项目;全部或部分使用国有资金投资或者国家融资的项目;使用国际组织或者外国政府贷款、援助资金的项目;法律或者国务院规定的其他必须招标的项目。

（三）医疗器械招标属于强制性招标

医疗机构采购医疗器械(设备及耗材)属于国家强制性招标范围,采取集中采购的方式。各地对医疗器械招标的对象和金额有不同的规定,一般而言,采购金额在 5 万元以上的单项项目必须经过招投标,而 5 万元以下的医疗耗材或医疗器械,可由医院自主招标采购。任何医疗机构不能回避招标采购。国家对医疗器械的招投标实施严格监管。

其原因在于,其一,医疗器械的采购主体是国家利用财政资金建设的属于大型公用事业之一的医疗机构,涉及社会公众的利益;其二,医疗机构的器械设备和服务的采购资金来自于国家财政,对公共财政资金的使用效果和效率需要严格控制。

医疗器械是各级各类医疗机构用于诊断、分析、治疗等国家医疗卫生社会公共利益事业的重要内容之一,而且,国家公立医疗机构医疗器械采购的资金大多来自财政资金。因而,在医疗器械采购的资金预算、采购过程、医疗产品用途以及采购商品目录等都有卫生行政主管部门、药品食品监督管理部门以及财政局的监督和管理。

（四）政府采购方式

《中华人民共和国政府采购法》第二十六条规定了政府采购可以采用的方式。可以采用的方式包括:①公开招标;②邀请招标;③竞争性谈判;④单一来源采购;⑤询价;⑥国务院政府采购监督管理部门认定的其他采购方式。

《中华人民共和国招标投标法》第十条规定:招标分为公开招标和邀请招标。公开招标,是指招标人以招标公告的方式邀请不特定的法人或者其他组织投标。邀请招标,是指招标人以投标邀请书的方式邀请特定的法人或者其他组织投标。

所谓公开招标,是招标人在指定的报刊、电子网络或其他媒体上发布招标公告,吸引众多的投标人参加投标竞争,招标人从中择优选择中标单位的招标方式。所谓邀请招标,也称选择性招标,由招标人根据自己的经验和有关供应商、承包商资料(如信誉、设备性能、技术力量、以往业绩等情况),选择一定数目的供应商、承包商(一般应邀请5~10家为宜,不能少于3家),向其发出投标邀请书,邀请供应商、承包商参加投标竞争。

(五)医疗器械招投标采购工作的特点

1. 需求专业性强 医疗器械属于典型的技术密集型产品,专业化程度较高,在采购工作中必须把好技术关,科学、合理地确定技术要求,避免采购需求带有倾向性、排他性意见。

2. 竞争不充分 医疗器械制造行业的准入门槛较高,部分高端产品甚至完全为进口产品所垄断。因此,虽然我国医疗器械经营医院数量众多,但其实制造商之间的竞争仍不够充分,容易形成价格垄断。

3. 采购金额大 医疗器械采购多为大型医疗设备或大批量设备,金额一般都较大,资金都来自于财政资金,各方面和关注程序远大于其他招标项目。

4. 销售环节繁多 在医疗器械销售链中,通常情况下由生产厂家确定独家代理商(即总代理),独家代理商确定区域代理商。依此类推,层层授权。每经过一级代理或一个中间环节,销售价格必然要增加一定比例,抬高了采购成本。

5. 采购环节复杂 通常情况下,医疗器械采购需求的确定一般要经过主治医师、科室主任、设备管理部门、院领导以及政府主管部门的审批等多个环节。

6. 招投标电子化趋势 随着信息技术、网络技术和软件技术的发展,电子化招投标有了广阔的市场空间。招投标电子化的有效开展和广泛运用,能对招投标各方的信息化水平起到整体推动作用,而且电子信息技术深入政务领域对改善我国的电子政务活动具有重要意义。

电子招投标是以招投标法律法规为准绳,以业务流程为基础,以互联网信息技术为支撑,实现招投标各参与主体在线进行项目操作和管理的专业化、可视化作业方式的特殊经济行为。电子招投标采用互联网、IT技术,将WEB技术引入到项目的招投标管理过程中,将招投标信息、评标专家信息、供应商信息等通过网络共享资源;同时,可以规范招评标流程,实现"透明、公平、公正、诚信"的阳光采购,杜绝招投标工作中存在的违纪、违法行为;电子化采购有利于采购工作实现信息化,有利于整合和规范采购程序,从而降低各环节的工作成本,有利于提高工作效率,全面提高招投标的效率和效果。

电子招投标是招投标方式转变的趋势,但是离真正实现有效链式电子化招投标还存在较大的差距。首先,政府采购电子化的发展还受法律环境、技术手段、观念意识等因素影响;其次,政府采购电子化程序的规范、电子采购文件的制作、电子注册及数字签名法律效力的认定、政府采购电子化安全标准等问题制约了电子招投标的发展。

二、医疗器械招投标流程

本节所说的医疗器械招标流程是指政府集中采购的采用公开招标方式实施的医疗器械招投标。

(一)医疗机构采购流程

1. 由使用科室提出采购项目,陈述采购缘由,报医院采购中心(或设备科);

2. 由院采购中心(设备科)对采购申请进行审核;

3. 由医院院长主持,通过院务会议讨论,确定是否同意采购申请;

4. 批准采购申请,落实采购任务;

5. 医疗机构向政府采购中心上报政府采购计划;政府采购中心申报政府采购计划;采购办公室按照程序负责审批、分类;政府采购中心负责组织实施采购。

(二)招标采购流程

医疗器械的招投标流程和工程项目、货物和服务的招投标流程相同。招投标的流程一般包括招标、投标、开标、评标与中标等程序。

1. **招标**　招标是指招标人(买方)发出招标通知,说明采购的商品名称、规格、数量及其他条件,邀请投标人(卖方)在规定的时间、地点按照一定的程序进行投标的行为。

(1)明确招标主体:招标主体即招标人,是指依照招投标法的规定提出招标项目、进行招标的法人或者其他组织。

(2)编制招标书:招标书的编制是招标过程中的一个重要环节,关系到招标主体能否按照需求找到合适的供应商和产品。招标书可以自行编制也可以选择有能力的组织来编制。

2. **投标**　投标是指投标人应招标人的邀请或投标人满足招标人最低资质要求而主动申请,按照招标的要求和条件,在规定的时间内向招标人投递标书,争取中标的行为。

(1)提供营业执照、生产(经营)许可证、法人委托书、身份证复印件等资质文件供招标方资质审核。

(2)购买招标文件。

(3)编制投标文件。

(4)提交投标保证金。

(5)按照招标方或招标代理机构的要求在规定的时间内送达投标文件。

3. **开标**　开标应当公开进行。所谓公开进行,就是开标活动都应当向所有提交投标文件的投标人公开,应当使所有提交投标文件的投标人到场参加开标。

招标单位依据招标文件规定的地点,开启投标人提交的投标文件,并公开宣布投标人的名称、投标报价等主要内容的活动。开标的过程是首先由投标人或推选的代表检查投标文件的密封情况;经确认密封无误后,由工作人员当场拆封、宣读投标人名称、投标报价、工期等主要内容;工作人员记录、存档,最后由各方签字确认。

开标应当按招标文件规定的时间、地点和程序,以公开方式进行。一般情况下,开标由招标人主持;在招标人委托招标代理机构代理招标时,开标也可由该代理机构主持。主持人按照规定的程序负责开标的全过程。其他开标工作人员办理开标作业及制作纪录等事项。

开标时间应当在提供给每一个投标人的招标文件中事先确定,以使每一个投标人都能事先知道开标的准确时间,以便届时参加,确保开标过程的公开、透明。

开标时间应与提交投标文件的截止时间相一致。将开标时间规定为提交投标文件截止时间的同一时间,目的是为了防止招标人或者投标人利用提交投标文件的截止时间以后与开标时间之前的一段时间间隔做手脚,进行暗箱操作。

4. 评标　评标是招标人组织对投标人所报送的投标文件进行审查、评比和分析的过程。

(1)召开评标预备会议:通过抽签确定评标专家,确定监督委员;评标由评标委员会负责。评标委员会由具有高级职称或同等专业水平的技术、经济等相关领域专家、招标人和招标机构代表等五人以上单数组成,其中技术、经济等方面的专家人数不得少于成员总数的三分之二,与投标人有利害关系的人不得进入相关项目的评标委员会,已经进入的应当更换。

开标前,招标机构及任何人不得向评标专家透露其即将参与的评标项目内容及招标人和投标人有关的情况。评标委员会成员名单在评标结果公示前必须保密。招标人和招标机构应当采取措施保证评标工作在严格保密的情况下进行。在评标工作中,任何单位和个人不得干预、影响评标过程和结果。

评标委员会应严格按照招标文件规定的商务、技术条款对投标文件进行评审,招标文件中没有规定的标准不得作为评标依据,法律、行政法规另有规定的除外。评标委员会的每位成员在评标结束时,必须分别填写评标委员会成员评标意见表。

采用最低评标价法评标的,在商务、技术条款均满足招标文件要求时,评标价格最低者为推荐中标人;采用综合评价法评标的,综合得分最高者为推荐中标人。

(2)组织评标活动:评标专家在规定的时间和地点对所有投标文件及相关材料按照评价标准的要求进行评判。评标涉及评价标准和评价方法。

1)评价标准:一般包括价格标准和价格标准以外的其他有关标准(又称"非价格标准"),以及如何运用这些标准来确定中选的投标。非价格标准应尽可能客观和定量化,并按货币额表示,或规定相对的权重(即"系数"或"得分")。通常来说,在货物评标时,非价格标准主要有运费和保险费、付款计划、交货期、运营成本、货物的有效性和配套、零配件和服务的供给能力、相关的培训、安全性和环境效益等。在服务评标时,非价格标准主要有投标人及参与提供服务的人员的资格、经验、信誉、可靠性、专业和管理能力等。在医疗器械评标时,非价格标准主要有交货周期、售后服务水平、响应速度、零配件供应、安全检测、使用培训等。

2)评标方法:评标方法在招标文件中有明确的规定。评标方法是运用评标标准评审、比较投标的具体方法。《政府采购货物和服务招标投标管理办法》规定了以下三种方法:

A. 最低评标价法:评标委员会根据评标标准确定每一投标不同方面的货币数额,然后将这些数额与投标价格放在一起进行比较。估值后价格(即"评标价")最低的投标可作为中选投标。最低评标价法,是指以价格为主要因素确定中标候选供应商的评标方法,即在全部满足招标文件实质性要求的前提下,依据统一的价格要素评定最低报价,以提出最低报价的投标人作为中标候选供应商或者中标供应商的评标方法。采用最低评标价法的,按投标报价由低到高顺序排列。投标报价相同的,按技术指标优劣顺序排列。

B. 综合评分法:综合评分法是指在最大限度地满足招标文件实质性要求的前提下,按照招标文件中规定的各项因素进行综合评审后,以评标总得分最高的投标人作为中标候选供应商或者中标供应商的评标方法。采用综合评分法的,按评审后得分由高到低顺序排列。

综合评分的主要因素是:价格、技术、财务状况、信誉、业绩、服务、对招标文件的响应程度,以及相应的比重或者权值等。

评标时,评标委员会各成员应当独立对每个有效投标人的标书进行评价、打分,然后汇总每个投标人每项评分因素的得分。

采用综合评分法的,货物项目的价格分值占总分值的比重(即权值)为30%～60%;服务项目的价格分值占总分值的比重(即权值)为10%～30%。执行统一价格标准的服务项目,其价格不列为评分因素。有特殊情况需要调整的,应当经同级人民政府财政部门批准。

评标总得分 $= F_1 \times A_1 + F_2 \times A_2 + \cdots\cdots + F_n \times A_n$

F_1、F_2……F_n 分别为各项评分因素的汇总得分;

A_1、A_2……A_n 分别为各项评分因素所占的权重($A_1 + A_2 + \cdots\cdots + A_n = 1$)。

C. 性价比法:性价比法是指按照要求对投标文件进行评审后,计算出每个有效投标人除价格因素以外的其他各项评分因素(包括技术、财务状况、信誉、业绩、服务、对招标文件的响应程度等)的汇总得分,并除以该投标人的投标报价,以商数(评标总得分)最高的投标人为中标候选供应商或者中标供应商的评标方法。采用性价比法的,按商数得分由高到低顺序排列。

评标总得分 $= B/N$

B 为投标人的综合得分,$B = F_1 \times A_1 + F_2 \times A_2 + \cdots\cdots + F_n \times A_n$,其中:$F_1$、$F_2$……$F_n$ 分别为除价格因素以外的其他各项评分因素的汇总得分;A_1、A_2……A_n 分别为除价格因素以外的其他各项评分因素所占的权重($A_1 + A_2 + \cdots\cdots + A_n = 1$)。

N 为投标人的投标报价。

5. **中标**　评标委员会应当按照招标文件的规定对投标文件进行评审和比较,并向招标人推荐一至三个中标候选人。招标人应当从评标委员会推荐的中标候选人中确定最终中标人。

评标结束后由评标委员会编写评标报告。招标机构在公开的信息网络上公布中标公告,向中标人书面下达《中标通知书》,由中标人与采购人签订《采购合同》。

(三)废标与无效标

1. **废标与无效标**　废标是指在招标开标过程中,出现法定情形之一,招标采购人可以拒绝所有投标供应商的投标。废标不是针对某一投标供应商的投标是否符合招标文件的要求,而是针对整个招标采购活动的,因为在招标采购中,出现了不正常的行为,招标采购人废止了正在进行的投标活动。

无效标是指某一投标供应商因投标文件某一方面存在法定情形之一的重大失误,招标采购人和评标委员会确定其投标无效。无效标是招标采购人因为某一个投标供应商的投标不合格,而将其投标界定为无效投标。

2. 废标与无效标的法律界定　《中华人民共和国政府采购法》第三十六条规定,在招标采购中,出现下列情形之一的,应予废标:①符合专业条件的供应商或者对招标文件作实质响应的供应商不足三家的;②出现影响采购公正的违法违规行为的;③投标人报价均超过了采购预算,采购人不能支付的;④因重大变故,采购任务取消的。

《中华人民共和国招标投标法》对废标没有专门的文字表述。该法第二十八条规定,投标人少于三个的,招标人应当依照本法重新招标。第四十二条规定,评标委员会经评审,认为所有投标都不符合招标文件要求的,可以否决所有投标。依法必须招标的项目的所有投标被否决的,招标人应当依照本法重新招标。

《政府采购货物和服务招标投标管理办法》第三十一条规定:投标人应当在招标文件要求提交投标文件的截止时间前,将投标文件密封送达投标地点。招标采购单位收到投标文件后,应当签收保存,任何单位和个人不得在开标前开启投标文件。

在招标文件要求提交投标文件的截止时间之后送达的投标文件,为无效投标文件,招标采购单位应当拒收。第五十六条规定,投标文件属下列情况之一的,应当在资格性、符合性检查时按照无效投标处理:①应交未交投标保证金的;②未按照招标文件规定要求密封、签署、盖章的;③不具备招标文件中规定资格要求的;④不符合法律、法规和招标文件中规定的其他实质性要求的。

根据《中华人民共和国政府采购法》和《政府采购货物和服务招标投标管理办法》规定,无效标指投标供应商的投标文件出现应交未交投标保证金的;未按招标文件规定要求密封、签署、盖章的;不具备招标文件中规定资格要求的;不符合法律、法规和招标文件中规定的其他实质性要求等几种情形之一的,在资格性、符合性检查时,招标采购人和评标委员会应该按照无效投标处理。废标则指招标采购中出现影响采购公正的违法、违规行为的;投标人的报价均超过了采购预算,采购人不能支付的;因重大变故,采购任务取消的等几种情形之一,招标采购人应当予以废标,同时要将废标理由通知所有投标供应商。

3. 废标的处理　按照有关规定,出现无效标后,如果符合专业条件的投标供应商或者对招标文件规定作出实质性响应的投标供应商,满足三家以上要求的,评标委员会可以按照正常程序对所有有效标进行评审,并推选出合格的中标供应商。

如果有效投标人不足三家的,招标采购人可以宣布本次招标采购失败,作为废标处理;也可以在确认招标采购文件没有不合理条款且招标公告时间以及各项程序符合规定的情况下,报请设区的市、自治州以上政府采购监督管理部门批准后,采用竞争性谈判、询价或者单一来源等方式继续进行采购。

一旦废标,整个正在进行的招标采购活动必须立即停止。废标后,除采购任务取消,否则,必须重新组织招标;如要采用其他采购方式的,必须获得设区的市、自治州以上政府采购监督管理部门批准,方可进行。

(四) 医疗器械招投标流程

医疗器械政府集中采购的招标程序(图 6-1)一般为:

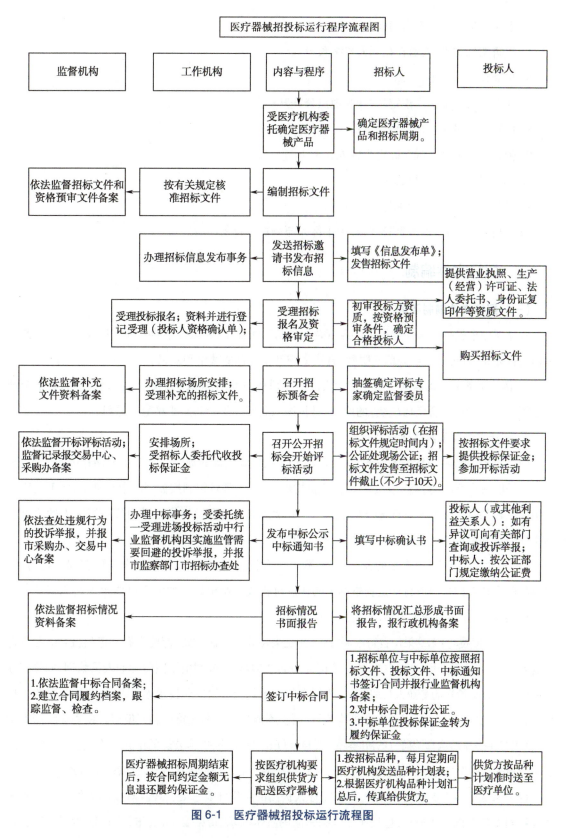

图 6-1　医疗器械招投标运行流程图

1. 采购人编制计划,报财政厅(局)政府采购办审核;

2. 采购办与招标代理机构办理委托手续,确定招标方式;

3. 进行市场调查,与采购人确认采购项目后,编制招标文件;

4. 发布招标公告或发出招标邀请函；

5. 出售招标文件，对潜在投标人资格预审；

6. 接受投标人标书；

7. 在公告或邀请函中规定的时间、地点公开开标；

8. 由评标委员对投标文件评标；

9. 依据评标原则及程序确定中标人；

10. 向中标人发送中标通知书；

11. 组织中标人与采购单位签订合同；

12. 进行合同履行的监督管理，解决中标人与采购单位的纠纷。

三、招标文件编制

（一）招标文件编制要求

医疗器械招投标是医疗器械生产经营企业参与市场竞争，获取订单的一种交易方式。招标文件制作是否完整、合理、科学、规范和明确，直接影响到招投标的效率和效果。

1. 招标文件编制的原则　编写招标文件的原则有四条：全面反映采购人需求的原则；科学合理的原则；公平竞争（不含任何歧视）的原则；维护国家利益和供应商商业秘密的原则。

2. 招标书编制的具体要求

（1）要依法编制：招标书的编制要符合政府采购法律、法规的规定。招标书的制作人有三类：第一类是采购人自行编制，第二类是招标代理机构编制，第三类是编制招标书的中介机构，但不是所有的招标采购都是由采购人自行选择制作人的。通常情况下是有招标代理机构按照招标人的要求编制招标公告和招标文件，且大多数招标公告和招标文件具有一定的格式。

（2）要量力而行：在分散采购模式下，采购人可自行编制招标书，但如果自身没有编制能力，应当委托经有权部门批准取得法定资格的采购代理机构或编制招标书的中介机构代理编制，否则，不仅会前功尽弃，还会浪费人力物力，拖长采购时间。

（3）要掌握技巧：无论采用自行编制方式，还是采用委托编制方式，都要掌握一定的技巧。在自行编制方式下，应注意采用"组合法"，就是按招标书的结构组成，分别由不同的专业人员编制，如将招标书的商务部分交给采购专业人员编写，将招标书的技术部分交给专业技术人员编写，或委托采购代理机构编写，或委托编制招标书的中介机构编写，而决不能将招标书交给个别人编写。在委托编制方式下，要注意在委托前认真调研，选择讲信誉、质量最好、时间最快、价格公道的中介机构编制，同时，要注意将招标采购的全部需求完整告知委托方，并就委托事宜双方进行认真协商，且以书面形式确定下来。

（4）"实质要求"要合理：招标书中对投标人提出的实质性要求要合理。对投标人的实质性要求主要指对供应商的资质要求，包括所需采购物品的技术要求、价格要求、实施（指运输、安装、售后服务等）要求、评标要求、验收要求。

3. 招标书编制内容要完整。

4. 招标文件的审核　招标文件编写小组初审、医院领导复审、聘请专家终审。

（二）招标文件的构成

医疗器械的招标文件通常包括以下内容：

1. 招标文件封面　在招标文件封面上标明招标项目编号、招标项目名称、招标机构和招标书编写时间。

2. 招标文件目录　按章节目顺序编写目录，标明章节目页码。

3. 招标公告　主要包括招标文件编号、项目名称、招标文件售价、招标文件出售时间和地点、投标开始时间、投标截止时间、开标时间、投（开）标地点、投标商资格、投标保证金及招标机构的联系人、联系方式等基本信息。

4. 投标人须知　主要包括资金来源、采购人、招标机构、合格的投标人要求、招标方式、合格的货物和服务及投标费用等内容。

5. 招标文件　招标文件的构成、招标文件的澄清和修改的说明。

6. 投标文件的编制要求

（1）投标文件的构成：投标文件封面、投标文件目录、投标函、投标人资格声明、供货一览表、报价表、性能响应表、服务承诺及服务方案、资格证明文件（投标人所提供的服务符合"招标文件"规定的证明文件，及投标方认为需加以说明的其他内容；投标人应将"投标文件"装订成册，并按照顺序编制填写"投标文件资料清单"。

（2）投标语言、计量单位、报价货币及其他需要说明的内容。投标文件当以中文书写；计量单位符合中华人民共和国法定计量单位；投标报价应以人民币为结算单位，投标报价应包括投标总价和单价（材料费、运费、保险费、安装调试费、人工费、管理费、各种税费等），投标人对项目的报价必须是唯一的。

7. 投标文件的商务、技术和资质要求

（1）技术性能及服务要求的响应：投标人应对招标文件规定的货物技术性能逐项做出实质性响应，投标人的服务承诺应按不低于招标文件中服务要求的标准做出响应。

（2）投标保证金、投标文件的式样和签署和投标文件递交的规定和要求。

（3）投标文件的开标、评标、投标文件的初审、评标方法以及评标结果公示的说明。

（4）投标文件规定的参与竞标的资质要求。

8. 合同的授予与签署　中标通知书、签订合同、取消中标资格的规定及履约保证金说明。

知识链接

履约保证金

《中华人民共和国招标投标法》中所称履约保证金实际是履约担保的通称，是指中标人或者招标人为保证履行合同而向对方提交的资金担保。《中华人民共和国招标投标法》第四十六条规定，招标文件要求中标人提交履约保证金的，中标人应当提交。该保证金应按照招标人、在招标文件中的规定，或者根据招标人在评标后作出的决定，以适当的格式和金额采用现金、支票、履约担保书或银行保函的形式提供，其金额应足以督促中标人履行合同后应予返还。在货物或服务采购合同中，招标人也可将一部分保证金展期至安装或调试之后。

9. 招标项目概况　招标项目的总体概况介绍,技术配置、供货价格及服务要求,投标人及协议供货供应商的资格要求的说明。

10. 合同主要条款　包括签约双方的基本信息、合同主体内容(包括商品、服务、价格、违约处理等)、签字盖章。

(三)实例解析

1. 招标公告　招标公告主要包括:招标项目名称及编号、招标项目简要说明、投标人资质要求、招标文件发售信息、投标文件接受信息、开标有关信息、招标联系事项。招标公告格式大体如下:

XXX 政府采购中心关于医疗设备项目的招标公告

招标文件编号:XXXX−XXXXX

XXX 政府采购中心受 XXXXXXXXX 的委托,就医疗设备项目进行公开招标采购,现欢迎符合相关条件的供应商参加投标。

一、招标项目名称及编号:医疗设备;　XXXX—XXXXXXXX

二、招标项目简要说明:1、XXXXXXXXXX　　数量:X 套

三、投标人资质要求:详见招标文件。

四、招标文件发售信息:

招标文件出售时间:XXXX 年 XX 月 XX 日起至开标截止时间前 X 天

招标文件出售地点及方式:可在 XXX 政府采购中心网上免费下载

招标文件售价:免费

五、投标文件接受信息:

投标文件开始接收时间:XXXX 年 XX 月 XX 日上午 XX:XX 整

投标文件接收截止时间:XXXX 年 XX 月 XX 日上午 XX:XX 整

投标文件接收地点:XXXXXXXXXX

投标文件接收人:XXX

六、开标有关信息:

开标时间:XXXX 年 XX 月 XX 日上午 XX:XX 整

开标地点:XXXXXXXXXXXX

七、本次招标联系事项:

联系人:XXX　　　　　　　　　投标文件接收人:XXX

电话:XXX—XXXXXXX　　　　　电话:XXX—XXXXXXX

传真:XXX—XXXXXXX　　　　　传真:XXX—XXXXXXX

联系地址:XXXXXXXXXXXX

网址:XXXXXXXXX　　　　　　邮政编码:XXXXXXXX

XX 市政府采购中心

XXXX 年 XX 月 XX 日

2. **投标人须知(附前表)** 投标人须知是招标人对投标人提出的实质性要求,其中包括:招标的资金来源、数额;对投标人的资格要求和应提交的资格文件原件或复印件份数;资格审查标准;投标文件的内容、使用语言的要求;投标报价的具体项目范围;投标保证金的规定;投标的程序、截止日期、有效期;投标书修改与撤回的规定;评标的标准及程序等。投标人须知格式大体如下:

投标人须知

序号	内容
1	招标项目名称:医疗设备 标书编号:XXXXX—XXXXXXXX
2	招标人:XXX 政府采购中心 招标人地址:XXXXXXXXXXXXXXXXX
3	投标保证金金额为人民币 XX 万元整 投标保证金形式:本票、汇票、支票(现金不予接受) 投标保证金必须在投标截止时间前送达 XX 市政府采购中心 账户名称:XXX 政府采购中心 开户行:XX 银行 XX 支行 账号:XXXXXXXXXXXXXXXXXXXXXX 投标保证金应在投标有效期截止日后 XX 天内保持有效
4	投标有效期:开标后 XX 天
5	投标书递交至:XXXXXXXXXXXXXXXX 地址:XXXXXXXXXXXXXX 投标开始时间:XXXX 年 XX 月 XX 日 XX:XX 整(北京时间) 投标截止时间:XXXX 年 XX 月 XX 日 XX:XX 整(北京时间) 联系人:XXX 电话:XXX—XXXXXXXX 传真:XXX—XXXXXXXX 投标文件接收人:XXX 联 系 电 话:XXX—XXXXXXXX 传 真 电 话:XXX—XXXXXXXX
6	投标书正本份数:1 份 投标书副本份数:5 份
7	开标时间:XXXX 年 XX 月 XX 日 XX:XX 整(北京时间) 开标地点:XXXXXXXXXXXXXX 届时请参加投标的单位法人或法人委托人出席开标仪式
8	签订合同地点:由 XX 市政府采购中心指定

知识链接

投标保证金与履约保证金的区别

1. 提交主体　投标保证金由所有投标人提交；履约保证金仅由中标人提交。

2. 保证金的期限　投标保证金应在招标文件规定的投标保证金期限内提交，一般在投标同时提交；履约保证金应在签订正式合同前提交。

3. 后果　没有按照招标文件提交投标保证金或所提供的投标保证金有瑕疵的，按废标处理；提交投标保证金但违反下述方投标保证金的两种情况之一，没收投标保证金；没有按招标文件要求提交履约保证金的，将失去订立合同的资格，并没收投标保证金。提交履约保证金方不履行合同，接受方可按合同约定没收保证金，并不以此为限；接受方不履行合同，须向提交方双倍返还履约保证金，并不以此为限。

4. 目的　投标保证金的目的有二：其一，投标人在有效期内不能撤回其投标文件；一旦中标，必须在规定期限内提交履约保证金或签署合同。履约保证金的目的是保证完全履行合同，主要要保证按合同约定的质量和工期条款履行合同。

3. 需求一览表

货物需求一览表

序号	设备名称	规格型号	数量	备注
1				
2				
3				

4. 服务要求　就服务项目提出的具体要求,产品目录、图纸、操作手册、使用说明、维护手册和(或)服务指南、运输、安装、调试、培训等内容。

5. 开标一览表　　　　　　　　　　　　　　　　　　　　　　　　　　单位:元

货物名称	规格型号	数量	生产单位	投标单价	投标总价	交货期	备注

6. 投标函　投标函格式大体如下：

投标函

致:XXXXXXXXXXXXXXXXXXXX(采购代理机构)

　　根据贵方 XXXXXXXXXXXXXXXXXXXX 项目招标采购的 XXXXXXX 货物的投标公告 XXXX—XXXXXXXXX(编号),正式授权的下述签字人 XXX/XXX(姓名和职务)代表投标人 XXXXXXXXXXXXXXXX(投标人的名称),提交下述文件正本 1 份,副本 5 份。包括:

1. 投标报价表

2. 分项报价表

3. 货物说明一览表

4. 技术规格响应/偏离表

5. 商务条款响应/偏离表

6. 资格证明文件

7. 由 XXXXXX 银行 XXXXXX 支行银行开具的金额为 XXXXXX 元的投标保证金。

8. 投标人须知第 12 条和第 13 条要求投标人提交的全部文件。

据此函,签字人兹宣布同意如下:

(1)按招标文件规定提供交付的货物的投标价为(中文书写)XXXXXXXX 元人民币。

(2)我们承担根据招标文件的规定,完成合同的责任和义务。

(3)我们已详细审核全部招标文件,包括招标文件修改书(如果有的话)、参考资料及有关附件,我们知道必须放弃提出含糊不清或有歧义的问题的权利。

(4)我们同意在投标人须知规定的开标日期起遵循本投标文件,并接受投标人须知规定的投标有效期满之前所具有约束力,并有可能中标。

(5)如果在开标后规定的投标有效期内撤回投标,我们的投标保证金贵方有权不予退还。

(6)同意向贵方提供贵方可能要求的与本投标有关任何证据或资料。

(7)我们完全理解贵方不一定要接受最低报价的投标或收到的任何投标。

与本投标有关的正式通讯地址为:

地　　址:XXXXXXXXXXXXXXXXXX　　　　电　　话:XXX-XXXXXXX

传　　真:XXX-XXXXXXX　　　　　　　　电子邮箱:XXXXXXXXXXX

邮政编码:XXXXXX　　　　　　　　　　投标人代表姓名:XXX

地　　址:XXXXXXXXXXXXXXXXXX

开户银行:XXXXXXXX 支行　　　　　　账　　号:XXXXXXXXXXXXXXXXXX

公　　章:XXXXXXXXXXXXXXXXXX

日　　期:XXXX 年 XX 月 XX 日

7. **投标人概况**　介绍投标医院的生产历史、经营理念、生产经营的主要产品、市场销售业绩、新产品开发、资质证明、所获取的荣誉等相关内容。

8. **投标报价表**

投标报价表

序号	货物名称	型号和规格	数量	制造商名称	投标总报价	投标声明	投标保证金	交货期	交货地点	备注
1										
2										

9. **服务承诺**　投标机构对招标书中规定的实质性相应要求,做出的书面承诺。服务承诺应当涵盖质量保证期内的服务承诺、质量保证期外的服务承诺、质量保证期内的服务计划,具体内容包括服务周期、服务内容、服务费用以及不能满足服务承诺的处理。

10. **资格证明文件**

(1)医疗器械生产企业基本情况;

（2）法定代表人身份证明书；

（3）投标人法定代表人授权委托书。

（4）投标人法定代表人或授权代表身份证明（身份证，工作证等有效证件）；

（5）近两年资产负债表、损益表及经营状况；

（6）业绩（设计、制造、安装、调试同类产品的数量）及目前正在执行合同情况（包括完成情况和出现的重要质量问题及改进措施），有近两年用户反馈意见；

（7）其他文件和资料。

以上证明文件均需要有原件或复印件来证实。

▶ 课堂活动

　　江西某中医院始建于 20 世纪 40 年代，经过近 80 年的发展，已成为集医疗、教学、科研、保健和急救为一体的三级乙等综合性医院。该医院因拓展医疗业务需要，需购置多功能手术床 6 台。

　　医疗器械采购项目超过一定的金额需要集中采购，需要通过招投标的方式选择最佳的供应商。

　　按照医疗器械集中采购的要求，委托 XX 政府采购中心实施项目招标任务，编写招标文件。

　　请同学们按小组结合上述资料和以下思路，编制招标文件，完成该医院多功能手术床的招标采购任务。

　　1. 学习《中华人民共和国政府采购法》《中华人民共和国招标投标法》《政府采购货物和服务招标投标管理办法》及《卫生部关于进一步加强医疗器械集中采购管理的通知》等相关法律规范，了解医疗器械招投标的法律规范和实施要求；掌握医疗器械招投标的流程；熟悉招投标的类型与特点；掌握招投标文件的制作格式要求、内容要求。

　　2. 按照规范要求编写医疗器械招标文件（招标公告和招标书）。

【任务实施】

　　按照教学目的和教学要求，结合相关知识与技能，就课堂活动内容引导学生完成江西某医院多功能手术床的招标采购任务招标文件的编制。

一、医疗器械招标文件编制任务实施方式

　　1. 将教学班级学生，按照 5~7 为小组，设组长 1 人，负责项目任务分配、项目任务进度及项目任务提交和组员完成实施情况考核；

　　2. 仔细阅读学习《中华人民共和国政府采购法》《中华人民共和国招投标法》和《政府采购货物和服务招标投标管理办法》《政府采购信息公告管理办法》及《卫生部关于进一步加强医疗器械集中采购管理的通知》等文件，了解国家对医疗器械招投标的法律法规的规定；

　　3. 安排任务实施进度表，按时完成项目任务。

二、医疗器械招标文件编制任务实施步骤

　　1. 请同学们进行分组，要求每组 5~7 人，选派组长并根据课堂活动内容，选择多功能手术床作为本项目实施的依据。

　　（1）小组组建

　　组长：＿＿＿＿＿＿＿＿，任务分工：＿＿＿＿＿＿＿＿＿＿＿＿＿＿＿＿

组员：_____,任务分工：_____

　　　_____,任务分工：_____

　　　_____,任务分工：_____

(2)通过项目产品的背景,了解与产品认识:

请通过互联网,了解有关项目产品的基本信息。

产品的功能是：_____

产品的使用场合：_____

产品有什么样的特点：_____

_____

主要竞争对手：_____

_____

其他信息：_____

_____

2. 根据课堂活动内容及小组选择的产品,通过小组讨论,明确下述内容,并完成以下投标文件的编写:

(1)编制招标公告;

(2)投标人须知(附前表);

(3)需求一览表;

(4)服务要求;

(5)开标一览表;

(6)投标函;

(7)投标人概况;

(8)投标报价表;

(9)服务承诺;

(10)资格证明文件;

1)医疗器械生产企业基本情况;

2)法定代表人身份证明书;

3)投标人法定代表人授权委托书;

4)投标人法定代表人或授权代表身份证明(身份证、工作证等有效证件);

5)近两年资产负债表、损益表及经营状况;

6)业绩(设计、制造、安装、调试同类产品的数量)及目前正在执行合同情况(包括完成情况和出现的重要质量问题及改进措施),有近两年用户反馈意见;

7)其他文件和资料。

3. 按照规定的要求完成上述项目实施内容(包括完成的时间节点和项目编制的格式、质量要求),标明每一位小组成员在项目实施过程中参与编写那些项目,提交项目实施成果。

四、投标文件编制

（一）投标文件的编写要求

在招投标过程中，投标书制作的质量高低与能否中标关系密切，因为一份合格、规范、高质量的投标书能准确地对招标文件所要求的各项条件进行实质性的响应，能充分地反映供应商的资格、履约能力、信誉，能判定投标人所提供的采购对象是否可以满足采购人的要求。

投标书和招标书一起分别作为供应商与采购人制定合同的法定依据。因此投标书质量的好坏至关重要，供应商必须认真编制投标书。在投标书的制作过程中要仔细分析招标文件要求，才有可能制作出合格、规范、得体的投标书，才能获得更高的中标率，确保不做无效标。

1. 仔细阅读招标问价要求，确定是否具备投标资格　准备编写投标书前，首先要认真阅读招标书，根据招标书上披露的内容、准入条件、资格、资质、履约能力、可靠性、经验、信誉、财力资源、设备和其他物质设施、管理能力等围绕招标要求条件逐条分析，判断是否具备投标资格。

供应商在仔细分析研究招标书上对供应商的要求，确定自己具备和达到投标资格后，制作投标书进行报名参加投标活动，才有可能中标。

需注意的是，当采购人对采购项目有特殊要求时，尤其需要谨慎对待。

2. 由具有专业水平的人员认真按照招标书中的条款编制投标书　医疗器械投标书的编写具有很强的专业性，需要由专业人员共同参与编写投标书。

（1）成立标书编写小组，由各专业技术专家组成，充分发挥各自的优势；

（2）明确分工，商务文件、技术文件、价格文件等内容由专人负责编写；

（3）仔细检查，认真核对，确保投标书文字通顺、语言得体、表述准确。

3. 投标书上的内容必须真实可靠，投标文件必须按照招标文件的要求和内容作出系统响应。特别是商务条款和技术条款的实质响应。尤其需要特别关注的是在招标文件中用黑体字或加粗的条款或者是带"＊"的条款，如有不符合的内容，就可以判为无效标。

投标书的内容必须是供应商实际经营情况的真实表述，不能为提高中标率，在制作投标书时夸大经营业绩，出具虚假资质文件，骗取中标。

4. 标书必须外观美观、整洁，装订顺序不可颠倒，页码标注清晰，签字、印章清晰。

知识链接

导致废标的因素

①投标书未按照招标文件的有关要求封记的；②未全部加盖法人或委托授权人印签的，如未在投标书的每一页上签字盖章，或未在所有重要汇总标价旁签字盖章，或未将委托授权书放在投标书中；③投标者单位名称或法人姓名与登记执照不符的；④未在投标书上填写法定注册地址的；⑤投标保证金未在规定的时间内缴纳的；⑥投标书的附件资料不全，如设计图纸漏页，有关表格填写漏项等；⑦投标书字迹不端正，无法辨认的；⑧投标书装订不整齐，或投标书上没有目录，没有页码，或文件资料装订前后颠倒的等。

（二）投标文件格式

1. 封面格式　必须注明正本、副本。

投 标 文 件
正本（副本）
项目名称：
招标编号：
投标单位名称（盖章）
二〇 　年　月　日

2. 骑缝章　加盖在封面粘贴连接的边线上。

项目名称：XXXXXXXXXXXXXXXX 等设备项目
招标编号：XXXX － XXXXXXXX
投标单位名称（盖章）：上海 XX 医疗器械有限公司
投标文件递交至：XX 省 XX 公共资源交易中心 XXX 室
XXXX 年 XX 月 XX 日 XX：XX 时（北京时间）不得启封

3. 目录　按照投标文件的项目编号，编制自动生成的目录。目录可以有二级标题，也可以有三级标题，但是不宜太细。附录部分分别列出。

4. 投标文件主体内容

（1）投标函：投标函是投标机构向招标机构发送的一份参与投标的信函。参见任务 5.1 中相关内容。

（2）投标报价表

投标报价表（样例）

序号	货物名称	型号和规格	数量	制造商名称	投标总报价	投标声明	投标保证金	交货期	交货地点	备注

注：此表应按"投标人须知"规定与投标保证金一同单独密封在一个信封中，且在投标文件"正本"、"副本"也必须提供该表。

投标人（盖章）：_____

投标人代表签字：_____

（3）分项报价表

分项报价表（样例）

序号	名称	型号和规格	数量	制造商名称	单价 （注明装运地点）	总价
1	主机和标准附件					
2	备品备件					
3	专用工具					
4	安装、调试、检验					
5	培训					
6	技术服务					
7	至最终目的地的运费和保险费(含吊装搬运费)					
8	其他					
	总计					

注:1. 如果按单价计算的结果与总价不一致,以单价为准修正总价。

2. 如果不提供详细分项报价,将视为没有实质性响应招标文件。

投标人(盖章)：＿＿＿＿＿＿＿＿＿＿＿＿＿

投标人代表签字：＿＿＿＿＿＿＿＿＿＿＿＿

（4）技术规格响应/偏离表

技术规格响应/偏离表（样例）

序号	招标文件 条款号	招标文件要求的 技术规格	所投产品的 技术规格	响应/偏离	备注

注:1. 投标人应对照招标文件技术规格,逐条说明所提供产品已对招标文件的技术规格做出了响应或偏离,特别对有具体参数要求的指标,投标人必须提供所投产品的具体参数数值。

2. 以上响应/偏离内容应在备注栏中注明该条在投标文件中相关部分(或页码)有响应的依据。

3. 如不按要求填写,产生的一切后果由投标人负责。

投标人(盖章)：＿＿＿＿＿＿＿＿＿＿＿＿＿

投标人代表签字：＿＿＿＿＿＿＿＿＿＿＿＿

（5）商务条款响应/偏离表

商务条款响应/偏离表（样例）

序号	招标文件条款号	招标文件要求的商务条款	投标文件的商务条款	响应/偏离	备注

注：1. 商务条款包括交货期、付款方式、质保期、验收、培训及售后服务等内容；

2. 投标人应对照招标文件要求的商务条款内容，逐条说明已对招标文件要求的商务条款作出了响应或偏离；

3. 如不按要求填写，产生的一切后果由投标人负责。

投标人（盖章）：_____

投标人代表签字：_____

（6）技术文件：医疗器械投标涵盖的技术文件主要包括以下内容。

1）医疗器械注册证和医疗器械注册登记表（符合最新的国家医疗器械分类目录要求）。

2）投标人必须根据国家最新的医疗器械分类管理目录规定，提供有效的产品注册检验报告。

3）产品宣传彩页（须加盖制造商公章）。

4）经药品监督管理局备案复核的医疗器械产品注册标准（符合最新的国家医疗器械分类目录要求）。

5）CE认证、ISO13485、ISO9001认证证书。

6）其他。

（7）售后服务机构信息一览表

售后服务机构信息一览表（样例）

机构 / 内容	机构1	机构2	机构3
名　称			
建立时间			
地址			
邮政编码			
负责人			
电话			
传真			
电子邮件			
主要零部件储存			
服务历史			

投标人（盖章）：_____

投标人代表签字：_____

（8）销售业绩一览表

销售业绩一览表（样例）

序号	用户名称	联系电话及联系人	产品型号及规格	数量	合同签订时间

投标人（盖章）：_____

投标人代表签字：_____

（9）资格证明文件：必须提供"三证一照"，即医疗器械生产许可证、医疗器械经营许可证、医疗器械产品注册证和公司营业执照，此外，按照招标文件的要求提供相关证明文件，如 ISO9001 和 ISO13485 认证证书等。（有些需要原件和复印件，按照标书要求提供）

（三）编制投标文件的注意问题

1. 投标人编制投标文件时必须使用招标文件提供的投标文件表格格式。填写表格时，凡要求填写的空格都必须填写，否则，即被视为放弃该项要求。重要的项目或数字（如工期、质量等级、价格等）未填写的，将被作为无效或作废的投标文件处理。

2. 编制的投标文件"正本"仅一份，"副本"则按招标文件中要求的份数提供，同时要明确标明"投标文件正本"和"投标文件副本"字样。投标文件正本和副本如有不一致之处，以正本为准。

3. 投标文件正本与副本均应使用不能擦去的墨水打印或书写。投标文件的书写要字迹清晰、整洁、美观。

4. 所有投标文件均由投标人的法定代表人签署、加盖印鉴，并加盖法人单位公章。

5. 填报的投标文件应反复校核，保证分项和汇总计算均无错误。全套投标文件均应无涂改和行间插字，除非这些删改是根据招标人的要求进行的，或者是投标人造成的必须修改的错误。修改处应由投标文件签字人签字证明并加盖印鉴。

6. 如招标文件规定投标保证金为合同总价的某百分比时，开具投标保函不要太早，以防泄漏报价。但有的投标人提前开出并故意加大保函金额，以麻痹竞争对手的情况也是存在的。

7. 投标文件应严格按照招标文件的要求进行包封，避免由于包封不合格造成废标。

8. 认真对待招标文件中关于废标的条件，以免被判为无效标而前功尽弃。

五、投标报价策略

在招标投标活动中，投标人能否中标，关键是投标报价。投标单位在认真研究招标公告或文件及企业资源能力条件之后，就要对招标单位投标报价，力争获得中标。熟悉投标报价的工作程序、投标报价的风险分析、投标设计与报价方法、竞争策略、报价技巧，以及开标时争取中标的对策、中标后的价格管理等对做好标书、争取中标并在中标后取得较好的经济效益十分重要。

（一）投标报价的要求

医疗器械生产经营企业参与项目投标时，需要把握以下基本要求：①目的性。投标报价的总目的是为了达到中标取胜，获得经营任务，提高企业效益。在投标中，报什么价格取决于企业的投标目的。因为不同的目的具有不同的报价策略和价格水平。通常情况下，以获得最大利润为目的，这是一种较为典型的经济目的；另外还有为补充企业生产任务的不足，维持企业的生产均衡；为显示本企业技术管理的先进性或提高社会知名度，以开拓产品销售市场；为克服市场暂时出现的生存危机等。②准确性。对于采用投标方法中标的医疗器械产品，一般多属技术水平高、工艺先进的专用设备或成套设备，其价值较大而可比性较差。③策略性。针对招标项目特点、竞争对手特点以及招标单位意向等具体情况，运用投标报价策略和投标竞争艺术，从而获得中标机会。

（二）投标报价的选择目标

由于投标单位的经营能力和条件不同，出于不同目的的需要，对同一招标项目，可以有不同投标报价目标的选择。

1. **生存型**　投标报价是以克服企业生存危机为目标，争取中标可以不考虑种种利益原则。

2. **补偿型**　投标报价是以补偿企业任务不足，以追求边际效益为目标。

3. **开发型**　投标报价是以开拓市场，积累经验，向后续投标项目发展为目标。

4. **竞争型**　投标报价是以竞争为手段，以低盈利为目标，报价是在精确计算报价成本基础上，充分估价各个竞争对手的报价目标，以有竞争力的报价达到中标的目的。

5. **盈利型**　投标报价充分发挥自身优势，以实现最佳盈利为目标。

不同投标报价目标的选择是依据一定的条件进行分析决定的。竞争性投标报价目标是投标单位追求的普遍形式。

（三）投标报价的策略

投标报价竞争的胜负，能否中标，不仅取决于竞争者的质量水平、技术水平和服务水平，而且还决定于竞争策略是否正确和投标报价的技巧运用是否得当。通常情况下，其他条件相同，报价最低的往往获胜。

1. **具体对手法**　在知道主要竞争对手以往投标报价的情况下，有目的地制定投标报价，且投标报价必须低于竞争对手。

2. **平均对手法**　在参与竞标的企业未知的情况下，投标单位可以假设这些竞争者中有一个代表者，称为"平均对手"，使报价低于平均对手的价格。

3. **历史经验法**　根据历年投标中标和废标的总结，结合市场变化趋势，确定投标报价。

点滴积累 ∨

1. 医疗机构采购医疗器械（设备及耗材）属于国家强制性招标范围，采取集中采购的方式。

2. 政府采购方式可以采用的方式包括：①公开招标；②邀请招标；③竞争性谈判；④单一来

229

源采购；⑤询价；⑥国务院政府采购监督管理部门认定的其他采购方式。

3. 电子招投标是以招投标法律法规为准绳，以业务流程为基础，以互联网信息技术为支撑，实现招投标各参与主体在线进行项目操作和管理的专业化、可视化作业方式的特殊经济行为。

4. 医疗器械招标采购流程：招标、投标、开标、评标和中标；评标方法有：最低评标价法、综合评分法、性价比法；编写招标文件的原则有四条：全面反映采购人需求的原则；科学合理的原则；公平竞争（不含任何歧视）的原则；维护国家利益和供应商商业秘密的原则。

5. 投标报价的策略有具体对手法、平均对手法、历史经验法。

6. 投标文件必须按照招标文件的要求作出实质性的响应；投标人编制投标文件时必须使用招标文件提供的投标文件表格格式。

7. 投标报价的要求必须具备目的性、准确性和策略性。

8. 准备编写投标书前，首先要认真阅读招标书，根据招标书上披露的内容、准入条件、资格、资质、履约能力、可靠性、经验、信誉、财力资源、设备和其他物质设施、管理能力等围绕招标要求条件逐条分析，判断是否具备投标资格。

▶ 课堂活动

上海某医疗器械有限公司从中国国际招标网获悉，江西某医院需采购多功能手术床6台，该信息于2015年12月10日在中国国际招标网上发布。要求学生熟悉招标公告的内容和要求；根据示例编写招标公告和投标文件。

政府采购招标文件[招标公告样例（节选）]如下：

项目名称：XXX 卫生计生委

采购多功能手术床等设备项目

招标编号：XXXX--XXXXXXXXXXXX

XXX 省机电设备招标有限公司

根据 XX 省政府采购工作领导小组办公室以下的批复，XXX 省机电设备招标有限公司（以下简称"采购代理机构"）受 XX 省卫生计生委委托就下列项目（招标编号：XXXX – XXXXXXXXXXXX）进行公开招标：

包号	品目号	货物名称	数量	单位	采购计划编号	采购预算（万元）
1	/	多功能手术床	6	台	XXXXXXXXXXX	15

1. 有兴趣的合格投标人可从 XX 省机电设备招标有限公司招标处得到进一步的信息和查看招标文件。

2. 招标文件从 2016 年 7 月 1 日起至 2016 年 7 月 18 日 11：30 时止，每天（公休日除外）8：30 ~ 11：30、15：00 ~17：30 在 XX 省机电设备招标有限公司招标处公开出售。本招标文件每包售价500元人民币，售后不退。

3. 投标文件递交地点和开标地点为 XX 省 XX 公共资源交易中心,公开开标。 届时请投标人的法人或经正式授权的代表出席开标大会。 投标文件递交截止时间和开标时间按下表所列:

包号	开标时间
第 X 包	XXXX 年 XX 月 XX 日 XX:XX 时

注: 所有投标文件都应附有不少于投标总价 0.8% 的投标保证金, 随同投标文件递交到开标地点, 投标保证金形式为现金的投标人请在开标前一天进 XXX 省机电设备招标有限公司的账户。 投标人应对所投货物提交密封的投标文件, 迟到的投标文件将被拒绝。

4. 各包制造商、经销商注册资本要求和评标时需要投标人提供所投型号产品的样机要求如下表所列:

包号	品目号	货物名称	制造商注册资本要求（万元人民币）	提供样机的要求
1	/	多功能手术床	≥4000	需要

注: 注册资本如为外币, 则以开标当日的中间汇率折算成人民币。

经销商的注册资本 ≥100 万元人民币和制造商的注册资本必须符合上述规定的制造商的注册资本要求。

投标文件的编制是一项技术性、专业性和法规性都非常强的工作。 编制一份具有竞争力的投标文件是医疗器械生产经营企业参与市场竞争, 实现产品销售的主要途径之一。 本项任务是要求在仔细阅读招标文件的基础上, 以小组为单位, 按照招标文件要求, 通过网络查找相关资料, 编制符合要求的投标文件。

1. 收集招标信息, 获取招标文件;

2. 组建投标小组, 研读招标文件;

3. 编制投标文件, 审核投标文件细节;

4. 组织专员参与竞标。

采购代理机构名称: XX 省机电设备招标有限公司

详细地址: XX 市 XXXX 路 XX 号 XX 楼 (邮政编码: XXXX)

联 系 人: XXX、XXX

电 话: XXX-XXXXXXXX

传 真: XXX-XXXXXXXX

电子邮箱: XXXXXXXXXX

网 址: XXXXXXXXXXXXXXXX

开户银行: XXXXXXXXXXXX

账 号: XXXXXXXXXXXXXXXXXXXX

前附表（样例）

序号	条款号	内容
1	1.1	项目名称:多功能手术床设备项目
2	1.1	采购人名称:XX 省卫生计生委 采购人地址:XX 市 XXX 路 XX 号 邮　编:XXXXXX 电　话:XXX--XXXXXXX 传　真:XXX—XXXXXXX
3	3.2	招标代理服务费:详见投标人招标代理服务费费率标准
4	14.1	投标保证金金额不少于投标价的 0.8%
5	15.1	投标有效期:开标后 90 天
6	16.1	副本的份数:5 份
7	18.2	投标文件递交至:XX 省 XX 公共资源交易中心
8	21.1	开标日期:XXXX 年 XX 月 XX 日 XX:XX 时 开标地点:XX 省 XX 资源交易中心四楼五号开标室
9	23	其他的评标因素和评标方法:见技术规范-技术总则。 交货地点:江西某医院
10	31	数量变更:在合同价 10%的范围内增减
11	33	合同签字地点:XX 市采购人办公地点
12	34	履约保证金:合同总价的 10%

附:招标代理服务费收费标准

序号	中标金额区间（万元人民币）	费率
1	中标金额≤100	0.80%
2	100<中标金额≤200	0.70%
3	200<中标金额≤500	0.50%
4	500<中标金额≤1000	0.40%
5	1000<中标金额≤3000	0.30%
6	中标金额≥3000	0.25%

【任务实施】

按照教学目的和教学要求,结合相关知识与技能,就课堂活动相关资料,引导学生完成江西某医院多功能手术床的投标采购任务投标文件的编制。

1. 请同学们进行分组,要求每组 5~7 人,选派组长并根据课堂活动内容,选择多功能手术床作为本项目实施的依据,安排任务实施进度表,按时完成项目任务。

组长:_____,任务分工:_____

组员：_____,任务分工：_____

_____,任务分工：_____

_____,任务分工：_____

2. 仔细阅读学习《中华人民共和国政府采购法》《中华人民共和国招投标法》和《政府采购货物和服务招标投标管理办法》《政府采购信息公告管理办法》及《卫生部关于进一步加强医疗器械集中采购管理的通知》,了解国家对医疗器械招投标的法律法规的规定;

3. 网络搜索多功能手术床的生产经营企业、产品的规格型号等技术参数;

4. 编写投标文件;

(1)封面;

(2)目录;

(3)投标函;

(4)投标报价表;

(5)投标分项报价表;

(6)技术规格响应/偏离表(含技术规格的所有内容);

(7)商务条款响应/偏离表;

(8)技术文件;

(9)售后服务机构信息一览表;

(10)销售业绩一览表;

(11)资格证明文件;

(12)投标保证金;

(13)法人代表授权书;

(14)制造厂家或总代理的授权书;

(15)制造厂家的资格声明;

(16)XX 贸易公司(作为代理)的资格声明书;

(17)其他资格证明文件;

(18)企业产品彩页。

5. 医疗器械投标文件编制任务成果提交　按照时间节点、格式要求、任务要求以小组为单位提交项目任务实施成果。

第二节　医疗器械招投标合同签署与履约

一、政府采购合同内容

(一)政府采购合同的含义及法律规定

1. **政府采购合同**　政府采购合同是招标采购单位(采购人)与中标或成交供应商签订的合同。

政府采购采购合同的拟定不仅要符合《中华人民共和国合同法》的规定,而且还要符合《中华人民共和国政府采购法》的规定;政府采购合同的拟定必须要以招标文件(包括竞争性谈判文件、询价采购文件等)为蓝本,不能脱离招标文件的基本原则与范围。

2. 政府采购合同相关法律规定　《中华人民共和国政府采购法》对政府采购行为作出如下法律规定:

第四十三条　政府采购合同适用合同法。采购人和供应商之间的权利和义务,应当按照平等、自愿的原则以合同方式约定。

采购人可以委托采购代理机构代表其与供应商签订政府采购合同。由采购代理机构以采购人名义签订合同的,应当提交采购人的授权委托书,作为合同附件。

第四十四条　政府采购合同应当采用书面形式。

第四十五条　国务院政府采购监督管理部门应当会同国务院有关部门,规定政府采购合同必须具备的条款。

第四十六条　采购人与中标、成交供应商应当在中标、成交通知书发出之日起三十日内,按照采购文件确定的事项签订政府采购合同。

中标、成交通知书对采购人和中标、成交供应商均具有法律效力。中标、成交通知书发出后,采购人改变中标、成交结果的,或者中标、成交供应商放弃中标、成交项目的,应当依法承担法律责任。

第四十七条　政府采购项目的采购合同自签订之日起七个工作日内,采购人应当将合同副本报同级政府采购监督管理部门和有关部门备案。

第四十八条　经采购人同意,中标、成交供应商可以依法采取分包方式履行合同。

政府采购合同分包履行的,中标、成交供应商就采购项目和分包项目向采购人负责,分包供应商就分包项目承担责任。

第四十九条　政府采购合同履行中,采购人需追加与合同标的相同的货物、工程或者服务的,在不改变合同其他条款的前提下,可以与供应商协商签订补充合同,但所有补充合同的采购金额不得超过原合同采购金额的百分之十。

第五十条　政府采购合同的双方当事人不得擅自变更、中止或者终止合同。

政府采购合同继续履行将损害国家利益和社会公共利益的,双方当事人应当变更、中止或者终止合同。有过错的一方应当承担赔偿责任,双方都有过错的,各自承担相应的责任。

(二) 政府采购合同主要内容

签订医疗器械政府采购合同,必须符合法律规范,内容全面,格式规范,要求明确,文字表述准确,采用的符号必须符合国家标准,对涉及的合同内容必须进行仔细审核,并请法律专家予以鉴定,确保合同的有效性和可操作性。同时,合同内容必须与招标文件、投标文件以及投标澄清内容相符合。

合同涉及的主要内容包括以下内容,但不限于此。可根据双方的协商意愿适当调整。

1. 产品(产品品牌、规格型号、数量、价格);

2. 质量保证;

3. 交货时间地点;

4. 验收；

5. 售后服务；

6. 履约保证金；

7. 售后服务；

8. 违约责任；

9. 不可抗力；

10. 争议解决；

11. 合同生效；

12. 合同签署双方的基本信息及签字盖章。

二、合同格式正文（样例）

医疗器械采购合同

甲方（采购单位）：_____，电话：_____

乙方（供货单位）：_____，电话：_____

甲乙双方根据_____年_____月_____日_____政府采购中心第_____号采购项目招标结果及相关招投标文件，经协商一致，订立本合同，供双方共同遵守：

第一条　甲方采购的物品内容和成交价格（金额单位：人民币元）

第二条　物品的质量技术标准、乙方售后服务及损害赔偿

1. 物品的质量技术标准按国家法律法规规定的标准、招标文件和乙方投标文件所要求的技术标准执行。

2. 保证是原产地生产的原装产品，否则按退货处理。

3. 物品在免费保修期内，如果出现三次以上因质量问题引起的故障，公司负责更换同类新的物品。

4. 乙方应按生产厂家的保修规定和投标文件说明的服务承诺做好免费保修等服务，免费保修期限_____；但属于正常合理的损耗应由甲方承担。

5. 在正常使用的情况下，物品保证有_____年使用期限。

6. 乙方售后服务响应时间：_____。否则，甲方可自行组织维修，费用由乙方承担，甲方可在货款和其他应付乙方的款项中扣除。

7. 如因乙方物品质量原因，导致甲方损失，乙方应予以赔偿。

第三条　交付和验收

1. 交付时间：_____；交付地点：_____。

2. 乙方负责物品的运送、安装、调试，负责操作培训等工作，直至该物品可以正常使用并且操作人员能熟练操作为止；负责提供物品的中文说明书、中文使用手册、中文维修手册及电路原理图，并承担由此产生的全部费用。

3. 验收时间：甲方必须于乙方提出验收申请后_____个工作日内组织验收。甲方

验收合格后应当出具验收报告。

4. 验收标准：

1）单证齐全：应有产品合格证（或质量证明）、使用说明、保修证明、发票和其他应具有的单证；

2）质量符合国家法律法规规定的标准、招标文件和投标文件的要求。

第四条　货款的结算

1. 结算依据：采购合同、乙方销售发票、甲方出具的验收报告

2. 结算方式：_____

第五条　乙方的违约责任

1. 乙方不能交货的，甲方不向乙方付款。乙方应向甲方偿付相当于不能交货部分货款的10%的违约金；

2. 乙方所交物品品种、数量、规格、质量不符合国家法律法规和合同规定的，由乙方负责包修、包换或退货，并承担由此而支付的实际费用；

3. 乙方逾期交货的，按逾期交货部分货款计算，向甲方偿付每日千分之五的违约金，并承担甲方因此所受的损失费用。

第六条　甲方的违约责任

1. 甲方逾期付款的，应按照每日千分之五的比例向乙方偿付逾期付款的违约金；

2. 甲方违反合同规定拒绝接货的，应当承担由此对乙方造成的损失。

第七条　不可抗力

甲乙双方任何一方由于不可抗力原因不能履行合同时，应及时向对方通报不能履行或不能完全履行的理由，以减轻可能给对方造成的损失，在取得有关机构证明后，允许延期履行、部分履行或不履行合同，并根据情况可部分或全部免予承担违约责任。

第八条　争议的解决

1. 因货物的质量问题发生争议，由法律及有关规章规定的技术单位进行质量鉴定，双方无条件服从该鉴定的结论；

2. 执行本合同发生纠纷，当事人双方应当及时协商解决，协商不成时，任何一方均可向合同签订地人民法院提起诉讼。

第九条　监督和管理

1. 合同订立后，双方经协商一致需变更合同实质性条款或订立补充合同的，应先征得政府采购监督管理部门同意，并送其备案。

2. 甲乙双方均应自觉配合有关监督管理部门对合同履行情况的监督检查，如实反映情况，提供有关资料；否则，将对有关单位、当事人按照有关规定予以处罚。

第十条　无效合同

甲乙双方如因违反政府采购法及相关法律法规的规定，被宣告合同无效的，一切责任概由过错方自行承担。

第十一条　附则

1. _____政府采购中心第_____号采购项目的招标文件、中标通知、乙方投标文件及澄清说明文件都是本合同的组成部分,甲、乙双方必须全面遵守,如有违反,应承担违约责任。

2. 本合同一式三份,甲方、乙方、XXX 政府采购中心各执一份。

3. 本合同自签订之日起生效。

4. 附件:_____

采购单位(甲方):_____　　供货单位(乙方):_____

法定代表人:_____　　　　　法定代表人:_____

委托代理人:_____　　　　　委托代理人:_____

开户银行:_____　　　　　　开户银行:_____

账号:_____　　　　　　　　账号:_____

电话:_____　　　　　　　　电话:_____

签约地址:_____

签约时间:_____

三、合同履约

(一)履约要求

政府采购合同是政府采购履约和验收的依据。供应商、采购代理机构或采购人应按照采购合同的约定,全面履行合同。任何一方当事人均不得擅自变更、中止或终止合同。

采购人应当组织验收人员对供应商履约进行验收,以确认货物、工程或服务符合合同的要求。大型或者复杂的政府采购项目,应当邀请国家认可的质量检测机构参加验收工作。

验收方成员应当在验收书上签字,并承担相应的法律责任。

中标、成交供应商在签订合同后,应主动与采购人联系,按合同规定的时间、地点和方式履约。成交供应商应当全面履行合同的义务,提供的货物、工程的安全要求必须符合国家、行业或地方标准的规定;其实物质量应符合产品或其包装上注明采用的产品标准,符合以产品说明、实物样品等方式表明的质量状况;提供的服务符合有关服务规范的要求。

中标、成交供应商有义务协助采购人验收货物或工程,提供相关技术资料、合格证明等文件或材料,并对自己生产或销售的货物及承建工程的质量、售后服务等负责。

(二)履约过程

1. 供应商组织货源,按照合同规定的时间、地点、包装、运输等要求发货。

2. 采购人按照合同要求组织专业人员按照验收要求对货物进行验收,填写货物验收报告,出具收货证明。

3. 供应商组织专业人员对提供的设备进行安装、调试、人员培训(必要时)。

4. 供应商出具发票,采购人支付货款。

5. 供应商提供技术支持和售后服务。

点滴积累 \/

1. 签订医疗器械政府采购合同，必须符合法律规范，内容全面，格式规范，要求明确，文字表述准确，采用的符号必须符合国家标准，对涉及的合同内容必须进行仔细审核，并请法律专家予以鉴定，确保合同的有效性和可操作性。同时，合同内容必须与招标文件、投标文件以及投标澄清内容相符合。

2. 履约过程包括供应商组织货源，按照合同规定的时间、地点、包装、运输等要求发货；采购人按照合同要求组织专业人员按照验收要求对货物进行验收，填写货物验收报告，出具收货证明；供应商组织专业人员对提供的设备进行安装、调试、人员培训（必要时）；供应商出具发票，采购人支付货款；供应商提供技术支持和售后服务。

▶▶ 课堂活动

上海某医疗器械有限公司经过激烈的招标投标过程，经评标委员会专家评审专家评定，确定该公司为中标单位，中标公告已经发布，中标通知书已经收到。该公司须与采购人江西某医院签署采购合同。

中标单位在收到中标通知书以后，必须在招标文件规定的时间内与招标单位签订招标合同，并按照合同约定内容履行合同，直至招标项目任务全部结束为止。招标合同的签订是项目招标任务的重要组成部分，直接关系到招投标双方的利益，必须严肃、认真、仔细对待，明确双方的权利、义务和责任。

1. 要求学生按照招标和投标文件的要求，拟定采购销售合同；

2. 合同格式要求规范、内容完整；

3. 并按照合同要求履约。

【任务实施】

按照教学目的和教学要求，结合相关知识与技能，就课堂活动资料，引导学生完成江西某医院多功能手术床的项目采购合同的编制。

1. 请同学们进行分组，要求每组5~7人，选派组长并根据上述课堂活动内容，选择多功能手术床招标项目作为合同签订实施的依据。

（1）小组组建

组长：_____,任务分工：_____

组员：_____,任务分工：_____

_____,任务分工：_____

_____,任务分工：_____

（2）收集多功能手术床的生产经营企业名称、产品功能特点以及主要技术参数。

1）生产经营企业名称：

生产经营企业 1：_____

生产经营企业 2：_____

生产经营企业 3：_____

2）产品功能特点：

产品功能特点 1：＿＿＿＿＿＿＿＿＿＿＿＿＿＿＿＿＿＿＿＿＿＿＿＿＿＿＿＿

产品功能特点 2：＿＿＿＿＿＿＿＿＿＿＿＿＿＿＿＿＿＿＿＿＿＿＿＿＿＿＿＿

产品功能特点 3：＿＿＿＿＿＿＿＿＿＿＿＿＿＿＿＿＿＿＿＿＿＿＿＿＿＿＿＿

3）主要技术参数：

主要技术参数 1：＿＿＿＿＿＿＿＿＿＿＿＿＿＿＿＿＿＿＿＿＿＿＿＿＿＿＿＿

主要技术参数 2：＿＿＿＿＿＿＿＿＿＿＿＿＿＿＿＿＿＿＿＿＿＿＿＿＿＿＿＿

主要技术参数 3：＿＿＿＿＿＿＿＿＿＿＿＿＿＿＿＿＿＿＿＿＿＿＿＿＿＿＿＿

2. 仔细阅读学习《中华人民共和国政府采购法》《中华人民共和国招投标法》和《政府采购货物和服务招标投标管理办法》《政府采购信息公告管理办法》及《中华人民共和国合同法》，了解国家对医疗器械招投标合同签订的法律法规的规定。

3. 网络搜索合同签订的一般格式、要求和内容，了解合同签署的流程。

（1）合同签署主要内容：＿＿＿＿＿＿＿＿＿＿＿＿＿＿＿＿＿＿＿＿＿＿＿

＿＿＿＿＿＿＿＿＿＿＿＿＿＿＿＿＿＿＿＿＿＿＿＿＿＿＿＿＿＿＿＿＿＿＿＿

（2）合同格式：＿＿＿＿＿＿＿＿＿＿＿＿＿＿＿＿＿＿＿＿＿＿＿＿＿＿＿＿＿

4. 编写政府采购合同。

5. 制订履约流程和履约内容：

（1）履约流程：＿＿＿＿＿＿＿＿＿＿＿＿＿＿＿＿＿＿＿＿＿＿＿＿＿＿＿＿＿

＿＿＿＿＿＿＿＿＿＿＿＿＿＿＿＿＿＿＿＿＿＿＿＿＿＿＿＿＿＿＿＿＿＿＿＿

（2）履约内容：＿＿＿＿＿＿＿＿＿＿＿＿＿＿＿＿＿＿＿＿＿＿＿＿＿＿＿＿＿

＿＿＿＿＿＿＿＿＿＿＿＿＿＿＿＿＿＿＿＿＿＿＿＿＿＿＿＿＿＿＿＿＿＿＿＿

6. 按照时间节点、格式要求、任务要求以小组为单位提交任务实施成果。

第三节　医疗器械融资租赁方案和合同签署

一、医疗器械融资租赁概念、特点与形式

（一）医疗器械融资租赁

1. 医疗器械租赁的概念和特点

（1）医疗器械（设备）融资租赁的概念：医疗设备融资租赁是指在医院确定相应的医疗设备供应商（生产商）及相应的医疗设备并办妥相关医疗设备引进审批手续后，租赁公司根据医院要求购进医院选定的医疗设备后交付给医院使用，由医院在使用期内分期支付一定金额的租金前提下取得设备的使用权和收益权，在租期结束时医院仅支付较低的设备残值后即可获得设备所有权的一种交易行为。它以出租人保留租赁物的所有权和收取租金为条件，使承租人在租赁合同期内对租赁物取得占有、使用和受益的权利。

（2）医疗器械融资租赁的特点：医疗器械融资租赁一般具有以下特点。

1）它一般涉及三方当事人：出租人、承租人和供应商。

2）签订两个或两个以上的合同：即融资租赁合同、买卖合同、担保合同等。

3）租赁物件和供货商是由承租人选定的。

4）出租人不承担租赁物的瑕疵责任。

5）出租人可在一次租期内完全收回投资并盈利。

6）融资租赁的标的物是特定设备，承租人也是特定的，因此租赁合同一般情况下不能中途解除。

7）租赁期满后，承租人一般对设备有留购、续租和退租三种选择（融资租赁交易中，承租人对租赁物几乎都要留购）。

2. 融资租赁交易中当事人的权利和义务　融资当事人主要是指出租人和承租人，在租赁交易中按照合约的要求分别享有各自的权利和承担各自的义务。

（1）出租人权利和义务：①出租人权利：拥有租赁物件的所有权，收取租金，期满收回租赁物（根据合同）。②出租人义务：出资购买租赁物，保证承租人对租赁物的占有和使用，协助承租人向出卖人索赔。

（2）承租人权利和义务：①承租人权利：对租赁物件和出卖人的选择权，对出卖人的请求权，对租赁物的占有、使用和收益权，以名义价格留购的选择权。②承租人义务：接收标的物价格，按期支付租金，保管、维护保养租赁物，不能擅自处分租赁物。

3. 医疗器械融资租赁的功能　医院采用融资租赁的优势清晰可见。①保存营运资金。租赁方提供给医疗机构除首付款外的融资，使得医疗机构能够保存大部分资金作为营运流动资金或运用于其他投资；②提高资金利用效率、加速设备更新。承租人不必先筹资金后上项目，只需投入少量资金，就可提前拥有所需设备，尽快取得经济效益；③便于制订预算。承租人每期只支付固定低廉的租金，可以保持财务预算的稳定；④保持现有信用额度。租赁作为承租人一种额外信用来源，并不影响银行的信贷额度；⑤税收优惠可能。由于在租赁期内可加速提取折旧，部分承租人有享受优惠税收政策的可能；⑥灵活的选择。出租人可以根据承租人的需求安排融资方案、还款进度和租赁期满后租赁物件的处理；⑦对担保和抵押没有硬性规定，可以视承租人实际情况而定。

4. 融资租赁与分期付款的区别

（1）分期付款是一种买卖交易，买者不仅获得了所交易物品的使用权，而且获得了物品的所有权。而融资租赁则是一种租赁行为，从法律上讲，租赁物所有权名义上仍归出租人所有。

（2）融资租赁中租赁物所有权属出租人所有，因此，作为出租人资产纳入其资产负债表中，并对租赁物摊提折旧。而分期付款购买的物品归买主所有，因而列入买方的资产负债表并由买方负责摊提折旧。

（3）融资租赁中的出租人可将摊提的折旧从应计收入中扣除，而承租人则可将摊提的折旧费从应纳税收入中扣除；在分期付款交易中则是买方可将摊提的折旧费从应纳税收入中扣除，买者还能将所花费的利息成本从应纳税收入中扣除。

（4）在期限上，分期付款的付款期限往往低于交易物品的经济寿命期限，而融资租赁的租赁期限则往往和租赁物品的经济寿命相当。因此，同样的物品采用融资租赁方式较采用分期付款方式所获得的信贷期限要长。

（5）分期付款不是全额信贷，买方通常要即期支付贷款的一部分；而融资租赁则是一种全额信贷，它对租赁物价款的全部甚至运输、保险、安装等附加费用都提供资金融通。

（6）分期付款交易一般在每期期末，通常在分期付款之前还有一宽限期，融资租赁一般没有宽限期，租赁开始后就需支付租金，因此，租金支付通常在每期期末。

（7）融资租赁期满时租赁物通常留有残值，承租人一般不能对租赁物任意处理，需办理交换手续或购买等手续。而分期付款交易的买者在规定的分期付款后即拥有了所交易物品，可任意处理。

（二）医疗器械融资租赁的形式

1. 专业租赁公司租赁与厂商租赁　根据出租人的主体资格不同，可分为专业租赁公司租赁和厂商租赁。

（1）专业租赁公司是指以融资租赁公司为主营业务，传统租赁为辅助业务，专门吸引社会资金从事融资租赁业务的出租人。专业租赁公司的设立和经营通常要经过特别的批准。

（2）厂商租赁公司是由专门的设备制造商出资设立，主要以公司产品为租赁物，从事融资租赁经营业务的出租人。其经营目的是通过融资租赁方式扩大制造商自己产品的销售和市场占有率。厂商租赁公司的设立往往不需要特别的批准，租赁业务通常仅限于与自己母公司或关联医院的相关的产业。

2. 直接租赁与委托租赁　根据出租人是否承担风险，可分为直接租赁和委托租赁。

（1）直接租赁：是指出租人从市场上筹措资金，按承租人的需求和意愿向供货商购买设备后，租赁给承租人使用，出租人定期向承租人收取租金，并承担履行合同所可能产生的风险，这也是最常见的一种融资租赁方式。

（2）委托租赁：是指出租人接受委托人的资金或租赁物，根据委托人的意愿和授权，与委托人指定的承租人进行融资租赁业务，将租赁物直接租赁给其使用，或按承租人与委托人的约定购买租赁物后交付给其使用。委托租赁中，出租人只收取手续费，租金最终归属于委托人，租赁物的所有权和相应的风险最终也归属于委托人。

3. 回租与转租　根据融资租赁涉及的当事人及合同数量的多少，可以分为回租与转租两种融资租赁方式。

（1）回租：是指承租人为盘活自己的存量资产并向出租人融入资金，而将现有设备先出卖给出租人，从出租人处取得等值资金的同时再向出租人租赁已售出的设备，并分期向承租人支付租金的一种融资租赁。回租中，仅有双方当事人即出租人和承租人，他们同时又是租赁设备的买方和卖方，承租人和出租人通常只签订一份《售后租回合同》，将双方的买卖、租赁关系统统列入其中。

（2）转租：是指出租人按照承租人的意愿和需求先从其他租赁公司提出申请，由其他租赁公司向供货商购入设备，再由该出租人租入租赁物，然后将其转租给承租人使用的租赁方式。转租中，往往涉及四方当事人，即第一出租人（买方）、转租人（第一承租人和第二出租人）、第二承租人（最终使用人）、出卖人。与普通融资租赁方式相比，转租中的四方当事人共有三个合同关系。即除了《买卖合同》《租赁合同》外，还增加了一个转租人与第二承租人签订的《转租合同》。

4. 联合租赁和杠杆租赁　根据出租人筹资方式的不同，可以分为联合租赁和杠杆租赁。

（1）联合租赁：是指在融资租赁项目中的资金需求量较大，为分配资金和相应的风险，由一个牵头出租人联合多个出租人共同对项目进行审查后,共同提供资金给牵头出租人,由其按承租人意愿向供货商购入设备,并共同授权牵头出租人与承租人签订租赁合同。联合租赁中心的各个出租人之间按照自己的出资份额来各自分担收取租金的权益和承担相应的风险。

(2)杠杆租赁:是指出租人对需求巨额资金的融资租赁项目,只负责自行筹措一定比例的资金,其余的大部分资金通过银行等金融机构向出租人提供无追索权的贷款方式解决,贷款机构同时要求出租人以自己拥有所有权的租赁物及《租赁合同》中出租人的权利(租金收取权)作为该贷款的担保。

知识链接

经营租赁和融资租赁的区别

经营租赁是指以提供设备等资产的短期使用权为特征的租赁形式,而融资租赁是以融资为目的,从而最终获得租赁资产所有权的一种租赁形式。两者的区别体现在以下几个方面:①租赁程序不同。经营租赁出租的设备由租赁公司根据市场需要选定,然后再寻找承租医院,而融资租赁出租的设备由承租医院提出要求购买或由承租医院直接从制造商或销售商那里选定。②租赁期限不同。经营租赁期较短,短于资产有效使用期,而融资租赁的租赁期较长,接近于资产的有效使用期。③设备维修、保养的责任方不同。经营租赁由租赁公司负责,而融资租赁由承租方负责。④租赁期满后设备处置方法不同。经营租赁期满后,承租资产由租赁公司收回,而融资租赁期满后,医院可以很少的"名义货价"(相当于设备残值的市场售价)留购。⑤租赁的实质不同。经营租赁实质上并没有转移与资产所有权有关的全部风险和报酬,而融资租赁的实质是将与资产所有权有关的全部风险和报酬转移给了承租人。

二、融资租赁业务操作流程

1. 医院决定采用融资租赁的方式取得医疗器械(设备)时,首先需了解各个租赁公司或厂商的经营范围、业务能力及与其他金融机构的关系和资信情况,取得租赁公司的融资条件和租赁费等资料,并加以比较,从而择优选定。

2. **办理租赁委托和资信审查**　医院选定租赁公司后,便可向其提出申请,办理委托。由承租医院填写《租赁申请书》或《租赁委托书》,说明对所需设备的具体要求。租赁公司一般要求承租人提供经国家规定的审批单位批准并纳入计划的项目批件和可行性研究报告,以及经租赁公司认可由担保单位(如承租医院的开户银行)出具的对承租人履行租赁合同的担保函。同时,租赁公司为了估算出租的风险程度和判断承租人偿还租金的能力,还要求承租人提供该医院的资产负债表、医院经营概况和各种财务报表。此外,必要时出租人还会通过资信机构对承租人的资历和信用情况进行进一步的调查,然后确定是否可以租赁。

3. **选择设备**　选择设备的方法有:由医院委托租赁公司选择设备,商定价格;由医院先同设备供应商签订购买合同,然后将合同转给租赁公司,由租赁公司付款;经租赁公司指定,由医院代其订购设备,代其付款,并由租赁公司偿付贷款;由租赁公司和承租医院协商洽购设备等。

4. 签订购货协议 购货合同应由承租人、出租人和供应商三者参加签订。委托租赁的情况下,由租赁公司向制造厂商订购,并签订订货合同,同时由承租人副签。

5. 签订租赁合同 租赁合同由承租医院与租赁公司签订,是租赁业务的重要法律文件。融资租赁合同的内容可分为一般条款和特殊条款两部分。一般条款主要包括合同说明、名词解释、租赁设备条款、租赁设备交收条款和税务、使用条款、租期、起租日期条款和租金支付条款等;特殊条款主要包括购货合同与租赁合同的关系、租赁设备的所有权、租期中不得退租、对出租人和对承租人的保障、承租人违约和对出租人的补救、保险条款、租赁保证金和担保条款、租赁期满对设备的处理条款等。

6. 申办融资租赁合同公证 融资租赁可申办融资租赁合同公证。融资租赁合同公证由当事人约定地或合同签订地的公证处管辖。当事人申办融资租赁合同公证应当填写公证申请表,并提交相关材料。

7. 租赁物件交货 制造厂商将租赁公司订购的设备到期直接拨交给承租人,并同时通知租赁公司。

8. 办理验货与投保 承租人收到制造商交来的设备后,即进行安装并运转试验。如其性能和其他方面都符合原规定要求,就作为正式验收,并把验收情况按期及时通知租赁公司。租赁公司据以向厂商支付设备价款,并开始计算租赁日期,计收租赁费用。同时租赁公司根据租赁物件的价值向保险公司投保,签订保险合同,并支付保险费。

9. 支付租金 承租医院按照合同规定的租金数额、支付方式,向租赁公司分期缴纳租金。租金根据租赁对象的不同以及双方承担的义务和费用情况来确定。

10. 维修保养 承租人可与供应租赁物件的制造厂商或其他有关供货人签订维修保养合同,并支付有关费用。

11. 税金缴纳 租赁公司与承租人根据租赁合同的规定,各自向税务机构缴纳应负担的税收。

12. 租赁期满处理设备 融资租赁合同期满时,承租医院应按照租赁合同的规定,实行退租、续租或留购。在融资租赁中,租赁期满的设备一般以象征价格(一般是残值价)卖给承租医院或无偿转给承租医院,也可以以低廉租金续租。

知识链接

融资租赁流程

第一阶段	租赁申请	承租人提交租赁申请,向租赁公司提交评审材料
第二阶段	租赁方案确认	项目经理与承租人沟通,确认融资租赁方案及商务方案
第三阶段	承租人资质评审	项目经理进行承租人现场评估
第四阶段	合同签订	租赁公司、承租人、设备商签订相关合同
第五阶段	设备交付	供应商完成设备交付及安装验收,租赁公司按合同约定支付设备款
第六阶段	租金支付	承租人根据租赁合同,向租赁公司按期支付租金
第七阶段	所有权转让	租赁期结束,取得所有权

三、融资租赁实施方案

(一)融资租赁申请书

融资租赁申请书主要填写医院的基本情况和项目融资租赁的事由。

医院基本情况表格式大体如下:

医院基本情况表(样例)

医院级别		许可证号		
院　　长		联系电话		
财务负责人		联系电话		
项目负责人		联系电话		
科室配置				
医院特长				
职工总人数		高级职称	中级职称	
占地面积及楼舍情况				
已有大中型设备				
病床床位数		平均年门诊量		
总　资　产		总　负　债		
固定资产原值		固定资产净值		
三年来收入情况 单位I:元	＿＿＿＿年收入: 其中: 医疗收入; 药品收入; 财政补助; 上级补助; 其他收入;	＿＿＿＿年收入: 其中: 医疗收入; 药品收入; 财政补助; 上级补助; 其他收入;	＿＿＿＿年＿月收入: 其中: 医疗收入; 药品收入; 财政补助; 上级补助; 其他收入;	
三年来支出情况 单位I:元	＿＿＿＿年支出: 其中: 医疗支出:(设备购置费:) 药品支出:	＿＿＿＿年支出: 其中: 医疗支出:(设备购置费:) 药品支出:	＿＿＿＿年＿月支出: 其中: 医疗支出:(设备购置费:) 药品支出:	
收支结余情况	＿＿＿＿年　　　元	＿＿＿＿年　　　元	＿＿＿＿年＿月　　　元	
修购基金提取数	＿＿＿＿年　　　元	＿＿＿＿年　　　元	＿＿年＿月　　元　结余:	
借款余额	单位:	单位:	单位:	
	余额:　　　元 其中逾期:　　元	余额:　　　元 其中逾期:　　元	余额:　　　元 其中逾期:　　元	
开户行及账号				

申请融资租赁事由表主要说明:①申请租赁的目的;②租赁设备的用途、品种、规格、型号、性能、供货来源等;③项目效益分析;④申请融资租赁的金额及期限;⑤偿还租金的来源分析。

需提供的材料有:①医疗机构执业许可证、等级证书;②连续三年财务报表;③项目可行性报告及相关批文。

(二)项目评估报告

融资租赁如同投资一样,需要考虑效益和风险。为了取得利益,降低风险可能带来的损失,出租人和承租人都要对项目整体的现状和未来进行全方位、多层次、多变量的科学评估。承租人评估项目的主要目的是考虑在融资租赁的条件下,核算扣除融资成本后的收益能否达到预期目标,争取最大限度地减少投资风险。

1. 项目评估的程序

(1)双向选择合作伙伴:在租赁项目立项初期,医院应与多家租赁公司(或厂商)联系,了解租赁条件和费用,选择成本低、服务好、资信可靠的公司做合作伙伴。租赁公司(或厂商)则应选择经济实力强、资信好、债务负担轻、有营销能力和还款能力的医院做合作伙伴。

(2)项目初评:租赁公司(或厂商)根据医院提供的立项报告、项目建议书及其他相关资料,通过当面洽谈,摸清项目的基本情况,将调查数据与同类项目的经验数据比较,进行简便估算,结合一般的感性认识对项目进行初评。若租赁公司(或厂商)认为项目可行,则进一步编制可行性报告,办理项目审批手续。

(3)实地考察:租赁项目通过初评后,租赁公司(或厂商)必须派人对医疗机构进行实地考察,全面了解医院的资信状况、营运状况、财务状况,分析一手数据,确定项目融资的可行性。

(4)项目审批:租赁公司(或厂商)的项目审查部门对医院提供的各种资料和派出人员的实地考察报告,结合医院立项的可行性报告,从动态和静态、定性和定量、经济和非经济等多方面因素进行综合分析,全面评价项目的风险和可行性,决定项目的取舍。如果项目可行,风险在合理可控的范围内,即可编制项目评估报告,办理内部立项审批手续。

(5)合同签约:项目被批准后,租赁公司(或厂商)接受医院的租赁项目委托,就可办理租赁物件购置手续,签订购货合同和租赁合同。合同的价格条款和租赁条件都不应脱离可行性报告的分析数据太远,否则对项目要重新评估。签约后项目评估的结论可为项目的优化管理提供科学依据。

(6)项目后管理:项目的后管理对于确保租金安全回收起着重要作用。在租赁项目执行过程中,承租人应经常将实际经营状况与可行性报告进行比较,随时调整经营策略,力求达到预期的经营目标。出租人则应经常将承租人的经营状况与评估报告的主要内容进行比较,发现问题及时采取措施,保证租金回收的安全运作。

2. 项目评估的主要内容 由于医院的财务分析和规范的可行性报告中已说明医院的财务运行状况,因此项目评估的主要内容应是:评定风险、核实数据来源、落实未确定因素和判定医院信用等级。

(1)评定风险:对于出租人来说,最大的风险就是医院租金的偿还能力。因此,出租人需要承租人提供有效的经济担保和医院真实的经济效益分析。影响租金回收的风险很多,除了偿还能力风险外,还有债务风险、利率和汇率风险、经营风险等因素都会增加项目的风险,应在调查研究的基础上综合分析。

（2）经济担保：承租医院的风险等级和经济担保能力是密切相关的。一般认为，出租人需要按照出租项目的风险程度进行排列，排列出出租人所能接受的经济担保额度。

（3）核实数据：各种经营数据是项目评估的基础和依据，因此核实数据来源的可靠性和权威性是项目评估的重要环节，要着重核算租赁项目占投资总额的比例、医院资信能力等数据。

（4）不确定因素分析和转化：许多不确定因素增加了项目评估的难度和工作量，在项目调研时，要充分寻找这些不确定因素，对一些不落实或口头答应的事，以签订承诺书、意向书以及其他方式，将部分不确定因素转化为确定因素。

（5）判定信用等级：对医院信用实行等级制是整个融资租赁业务活动的分界点。租赁公司（或厂商）对医院的信用判定，就是对项目风险的判定。通过项目评估，判定出医院信用等级，根据等级的高低，决定项目的取舍和租赁利差的幅度。

（三）制订融资租赁项目实施方案

项目实施方案中要具体规定医院必须提交的相关资质材料证明、租赁保证金、租赁费率、租赁期限、租赁手续费、租金支付方式、保险、担保、公证、残值处理及租赁合同文件的内容。参见样例：

医疗器械融资租赁实施方案（样例）

1. 提交必要的评估材料。

2. 租赁申请书。

3. 项目可行性报告及相关批文。

4. 连续三年的财务报表。

5. 医疗机构执业许可证。

6. 租赁保证金：融资额的 20%～30%。

7. 租赁费率：银行同期基准利率上浮 10%～20%。

8. 租赁期限：一般为 3～5 年。

9. 租赁手术费：融资租赁物件概算价值的 2%。

10. 租金支付：等额租金（按月或按季支付）。

11. 保险：由承租人向出租人指定的保险公司一次性足额投保，并以出租人为受益人，保险费由承租人承担或由出租人投保，承租人应在支付第一期租金时向出租人交付财产保险费。

12. 公正：租赁合同签订后递交出租人所在地公证机关进行公证，费用共同承担。

13. 残值处理：租赁期满，出租人以人民币 1000 元的价款将租赁物件的所有权转让给承租人。

14. 担保：需要提供担保。

15. 租赁文件：出租人和承租人签订《租赁合同》；出租人、承租人和供应商签订《购货合同》。

四、融资租赁合同签订与履约

（一）融资租赁合同签订

根据医疗机构与租赁公司（或厂商）达成的项目意向和实施方案，在平等自愿的基础上双方签订融资租赁合同，明确各自的权利、责任和义务。

(二) 融资租赁合同的格式及主要内容

1. 融资租赁合同的格式　融资租赁合同是经济合同的一种,具有经济合同所具有的一般特征。典型的融资租赁合同格式如下。

融资租赁合同(样例)

合同编码:＿＿＿第＿＿＿号

出租人:＿＿＿＿＿＿＿＿＿＿(以下简称甲方)　法定代表人:＿＿＿＿＿＿＿＿＿＿＿＿

地址:＿＿＿＿＿＿＿＿＿　电话:＿＿＿＿＿＿＿＿　邮政编码:＿＿＿＿＿＿＿＿＿＿

开户行:＿＿＿＿＿＿＿＿＿＿＿＿　账号:＿＿＿＿＿＿＿＿＿＿＿＿＿＿＿＿＿

承租人:＿＿＿＿＿＿＿＿＿＿(以下简称乙方)　法定代表人:＿＿＿＿＿＿＿＿＿＿＿＿

地址:＿＿＿＿＿＿＿＿＿　电话:＿＿＿＿＿＿＿＿　邮政编码:＿＿＿＿＿＿＿＿＿＿

开户行:＿＿＿＿＿＿＿＿＿　账号:＿＿＿＿＿＿＿＿＿＿＿＿＿＿＿＿＿＿

担保人:＿＿＿＿＿＿＿＿＿＿(以下简称丙方)　法定代表人:＿＿＿＿＿＿＿＿＿＿＿＿

地址:＿＿＿＿＿＿＿＿＿　电话:＿＿＿＿＿＿＿＿　邮政编码:＿＿＿＿＿＿＿＿＿＿

开户行:＿＿＿＿＿＿＿＿＿　账号:＿＿＿＿＿＿＿＿＿＿＿＿＿＿＿＿＿＿

甲、乙、丙三方根据《中华人民共和国合同法》及相关法律法规之规定,同意按下列条款签订本融资租赁合同(以下简称本合同):

第一条　租赁物件

1　甲方根据乙方的要求及乙方的自主选定,以租给乙方为目的,向乙方指定的出卖人＿＿＿＿融资购买的物件(以下简称租赁物件)租予乙方,乙方则向甲方承租并使用该物件。

第二条　租金、手续费

2.1　甲方为乙方融资购买租赁物件,乙方承租租赁物件须向甲方支付租金,租金组成及给付时间、地点、币种和次数,均按附表第(9)项的规定。

2.2　前款租金是根据附表第(7)项所记载的概算成本(以下称概算成本)计算的,当租赁物件实际成本与概算成本不符时,甲方在确定租赁物件实际成本后,用书面形式通知乙方实际租金的金额,并以此金额为准对概算租金作出相应的变更,乙、丙双方承认这种变更。该变更不属合同的变更或修改,且不论租赁物件使用与否,乙方都以《实际租金表》中载明的日期、金额、币种及付款方式向甲方支付租金。

2.3　在租赁期内,由于国家增减有关税项、税率及银行利率调整等因素必须变更租金时,甲方应用书面通知乙方这种变更并提出新的实际租金,乙、丙双方承认这种变更。该变更不属合同的变更或修改,乙方应以《实际租金表》中载明的日期、金额、币种及付款方式向甲方支付租金。

2.4　乙方在支付租金时,不得扣除乙方应承担的任何费用。

2.5　乙方应向甲方支付概算成本百分之＿＿(＿＿%)的手续费,并在签订本合同时支付。本合同一经签订,手续费不予退还。

第三条 起租日、租赁期限、租金付款日

3.1 从甲方第一次向出卖人支付价款之日,即资金从出租人账户划出之日作为起租日。不论租赁物件是否交付,乙方应按本合同的约定支付租金。

3.2 租赁期间为60个月,即____年__月__日至____年__月__日。租赁期限为不变期限,在租期内,乙方不得中止、终止对租赁物件的租赁,并不得以任何理由提出变更租赁合同的要求。

3.3 租金付款日以租金到达出租人账户日为准。

第四条 租赁物件的购买

4.1 乙方根据自己的需要,通过调查出卖人及代理商资信情况,自主选定租赁物件和出卖人及代理商。乙方对租赁物件的名称、规格、型号、性能、质量、数量、技术标准及服务内容、品质、技术保证及价格条款、交货时间等享有全部的决定权,并直接与出卖人商定,乙方对自行的决定及选定负全部责任,甲方对此不承担责任。

4.2 甲方根据乙方的选定和要求会同乙方与出卖人或委托乙方指定的代理商与出卖人签订租赁物件购销合同等其他文件,并承担根据乙方付款通知书的要求向出卖人支付货款的责任。

4.3 乙方须向甲方提供甲方认为必要的各种批准或许可证明。

4.4 乙方确认甲方或代理商与出卖人之间购销合同的标的物即乙方所选定的本合同的租赁物件,乙方同意并接受购销合同及附表中所记载的全部条款并在购销合同上签字盖章。

4.5 由于出卖人及代理商是由乙方指定,如果由于出卖人或代理商的过错导致租赁物件不能交货或所交货物不符合使用目的而产生的风险和损失由乙方承担。

4.6 有关购买租赁物件应交纳的海关关税、增值税及国家新增税项和其他税款,国外、国内运费、运输保险费及其他必须支付的费用,均由乙方负担(供货方负担的除外),并按有关部门的规定与要求,由乙方按时直接支付。甲方对此不承担任何责任。

4.7 甲方除支付货款外,与履行本合同有关的其他可能发生的款项由乙方承担。

第五条 租赁物件的交货、验收、交货地点和使用地点

5.1 租赁物件由出卖人运至购销合同中乙方指定的交货地点,向乙方交付。甲方无交付责任,乙方负有领受租赁物件的责任,乙方不得拒收租赁物件。

5.2 租赁物件到达交付地点后,由乙方自行办理或由被乙方认可的承运方代理人代为办理报关、提货手续。

5.3 乙方提取租赁物件后自负保管和运往设置现场的责任、风险和费用。租赁物件的设置现场,即租赁物件的使用地点见附表第(4)项。

5.4 租赁物件由乙方按照购销合同规定的程序和标准组织检验和验收。交付检验的报告可依照购销合同的规定由国家商检机构出具,或由乙方同出卖人共同签署。但乙方发现租赁物件交付不

符时,必须及时向国家商检机构申请复检查验。其他检验报告和验收报告应由乙方同出卖人共同签署。甲方不参与检验和验收,更不对此承担责任。如乙方未在购销合同规定的期限内组织检验和验收或未在上述检验和验收后的____个工作日内向甲方提交检验报告和验收报告,则租赁物件应视为已在完整合格的状态下由乙方检验和验收完毕。

5.5　因不可抗力或政府法令等不属于甲方原因而引起的延迟运输、卸货、报关,从而延误了乙方接受租赁物件的时间,或导致乙方不能接受租赁物件,甲方不承担责任。

第六条　租赁物件瑕疵的处理

6.1　由于乙方享有本合同第四条第1款所规定的权利,因此,如卖方延迟租赁物件的交货,或提供的租赁物件与购销合同所规定的内容不符,或在安装调试、操作过程中及质量保证期间有质量瑕疵等情况,按照购销合同的规定,由购销合同的出卖人负责,甲方不承担赔偿责任,乙方不得向甲方追索。

6.2　自本合同生效之日起,购销合同中约定甲方所有的索赔权自动转移给乙方,索赔费用和结果均由乙方承担。

6.3　若乙方自主选定的租赁物件不能达到乙方设想的效果及效率,甲方不承担任何责任;乙方应保证甲方对租赁物件的所有权在形态、质量和权利方面的完整性;在征得甲方书面同意后方可对租赁物件进行改装,改装后的后果及责任由乙方自负。

6.4　除购销合同中支付租赁物件货款条款外所发生的其他争议以及索赔、仲裁等由乙方自行处理,费用自负。处理情况应及时书面告知甲方。

6.5　乙方若违反前述任何条款,或出现前述任何情况,乙方仍应按合同的规定支付租金及其他款项。

第七条　租赁物件的所有权

7　在租赁期内租赁物件的所有权,包括(现在或以后附属于租赁物件的)任何零部件、替换件、更新件、附件和辅助件的所有权均属于甲方。乙方对租赁物件只有使用权,没有所有权。乙方不得将租赁物件用于非法生产,在租赁期内不得对租赁物件进行销售、抵债、转让、承包、转租、分租、抵押、投资或采取其他任何侵犯租赁物件所有权的行为。

第八条　租赁物件的保管、使用和费用

8.1　乙方在租赁期内,可完全使用租赁物件。

8.2　乙方除非征得甲方的书面同意,不得将租赁物件迁离附表第(4)项所记载的设置场所,不得转让给第三者或允许他人使用。

8.3　乙方平时应对租赁物件给予良好的维修保养,使其保证正常状态和发挥正常效能。租赁物件维修、保养,由乙方负责处理,并承担其全部费用。如需要更换其零件,在未得到甲方书面同意时,应只用租赁物件的原制造厂所供应的零件更换,所发生的费用由乙方承担。

8.4　因租赁物件本身及其设置、保管、使用等致使第三者遭受损害时乙方应负全部赔偿责任。

8.5　因租赁物件本身及设置、保管、使用及租金的交付等所发生的一切费用、税款(包括国家新开征的一切税种应交纳的税款),均由乙方负担。

第九条　租赁物件的灭失及毁损

9.1　在合同履行期间,租赁物件灭失和毁损风险,由乙方承担,乙方均需按期缴纳租金。如租赁物件灭失或毁损,乙方应立即通知甲方,甲方可选择下列方式之一,由乙方负责处理并负担一切费用:

(1)将租赁物件复原或修理至完全正常使用的状态。

(2)更换与租赁物件同等状态、性能的物件,使其能正常使用。

9.2　租赁物件灭失或毁损至无法修复的程度时(包括租赁物件所有权的侵害),乙方应向甲方赔偿损失,损失金额为乙方尚未付还给甲方的全部租金及迟延利息。

9.3　根据前款,乙方将赔偿金及任何其他应付的款项交纳给甲方后,甲方将租赁物件(以其现状)及对第三者的权利(如有时)移交给乙方。

第十条　保险

10.1　租赁物件运抵设置场所之前,由甲方在法定所在地向当地保险公司一次性足额(购置成本)投保以甲方为第一受益人的财产一切险和机器损坏险或双方约定的其他险种,并使之在合同履行完毕之前持续有效,全部保险费由乙方在合同签订后支付给甲方。

10.2　在租赁期间,如发生保险事故,乙方须立即通知甲方和保险公司,会同甲方向保险公司索赔,并立即采取一切合理补救措施防止损失扩大,保险金由甲方领取。保险金可用于下列事项:

(1)作为第九条第1款第(1)或(2)项所需费用的支付,如果乙方支出的款项超过保险赔偿金,超过部分由乙方自行承担。

(2)作为第九条第2款及其他乙方应付给甲方的款项,如果保险赔付款少于乙方应付款项,乙方仍应清偿不足部分。

10.3　如果租赁物件的损失不属保险赔偿范围,所造成的损失由乙方自行承担赔偿责任。

10.4　发生部分损坏后至租赁物件修复过程中,乙方仍应按合同规定向甲方支付租金。

第十一条　违反合同处理

11.1　如乙方不支付租金或不履行合同所规定其他义务时,甲方有权采取下列措施:

(1)要求即时付清部分或全部租金及一切应付款项。

(2)终止本合同,收回租赁物件,并有权处理租赁物件及抵押物。

11.2　虽然甲方采取前款(1)、(2)项的措施,但并不因之免除本合同规定的乙方其他义务。

11.3　在本合同生效后,由于乙方违反本合同而给甲方造成的一切损失,乙方也应负责赔偿。

赔偿金额及赔偿后租赁物件的处置按第九条第 2 款、第 3 款执行。非经甲方同意,乙方不得以退还租赁物的方式冲抵应付的赔偿金额。

11.4 当乙方未按本合同规定支付应付的到期租金和其他款项给甲方,或未按时偿还甲方垫付的任何费用时,甲方除有权采取前 3 款措施外,乙方还应按延付金额日万分之____支付迟延支付期间的迟延利息,迟延利息将从乙方每次交付的租金中首先抵扣,直至乙方全部付清逾期租金及迟延利息为止。

11.5 乙方如发生关闭、停业、停产、合并、分立、转产等情况,应立即通知甲方并提供有关证明文件,如上述情况致使本合同不能履行时,甲方有权采取本条第 1 款的措施,并要求乙方及担保人对甲方由此而发生的损失承担赔偿责任。

租赁期间,租赁物件不属于承租方破产清算的财产范围。

第十二条 合同权利的转让

12.1 甲方在本合同履行期间在不影响乙方使用租赁物件的前提下,随时可将本合同规定的全部或部分权利转让给第三者,但必须书面通知乙方。

12.2 未经甲方书面同意,乙方不得转让本合同项下的权利和义务。

第十三条 租赁期满后租赁物件的处理

13 本合同期满后,若乙方已完全履行本合同中的乙方责任,则乙方有权以人民币壹仟元的留购价留购租赁物。甲方在收到留购价款后即与乙方签订《所有权转让协议》,把租赁物的所有权转让给乙方。

第十四条 租赁保证金

14.1、乙方将附表第(8)项所记载的租赁保证金,作为其履行本合同的保证,在本合同订立的同时,交付甲方。

14.2、在乙方完全履行本合同支付责任后的____个工作日内,甲方应将该保证金退还乙方,该保证金按活期利率计息。

14.3 甲方有权以租赁保证金冲抵乙方对甲方的任何欠款。

第十五条 担保

15.1 _____为本合同的保证人,甲方接受。保证人向甲方出具的不可撤销担保书,是本合同的从合同。

15.2 _____(下称"抵押人")以_____作为对甲方在本合同项下的租赁债权的担保。抵押人同甲方(抵押权人)之间订立的抵押合同,是本合同的从合同。

15.3 _____(下称"出质人")以_____权利凭证向甲方出质。出质人同甲方(质权人)之间订立的质押合同,是本合同的从合同。

第十六条　争议的解决

16　有关本合同的一切争议,首先应友好协商解决,协商不成的,提交甲方所在地人民法院诉讼解决。

第十七条　其他约定条款

17.1　乙方同意按甲方要求定期或随时向甲方提供能反映乙方企业真实状况的资料和情况。包括但不限于:乙方资产负债表、乙方利润表、乙方财务状况变动表、现金流量表以及其他必要的明细情况。甲方要求乙方提供上述情况和资料时,乙方不得拒绝。

17.2　本合同签订后递交甲方所在地公证处进行公证,公证费用由甲、乙双方共同承担。

第十八条　合同的变更

18.1　本合同的修改、补充和变更须采用书面形式,经当事人签章后正式生效。本合同修改、补充和变更部分应视为本合同不可分割的组成部分。

18.2　本合同不因合同中部分条款的无效而影响其他条款效力的执行。

第十九条　合同的生效及终止

19.1　乙方在满足本合同附表第(10)项中的先决条件(此些必须是真实及无误导的)及没有违反本合同任何条款的情况下,甲方应当根据乙方付款通知书指定的付款日期按时向出卖人支付租赁物件的货款,并以支付货款日为本合同生效日。

19.2　在乙方未满足合同附表第(10)项中要求的先决条件的情况下,甲方有权决定是否支付货款;若甲方同意支付货款,本合同则以支付货款日为生效日,乙方有义务尽快满足先决条件。

19.3　本合同自双方权利义务履行完毕之日自行终止。

第二十条　合同、附表及附件

20.1　本合同附表及____购字第____号《购销合同》《实际租金表》《不可撤销担保书》《抵押合同》《质押合同》《租赁物件收据》均为本合同附件,与本合同具有同等效力。

20.2　本合同一式__份。乙、丙方各执__份,甲方__份。

出租人(公章):　　　　　　　　　　　承租人(公章):

法定代表人(签字):　　　　　　　　　法定代表人(签字):

担保人(公章):

法定代表人(签字):

签约地点:_____

签约日期:_____

附表

（1）	租赁物件 （制造厂）	（详见本合同附件＿＿购字第＿＿＿＿号购销合同）
（2）	卖方	
（3）	交付地点	（详见本合同附件＿＿＿＿购字第＿＿＿号购销合同）
（4）	租赁物件 设置场所	
（5）	预计交付期	（详见本合同附件＿＿＿＿购字第＿＿＿＿号购销合同）
（6）	租赁物件收据交付期	乙方在收到租赁物件当日向甲方提交
（7）	概算成本	人民币：＿＿＿＿元整
（8）	保证金	概算成本的＿％，即＿＿＿＿元整
（9）	租金	概算租金总额：（人民币）＿＿＿＿＿＿＿＿，支付期数：＿期。 每期租金（人民币）＿＿元，租金每＿个月支付一次，第一期租金于起租日＿＿。 后＿日支付，即于＿＿＿年＿＿＿＿月＿＿日起支付，每月的＿＿＿日为租金支付日。 租赁费率：＿＿＿%。 支付方式：汇入甲方指定账户。 开户行：＿＿＿＿＿＿＿，账号：＿＿＿＿＿＿＿＿。
（10）	先决条件	乙方必须向甲方提供以下文件，方可向甲方提出支付货款的要求： ①租赁合同、文书公证； ②租赁项目相关批准文件； ③乙方法定代表人或其授权人的身份证明； ④乙方营业执照、章程、董事会（股东会）决议、贷款卡信息资料等； ⑤租赁保证金、手续费、保险费、合同文书公证费付款凭证； ⑥租赁申请书。
（11）	其他	

2. 融资租赁合同的主要内容　融资租赁合同一般包括以下内容：

（1）出租方和承租方的基本信息：包括租赁双方的单位名称、法人代表、地址、电话、邮编、开户行及账户等；

（2）租赁双方签署合约为真实意愿的表示；

（3）商务内容：包括租赁物件的名称、数量，租金、手续费，起租日、租赁期限、租金付款日，租赁物件的购买、保管、使用和费用，保险条款、违反合同处理、合同权利的转让、租赁保证金、担保要求等条款；

（4）合同的变更、争议、处理等条款；

（5）合同的生效起止时间；

（6）出租人、承租人、担保人的签字盖章。

（三）融资租赁项目履约

按照融资租赁合同的约定履行合同文件。

点滴积累

1. 医疗设备融资租赁是指在医院确定相应的医疗设备供应商（生产商）及相应的医疗设备并办妥相关医疗设备引进审批手续后，租赁公司根据医院要求购进医院选定的医疗设备后交付给医院使用，由医院在使用期内分期支付一定金额的租金前提下取得设备的使用权和收益权，在租期结束时医院仅支付较低的设备残值后即可获得设备所有权的一种交易行为。

2. 租赁期满后，承租人一般对设备有留购、续租和退租三种选择。

3. 根据出租人的主体资格不同，可分为专业租赁公司租赁和厂商租赁。

4. 医疗器械融资租赁项目评估的主要内容应是：评定风险、核实数据来源、落实未确定因素和判定医院信用等级。

▶ 课堂活动

某市肺科医院创建于 1934 年，建院八十多年来，通过几代人的不懈努力，已经成为一所集医疗、教学与科研为一体的现代化三级专科医院，主要诊疗特色为呼吸系统领域常见病、多发病和疑难危重疾病及其他相关疾病的诊断和治疗。

医院占地面积 10.3 万平方米，建筑面积近 7 万平方米，拥有设施先进的门急诊综合楼、病房大楼和医技综合楼。医院核定床位数 825 张，设有胸外、肿瘤、呼吸、结核、心内、肺循环及职业尘肺等专业的 16 个临床科室，设有医学影像、检验、病理、核医学等 9 个医技科室。至 2018 年 1 月，全院1000 余职工中，专业技术人员占 81%，副教授和副主任医师等高级职称者 90 余人，有硕士生和博士生导师 22 人。

医院拥有先进的医疗设备，包括 X 射线电子计算机断层扫描装置（CT）、数字减影血管造影 X 射线机（DSA）、医用电子直线加速器（LA）、医用磁共振成像设备（MRI）、单光子发射型电子计算机断层扫描仪（SPECT）、数字化 X 射线摄影系统（双板 MR）、电子超声支气管镜、电子胸腔镜、肺功能（体容积）仪、全自动微生物分析系统、全自动生化分析仪、彩色多普勒超声诊断仪等。

为进一步提高医疗诊断技术，该医院申请采用融资租赁的方式添置一台全息数字编码彩色超声诊断系统。

医疗器械融资租赁是一项新兴的通过融资方式取得医疗器械设备使用权的业务。是解决医疗机构添置更新设备和资金短缺矛盾。

请同学们分小组，结合上述资料和本节知识，编制此医院全息数字编码彩色超声诊断系统融资租赁方案。

【任务实施】

按照教学目的和教学要求，结合相关知识与技能，就上述课堂活动资料，引导学生完成某市肺科医院全息数字编码彩色超声诊断系统的融资租赁方案设计。

一、医疗器械融资租赁方案设计的实施方式

请同学们进行分组，要求每组 5~7 人，选派组长并根据本节课堂活动内容，选择全息数字编码彩色超声诊断系统作为本任务实施的依据。

(1)小组组建

组长：_____,任务分工:_____

组员：_____,任务分工:_____

　　　_____,任务分工:_____

　　　_____,任务分工:_____

(2)收集全息数字编码彩色超声诊断系统的生产厂商、产品功能特点与主要技术参数。

1)生产经营企业名称：

生产经营企业 1:_____

生产经营企业 2:_____

生产经营企业 3:_____

2)产品功能特点：

产品功能特点 1:_____

产品功能特点 2:_____

产品功能特点 3:_____

3)主要技术参数：

技术参数 1:_____

技术参数 2:_____

技术参数 3:_____

对供应商提供的产品技术参数进行比较,选择技术先进、质量稳定的供应商。

（3）收集融资租赁公司的资质、信誉和融资能力：

融资租赁公司 1：_____

融资租赁公司 2：_____

融资租赁公司 3：_____

对上述融资租赁公司进行比较分析，选择一家融资租赁机构。

二、根据上述案例练习制订医疗器械融资租赁方案

1. 编制融资租赁申请书；

2. 编制融资租赁可行性分析报告；

3. 编制融资租赁实施方案；

4. 拟订《医疗器械融资租赁合同书》。

三、医疗器械融资租赁方案设计任务成果提交

按照时间节点、格式要求、任务要求以小组为单位提交任务实施成果。

学习小结

一、学习内容

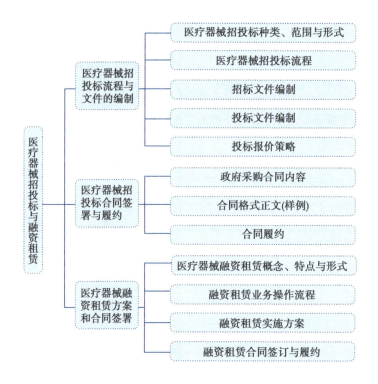

二、学习方法

学习医疗器械招投标与融资租赁项目时首先需要了解医疗器械招投标的法律法规，因为，医疗器械招投标与融资租赁具有非常强的法律规范性。

编制医疗器械招投标文件时，需要看懂看清招标文件的每一个具体的要求，包括格式要求、资质

要求、技术要求、商务要求。特别是带星号的内容或用粗体凸显的内容，一定要仔细分析，不能有偏差。

对编制完成的招投标文件需要逐字逐句进行审核，包括文字的审核、数字的审核及签字印章等的审核。

签订招标采购合同和融资租赁合同时，需要仔细研究合同内容、合同双方的权利、责任和义务。

目标检测

一、问答题

1. 招标文件编制的原则有哪些？

2. 投标报价的策略有哪些？

3. 简述医疗器械招投标合同的履约过程。

4. 简述医疗器械融资租赁的形式。

5. 简述医疗器械融资租赁项目实施方案的内容。

二、实训题

案例1　澄清环节出了问题

"你们在澄清的资料中，提及我们干嘛？"落标供应商气愤地给某招投标代理有限公司打去了电话。

据介绍，F医疗设备进出口公司购买《谈判文件》后，就谈判文件"××项目需求"中的"64排"提出过疑问。招标公司在就该问题澄清时，给购买《谈判文件》的所有供应商的答复中如是说："……由于F医疗设备进出口公司对此项目所需的64排的要求有疑问，我招标公司特此澄清：此项目需要的是真正的64排，而不接受32×2排……"。

一份澄清答复文件由此招来一场招投标投诉。

请问：

1. 招标文件的澄清需要以什么方式通知投标人？

2. 招标文件澄清时需要遵循什么原则？

3. 该招标代理公司在澄清过程中犯了什么错误？

案例2　导致废标的争议-----细节决定成败

"在某采购代理机构为其所代理的一个医疗设备采购项目编制招标文件时，针对其中一款血样化验设备提出了这样的技术要求：设备××：开放式；稀释式；……。"

在中标结果出来后，就有未中标的供应商对结果提出了质疑。因为按照招标文件的表述，设备××的技术指标，是要求所提供产品要同时满足开放式和稀释式两种条件，而中标供应商只满足了其中一种，显然中标供应商所提供的产品是不满足招标文件要求的。因此，此次采购的结果应该是无效的。但是，与此同时，中标供应商对此也提出了自己的见解，认为"；"所表达的就是分别满足的意思，只要其中一项满足就符合条件。

经过质疑的过程,各方都没有得到一个满意的答复,于是该案例就上升到了投诉的阶段。当地监管部门后接手后,也显得很为难。对招标文件中";"的解释,大家是公说公有理,婆说婆有理,采购办的工作人员也难辨孰是孰非。为此采购办专门请了一些专家,包括一些文字专家专门来论证。专家们的意见最终也无法达成一致。该投诉的最终处理结果为:招标文件表述不清楚,内容有歧义,责令重新招标采购。

请问:1. 重新招标的条件是什么?

　　　2. 如何认识招标文件的编制原则?

　　　3. 你通过上述案例获得哪些启示?

案例3　一起政府采购废标的诉讼案

案由:政府采购招投标纠纷行政案

原告:××省××贸易有限公司

被告:××县政府采购代理处

被告:××县财政局

第三人:××县医院

案情:2015年8月,××省××贸易有限公司应邀参与被告××县政府采购代理处组织的××县医院MRI和CT医疗设备采购招投标。采购项目开标后经专家评审,××省××贸易有限公司所投的MRI和CT两标均评分第一,采购单位××县医院也已同意××省××贸易有限公司中标的评标结果,并就此向被告出具两次公函,要求尊重招标结果。但被告2015年12月7日在采购网上公布此次投标"MR废标""CT废标"。

××省××贸易有限公司因该废标决定实际侵犯其公平竞争权而依法向被告提出两次质疑,被告答复其定标结果是按规定程序进行的,对废标事由没有作任何说明。

××省××贸易有限公司为此依法向××县财政局进行投诉,××县财政局作出财经〔2017〕2号处理决定,要求××县政府采购代理处于7个工作日内对××省××贸易有限公司第二份质疑给予答复,或在三个月内向人民法院提起诉讼。而被告在投诉处理后实际并未给予答复,也未改变废标决定。

为维护投标人的公平竞争权不受政府行为任意践踏,××省××贸易有限公司于2017年5月18日向××县法院提起行政诉讼,要求撤销废标的决定,恢复招标程序,确认××省××贸易有限公司为该采购项目MRI和CT的第一中标人。

××县法院经审查于2017年4月30日正式立案受理,××省××贸易有限公司为保证本案判决生效后能实际执行,在起诉当时即依法向法院提出诉讼保全申请,请求裁定暂停争议标的MRI和CT医疗设备项目政府采购程序,停止组织该项目重新招标投标行为。法院未予受理保全申请。

请问:1. 按照法律的规定,废标的情形有哪几种?

　　　2. 确定废标的主体是谁?

3. 评标的依据是什么？

4. 什么情况下做出的废标无效？

参考文献

[1]施娟.营销渠道管理.上海:上海交通大学出版社,2010.

[2]张启杰,田雨来.销售管理实务.北京:中国电力出版社,2009.

[3]严振.药品市场营销技术.北京:化学工业出版社,2010.

[4]吴虹.医药市场营销实用技术.北京:中国医药科技出版社,2008.

[5]安贺新.销售管理实务.北京:清华大学出版社,2009.

[6]张广玲.分销渠道管理.武汉:武汉大学出版社,2005.

[7][美]阿尔文 C.伯恩斯,罗纳德 F.布什.营销调研:运用 Excel 数据分析.第 2 版,北京:机械工业出版社,2009.

[8]涂平,营销研究方法与应用.北京大学出版社,2008.

[9]吕一林,岳俊芳.市场营销学.中国人民大学出版社,2009.

[10]王天春.市场营销案例评析.东北财经大学出版社,2009.

[11]顾海.医药市场营销学.人民卫生出版社,2006.

[12]姚丹,鲍丽娜.市场营销实训教程.东北财经大学出版社,2009.

[13]张唐槟.市场营销学.西南财经大学出版社,2009.

[14]《医疗器械网络销售监督管理办法》(国家食品药品监督管理总局令第 38 号).

[15]《医疗器械经营监督管理办法》(2014 年 7 月 30 日国家食品药品监督管理总局令第 8 号公布 根据 2017 年 11 月 7 日国家食品药品监督管理总局局务会议《关于修改部分规章的决定》修正).

[16]《医疗器械生产监督管理办法》(2014 年 7 月 30 日国家食品药品监督管理总局令第 7 号公布 根据 2017 年 11 月 7 日国家食品药品监督管理总局局务会议《关于修改部分规章的决定》修正).

[17]《医疗器械监督管理条例》(国务院令第 650 号).

[18]《医疗器械注册管理办法》(国家食品药品监督管理总局令第 4 号).

[19]《医疗器械广告审查发布标准》(国家工商行政管理总局、中华人民共和国卫生部、国家食品药品监督管理局令第 40 号).

目标检测参考答案

第一章

问答题

1. （1）医疗器械产品的专用性；

  （2）医疗器械产品范围广阔；

  （3）医疗器械产品使用者的局限性；

  （4）医疗器械产品的风险性高；

  （5）医疗器械产品的科技含量高。

2. 医疗器械的结构特征分为：有源医疗器械和无源医疗器械。

3. （1）手术器械；

  （2）医用电子仪器设备；

  （3）医用放射设备；

  （4）医用分析仪器设备；

  （5）植入材料和人工器官；

  （6）手术室、急救室、诊疗室设备及器具、口腔科设备及器具；

  （7）病房护理设备及器具；

  （8）消毒和灭菌设备及器具；

  （9）医用冷疗、低温、冷藏设备及器具；

  （10）口腔科材料；

  （11）医用卫生材料及敷料、医用缝合材料及黏合剂、医用高分子材料及制品；

  （12）软件。

4. 医院设备是保证医疗工作正常进行的支持性设备，门类众多，品种繁杂。一般包括供应室设备、消毒灭菌设备、集中供氧系统、水处理设备、医用冷冻设备、药房与器具、医用卫生空调系统、医疗废物处理器、医用输送工具等。

5. （1）整体规模偏小；

  （2）产品技术含量低，品种单一；

  （3）基础工业不发达，产、学、研结合不够紧密，优势技术产业化通道不畅通；

  （4）诚信制度不健全，诚信机制不完备；

（5）知名品牌少；

（6）缺乏自主创新能力。

6.（1）各种医疗器械都有特定的用途,例如,手术器械主要用于各种临床手术中使用,各类监护仪器主要用于临床监护等；

（2）各类医疗器械除少数产品由患者直接掌握使用外,绝大多数医疗器械产品在医生和护士的操作下使用。这是因为,各类医疗器械的使用具有很强的专业性。

（3）医疗器械产品在使用过程中具有非常强的针对性。如,骨折患者的支架固定、冠心病患者的心脏瓣膜置换等具有专业针对性。

第二章

一、问答题

1. 市场调查的类型主要有：

（1）探索性调查:探索性调查是通过对某个问题或情况的探索,发现新动态,提出新看法与见解。

（2）描述性调查:描述性调查的主要目的是对某些现象、行为、过程、变化或者不同变量之间的关系进行描述。

（3）因果关系调查:因果关系调查目的在于确定因果关系,解释某些现象、行为或变化所产生的原因。

（4）预测性调查:预测性调查主要目的是为预测未来一定时期内,某一环境因素的变动趋势及其对企业市场营销活动的影响。

2. 随机抽样,又称概率抽样,是对总体中每一个个体都给予平等的抽取机会的抽样技术。在随机抽样中,每个个体抽中或抽不中完全凭机遇,排除了人为主观因素的干扰。随机抽样方式主要包括如下类型:简单随机抽样、分层随机抽样、分群随机抽样、等距抽样等。

（1）简单随机抽样:又称单纯随即抽样,是按随机原则对总体单位进行无目的的选择,是以纯粹偶然的方式抽取样本。常用的方法有抽签法、乱数表法。

（2）分层随机抽样:又称分类随机抽样,是把调查总体按照某种属性的不同分为若干层次或类型,然后在各层或类型中按照简单随机抽样方式,根据计算出的每一层或类型的样本数抽取样本的一种抽样技术。

（3）分群随机抽样:又称整群抽样技术,是把调查总体区分为若干群体,然后用单纯随机抽样方式,从中抽取某些群体进行全面调查。

（4）等距抽样:又称为系统抽样、机械随机抽样技术,是将总体中的个体先按一定标志顺序排列,并根据总体单位数和样本单位数计算出抽样距离（即相同的间隔）,然后按相同的距离或间隔抽选样本单位。

3. 问卷设计的步骤包括:初始决定;题项内容的确定;题项用语的确定;题项顺序的确定;问卷

外形的确定;问卷测试的确定。

4. 调查报告的主要内容包括:(1)前文:标题、授权信、提交信、前言、目录表等;(2)正文:研究目的、调查方法、结果、局限性、结论和建议以及摘要;(3)附录。

5. 抽样调查的一般程序包括以下工作过程:确定调查总体;抽样框架的确定和个体编号;选择调查样本;实施调查;测算结果。

6.(略)

二、案例分析题(略)

三、实训题(略)

第三章

一、问答题

1. 自主创新能力薄弱;研发投入不足;高技术产品竞争能力不足;行业标准体系不够健全等。

2. 医疗器械媒体公众是指影响医疗器械企业产品信息交流沟通的组织机构。主要有专业的医疗器械广告策划公司、医疗器械广告发布公司、医疗器械网络媒体、电视和电台、医疗器械的专业杂志等。

3. 医疗器械企业优势劣势构成要素有:产品质量和技术领先性、品牌知名度和用户认可度、政策扶持与税收优惠、研发能力、融资能力、人力资源配置、渠道合理性、市场推广能力、公关能力、价格优势、组织文化、领导策划力和执行力。

4. strength(优势)、weak(劣势)、opportunity(机会)、threaten(威胁)。

5. (1)医疗器械产业技术复杂,科技含量高;

(2)医疗器械新产品层出不尽,产品更新速度快,新技术和新发明的范围越来越广泛;

(3)医疗器械理论成果转化为医疗器械产品的时间和产品生命周期都大为缩短;

(4)医疗器械的数字化、信息化和网络化成为未来医疗器械发展的主题。

6~10.(略)

二、实训题(略)

第四章

一、问答题

1.①研究;②促销;③接洽;④配合;⑤谈判;⑥物流;⑦融资;⑧风险承担。

2.①市场覆盖范围;②财务状况;③促销能力;④人员、装备和设施;⑤声誉;⑥经营历史;⑦合作意向。

3.(1)按照回款速度决定的价格折扣;

(2)按照付款期确定折扣;

（3）按照信用承兑时间确定折扣；

（4）重复进货频率折扣；

（5）季节折扣；

（6）销售折扣补贴；

（7）协作力度折扣；

（8）进货品种搭配折扣。

4.（1）调整营销渠道结构体系；

（2）调整渠道中的市场覆盖方式；

（3）调整渠道政策；

（4）调整渠道成员关系；

（5）调整区域市场的渠道结构；

（6）重组和更新整个渠道。

5. 通常，在企业渠道出现以下几种情况时，应该考虑渠道的调整：

（1）随着企业不断发展壮大，生产规模发生了质的飞跃，原有渠道的辐射能力难以满足市场需要，或者企业希望提高市场控制力时，或者，企业为了规避营销渠道中不断加大的经营风险，需要对企业的营销渠道体系进行调整。

（2）消费者或用户对现有渠道服务不满且有上升趋势。

（3）营销渠道未充分利用。

（4）企业营销战略的改变。

二、案例分析题（略）
三、实训题（略）

第五章

一、问答题

1. 主要有报纸媒体、杂志媒体、电视媒体、广播媒体、户外广告媒体、网络媒体、直邮广告（DM 广告）、POP 广告（售点广告）、手机广告、楼宇视频广告等媒体。

2. 医疗器械人员推销的一般过程包括：确认客户、推销准备、拜访客户、推销洽谈、异议处理、成交与服务。

3. 医疗器械企业促销策略可分为"拉引"和"推动"两类策略，"拉引"策略即企业将消费者的注意力吸引到企业特定产品上来的策略，主要促销方式为广告。而"推动"策略是指企业将特定产品推向市场及消费者的一种策略，主要方式为人员推销及营业推广。

4. 医疗器械营业推广活动一般包括：赠送、免费试用、分期付款、会展、赞助、培训、科研支持、服务、推广会议等。

5. 专营折扣指的是医疗器械企业与经销商签订排他性协议，要求经销商只能经营销售本企业的医疗器械产品。在医疗器械市场操作中,有许多经销商不愿意专营,理由很简单,就是风险大,且可提供给自己客户选择的医疗器械产品有限。在这种情况下,医疗器械厂家给出专营折扣。选择专营,就享受该折扣;多营,就不享受该折扣。同时专营折扣也为培养经销商的忠诚度有很大帮助。

二、案例分析题(略)

第六章

一、问答题

1. 编写招标文件的原则有四条:全面反映采购人需求的原则;科学合理的原则;公平竞争(不含任何歧视)的原则;维护国家利益和供应商商业秘密的原则。

2.(1)具体对手法:在知道主要竞争对手以往的投标报价情况下,有目的地制定投标报价,且投标报价必须低于竞争对手;

(2)平均对手法:在参与竞标的企业未知的情况下,投标单位可以假设这些竞争者中有一个代表者,称为"平均对手",使报价低于平均对手的价格;

(3)历史经验法:根据历年投标中标和废标的总结,结合市场变化趋势,确定投标报价。

3.(1)供应商组织货源,按照合同规定的时间、地点、包装、运输等要求发货;

(2)采购人按照合同要求组织专业人员按照验收要求对货物进行验收,填写货物验收报告,出具收货证明;

(3)供应商组织专业人员对提供的设备进行安装、调试、人员培训(必要时);

(4)供应商出具发票,采购人支付货款;

(5)供应商提供技术支持和售后服务。

4.(1)医疗器械融资租赁根据出租人的主体资格不同,可分为专业租赁公司租赁和厂商租赁;

(2)医疗器械融资租赁根据出租人是否承担风险,可分为直接租赁和委托租赁;

(3)医疗器械融资租赁根据融资租赁涉及的当事人及合同数量的多少,可以分为回租与转租两种融资租赁方式;

(4)医疗器械融资租赁根据出租人筹资方式的不同,可以分为联合租赁和杠杆租赁。

5. 医疗器械融资租赁项目实施方案中要具体规定医院必须提交的相关资质材料证明,涉及的租赁保证金、租赁费率、租赁期限、租赁手续费、租金支付方式、保险、担保、公证、残值处理及租赁合同文件的内容。

二、实训题(略)

医疗器械营销实务课程标准

（供医疗器械类专业用）